Couverture inférieure manquante

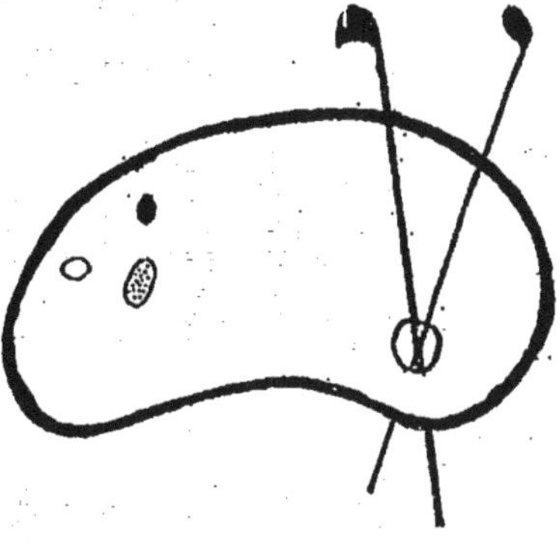

DÉBUT D'UNE SÉRIE DE DOCUMENTS
EN COULEUR

L'ÉDUCATION A PORT-ROYAL

SAINT-CYRAN, ARNAULD, LANCELOT

NICOLE, DE SACI, GUYOT, COUSTEL, FONTAINE

JACQUELINE PASCAL

EXTRAITS PRÉCÉDÉS D'UNE INTRODUCTION

PAR

FÉLIX CADET

Inspecteur général de l'Instruction publique.

PARIS

LIBRAIRIE HACHETTE ET Cⁱᵉ

79, BOULEVARD SAINT-GERMAIN, 79

—

1887

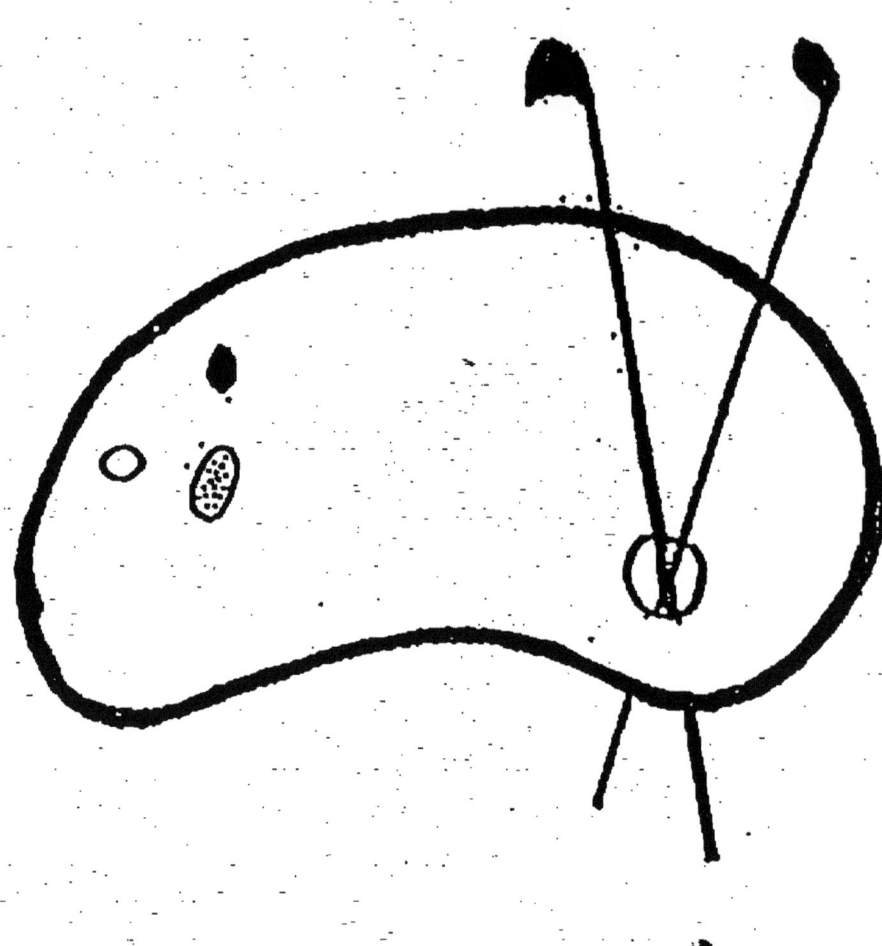

FIN D'UNE SERIE DE DOCUMENTS
EN COULEUR

L'ÉDUCATION A PORT-ROYAL

Coulommiers. — Imp. P. Brodard et Gallois.

L'ÉDUCATION A PORT-ROYAL

SAINT-CYRAN, ARNAULD, LANCELOT

NICOLE, DE SACI, GUYOT, COUSTEL, FONTAINE

JACQUELINE PASCAL

EXTRAITS PRÉCÉDÉS D'UNE INTRODUCTION

PAR

FÉLIX CADET

Inspecteur général de l'Instruction publique.

———

PARIS

LIBRAIRIE HACHETTE ET Cie

79, BOULEVARD SAINT-GERMAIN, 79

1887

INTRODUCTION

Les *Petites Écoles* de Port-Royal n'ont eu qu'une existence bien courte et bien tourmentée. Leur début
remonte à l'année 1637 [1]; mais leur véritable organisation ne date que de 1646. Plusieurs fois dispersées,
à la suite des discussions théologiques suscitées par
Arnauld, ou à cause de la guerre de la Fronde, elles
furent définitivement fermées, par ordre du roi, en
mars 1661 [2].

Et néanmoins elles occupent une place d'honneur
dans l'histoire de la pédagogie. Si elles n'ont duré que
peu de temps, elles ont jeté un vif éclat; elles ont exercé,
tant par le caractère et le talent de leurs maîtres que
par la réforme des méthodes d'enseignement et par les
livres auxquels elles ont donné naissance, une influence
considérable, qui, sur certains points, est encore toute
vivante.

La première pensée de leur fondation appartient

1. « Dès 1637 on vit à Port-Royal les premiers commencements de cette célèbre communauté de solitaires, qui s'y forma au
dehors, et qui y élevait dans la connaissance des lettres et de la
piété chrétienne plusieurs enfants de condition, à qui les parents
voulaient faire éviter les dérèglements trop ordinaires aux jeunes
gens qui suivent le collège. » (Préface du *Nécrologe de Port-
Royal.*)

2. Les religieuses ont pu recevoir de nouveau des pensionnaires de 1669 à 1679. Voir la note de la page 55.

à l'illustre Duvergier de Hauranne, abbé de Saint-Cyran [1].

Il était si profondément pénétré de l'importance de l'éducation de la jeunesse, qu'il ne craignait pas d'appliquer à cette œuvre le mot de l'Évangile sur le salut : *Il n'y a qu'une chose nécessaire*. A ses yeux, le bien des familles, celui de l'État et de l'Église avaient là leur source et leur principe ; tous les désordres n'avaient d'autre origine et d'autre cause que la mauvaise éducation. Aussi ne trouvait-il ni d'expressions assez fortes pour condamner la négligence des parents à cet égard, ni d'éloges assez relevés pour louer le dévouement des personnes qui se consacraient à l'éducation des jeunes enfants : « Il n'y a point, disait-il, d'occupation plus digne d'un chrétien dans l'Église ; il n'y a pas de plus grande charité après le sacrifice de sa vie.... La conduite de la moindre âme est une chose plus grande que le gouvernement de tout un monde. » Il s'indignait comme d'une absurdité et d'une folie d'aspirer à des charges de maître d'hôtel, d'écuyer, et de regarder l'éducation des créatures raisonnables comme le dernier des emplois [2].

« Je vous avoue, disait-il à Fontaine, que ce serait

---

1. Né à Bayonne en 1581, il fut pourvu en 1620 de l'abbaye de Saint-Cyran, située dans la Brenne, « pays désert où l'on manquait de tout », dit Lancelot (*Mém. sur M. de Saint-Cyran*, t. I, p. 288), sur la frontière de la Touraine, du Berry et du Poitou.

2. Il a fallu bien du temps pour changer les idées à cet égard. Deux cents ans après Saint-Cyran, Channing constate avec joie le progrès : « On commence à comprendre la dignité du maître. L'idée que nulle fonction, sous le rapport de l'importance et de la dignité, n'est comparable à l'éducation de l'enfance, commence à poindre chez nous. Nous comprenons que le talent de former la jeunesse à l'énergie, à la vérité et à la vertu est le premier de tous les arts et la première de toutes les sciences, et que, par conséquent, encourager les bons maîtres est le plus saint devoir qu'une société ait à remplir envers elle-même. » (*Œuvres sociales*, trad. Laboulaye, p. 177.) Nos instituteurs n'ont plus à combattre l'indifférence et le mépris de la société ; ils ont à se préserver

ma dévotion de pouvoir servir les enfants. — J'aurais été ravi d'y passer toute ma vie, écrivait-il à Lancelot. » A l'époque où Vincent de Paul commençait à se dévouer à l'œuvre des Enfants trouvés, Saint-Cyran eut un instant « envie d'envoyer vers les frontières recueillir quelques petits orphelins, pour les nourrir en son abbaye ». En somme, quand ses idées se furent mieux arrêtées, son projet était des plus modestes, et il faudrait tout le parti pris du P. Rapin pour lui prêter la moindre ambition d'enlever aux jésuites l'éducation de la jeunesse. La lettre qu'il écrit du donjon de Vincennes parle d'une sorte de « séminaire pour l'Église », où il aurait fait élever « *six enfants* choisis dans toute la ville de Paris ». Dans un entretien rapporté par Lancelot, à propos d'une autre école qu'il devait confier à M. Singlin, Saint-Cyran disait « qu'il était éloigné des grands desseins; que ce qu'il voulait faire n'était pas une chose qui eût de l'éclat, et qu'il se contenterait de faire élever là *une douzaine d'enfants* au plus dans une vertu chrétienne » (Lancelot, *Mémoires*, t. I, p. 291).

Son arrestation et sa détention à Vincennes, de 1638 jusqu'à la mort de Richelieu, auquel il ne survécut que peu de mois, ne lui permirent pas de donner suite à ce modeste projet. Il dut se borner à payer de sa personne dans plusieurs circonstances [1], mais surtout à provoquer, par son exemple et ses exhortations, des dévouements aussi désintéressés, mais mieux concertés, et, partant, plus efficaces. Il disait quelquefois qu'il aurait été chercher jusqu'au bout du monde un maître capable. (Lancelot, t. I, p. 129.)

des sentiments d'orgueil que leur nouvelle situation dans l'opinion publique pourrait faire naître en leur cœur. C'est à ce prix qu'ils conserveront les sympathies de tous.

1. On le vit en prison élever le petit enfant d'une veuve pauvre. Lancelot (t. I, p. 133) nous le montre s'occupant d'élever les deux fils du lieutenant, dont il avait cependant fort à se plaindre pour ses mauvais traitements.

Saint-Cyran a donc été vraiment l'inspirateur, l'excitateur de l'œuvre pédagogique de Port-Royal [1], et il y a un sérieux intérêt à rechercher avec soin quelles étaient ses principales idées sur l'éducation.

Je laisse résolument de côté tous ses principes théologiques sur la déchéance originelle de l'homme, sur la corruption native de la nature humaine, sur la damnation éternelle des enfants morts sans baptême, et toutes les conséquences qu'il en tire logiquement sur le but de l'éducation et sur la direction à lui donner. La pédagogie moderne est une science humaine, qui n'a à porter la livrée d'aucun système religieux. Elle ne peut accepter la discussion sur ce terrain, qui ne lui présente plus qu'un intérêt purement historique. Son point de départ est tout différent, comme son point d'arrivée. L'enfant est, à ses yeux, une personnalité nécessairement imparfaite, où le bien et le mal sont mélangés, et non *une masse damnée*, comme dit Guyot, qu'il faut arracher au diable. Elle prend au sérieux, mais non au tragique, cette œuvre sévère, délicate, de l'éducation, que Saint-Cyran appelle « une tempête de l'esprit » (Lettre à M. de Rebours). Elle ne croit pas que l'objet principal de l'éducation soit de conserver dans les enfants l'innocence du baptême, en les séquestrant du monde, même de la famille, pour travailler uniquement à leur salut, et, de préférence, entre les murs d'un cloître. Elle se propose de développer en eux la connais-

---

1. On lit toutefois, dans le supplément du *Nécrologe de Port-Royal*, p. 393 : « On dut aux sollicitations de cet illustre magistrat (Jérôme Bignon) l'établissement des *Petites Écoles de Port-Royal*. M. de Saint-Cyran l'avait souvent entretenu de ses vues pour l'éducation chrétienne des enfants, et M. Bignon, après l'avoir longtemps pressé d'en venir à l'exécution, exigea, comme un tribut qui était dû à leur amitié mutuelle, que le saint abbé se chargeât de faire élever chrétiennement Jérôme et Thierri Bignon ses fils. Ce fut à leur occasion que les *Petites Écoles* furent commencées au dehors de Port-Royal de Paris, par MM. Lancelot et de Saci, pendant que l'on élevait au dedans du monastère Marie Bignon leur sœur. »

sance de la vérité et la pratique de la vertu, de les préparer à remplir les différents devoirs qui les attendent dans la vie, profondément convaincue que le moyen le plus sûr d'atteindre notre destinée, quelle qu'elle soit, c'est de faire tout d'abord le mieux possible notre métier d'homme.

Saint-Cyran exige, en premier lieu, que la famille lui abandonne complètement ses droits. S'il se charge d'un enfant, il veut « en être entièrement maître »; qu'il s'agisse du fils de la duchesse de Guise, ou de l'enfant d'un pauvre menuisier, c'est une condition *sine qua non* [1].

Puis il attache une extrême importance à choisir ses élèves, à discerner s'ils sont aptes à l'étude, ou propres seulement au travail manuel. « Ce qui est bien remarquable, observe avec raison Lancelot (t. II, p. 194), c'est qu'il ne se réglait nullement sur les talents naturels pour faire ce discernement, mais sur les semences de vertu qu'il voyait que Dieu jetait dans le fond de l'âme. » On avait mis entre les mains de Lancelot un jeune enfant de huit à neuf ans, qui paraissait un prodige d'esprit. Saint-Cyran voulut le voir en prison, et, sur le rapport du maître qu'on ne remarquait en lui rien qui tînt de la corruption, mais seulement une avidité étrange de savoir, jointe à une grande curiosité, avec un désir ardent d'obtenir des bénéfices, « il conclut sans différer qu'il ne fallait point du tout le faire étudier, et cela fut absolument exécuté ». Il ajoutait que « sur cent enfants on n'aurait pas dû quelquefois en faire étudier un ». Sa crainte était de charger l'Église « de

---

1. Mme de Maintenon ne craint pas moins l'influence de la famille. Elle écrit à Mme de la Mairie, 5 mars 1714 : « Les premières impressions qu'on donne aux enfants dans la plupart des maisons sont presque toutes vicieuses; on les voit arriver menteuses, voleuses, dissimulées.... Il faut leur faire voir que l'on comprend fort bien qu'elles ont vu faire de ces choses-là dans leur famille, mais qu'il ne les faut plus faire. » Les demoiselles de Saint-Cyr ne pouvaient voir leurs parents qu'*une fois par trimestre et une demi-heure au plus!*

quantité de gens qu'elle n'a point appelés, et l'État d'une infinité de personnes oisives, qui croient être au-dessus de tous depuis qu'ils savent un peu de latin, et qui penseraient être déshonorés de suivre la profession où leur naissance aurait pu les engager ». Ceux-là seulement devaient recevoir la culture intellectuelle, en qui « on aurait reconnu une grande docilité et soumission, et quelque marque de piété et d'une vertu assurée [1] ».

L'éducation physique, on n'en sera pas surpris, l'a peu préoccupé. Le spiritualisme chrétien a eu trop le tort de regarder le corps comme le principe des passions, des déréglements, comme l'ennemi à combattre et à dompter; c'est la Renaissance, c'est-à-dire le retour à l'antiquité classique, qui a agrandi le domaine de la pédagogie, rendu sa part à l'hygiène, aux jeux, aux exercices physiques. Rabelais et Montaigne au XVIe siècle, Locke au XVIIe, Rousseau au XVIIIe, Hufeland au XIXe, ont fait triompher cette salutaire réaction, et convaincu les éducateurs qu'il fallait s'occuper de la santé de l'enfant avant de songer à sa culture intellectuelle et morale. Ces préoccupations de la pédagogie moderne semblent avoir fort peu attiré l'attention de Saint-Cyran, trop absorbé par ses idées religieuses. Un seul passage, et de peu d'importance, a trait à l'alimentation [2].

Mais il me paraît avoir bien compris la nécessité de ne pas surmener l'enfant par un travail intellectuel trop

1. Nos idées sont plus larges, plus généreuses, et nous ouvrons à tous le livre de la science. Rien de mieux, rien de plus nécessaire pour le bon fonctionnement de nos institutions politiques; mais il serait sage aussi de ne pas jeter tous les esprits dans le même moule et, pour en faire des citoyens éclairés, de ne pas leur inspirer le dégoût du travail manuel. Nos programmes, bien chargés, trop uniformes, pas assez appropriés aux besoins des diverses localités, ne sont peut-être pas exempts de reproche à cet égard.

2. Il recommande, dans un entretien avec Lemaître, de veiller sur les inclinations des enfants qui sont « à la paresse, à la menterie, *à la mangerie, à cause du tempérament qui le demande* », et de les accoutumer à « manger toutes sortes de légumes, de la morue, des harengs ».

précoce. « Je croirais beaucoup faire, dit-il très sensément, quand je ne les avancerais pas beaucoup pour le latin jusqu'à douze ans, de leur faire passer le premier âge dans l'enclos d'une maison ou d'un monastère aux champs, en leur permettant tous les passe-temps de leur âge. » Sauf le monastère, cela fait un peu penser à l'éducation négative que préconisera Rousseau.

Saint-Cyran a trop sacrifié l'éducation intellectuelle à l'éducation morale. « Il remarquait, dit Lancelot (t. II, p. 195), que, généralement parlant, la science nuisait plus à la jeunesse qu'elle ne lui servait. Et, une fois, il me fit considérer avec attention cette parole de saint Grégoire de Nazianze, qui dit que les sciences sont entrées dans l'Église, comme les mouches dans l'Égypte, pour y faire une plaie. » Sa sombre et exclusive théologie le préparait mal à goûter les beautés littéraires. N'est-il pas étrange de lui entendre dire sérieusement, dans une visite à Port-Royal, à des enfants qui étudiaient Virgile : « Voyez-vous cet auteur-là? Il s'est damné, oui, il s'est damné en faisant ces beaux vers, parce qu'il les a faits par vanité et pour plaire au monde; mais vous, il faut que vous vous sanctifiiez en les apprenant, parce qu'il faut que vous les appreniez pour plaire à Dieu et pour vous rendre capables de servir l'Église. » Quelle étrange idée! Étudier comme « un polisson de collège », dirait Rousseau, le IV⁰ livre de l'*Énéide*, même les *Églogues* d'Alexis, de Gallus (Saci et Guyot ont traduit ces œuvres pour leurs élèves), dans le but de plaire à Dieu et de servir l'Église! Quelle conception étroite et alambiquée de l'utilité de la poésie! Ne suffit-il pas, pour justifier une pareille étude, qu'elle épure le goût, qu'elle ennoblisse les sentiments, qu'elle excite l'admiration par la contemplation du beau? Et quel fanatisme de damner avec tant d'assurance ceux qui nous ont rendu cet éminent service par leurs chefs-d'œuvre!

Recommandons tout d'abord à nos maîtres, pour l'enseignement de la morale, le précepte que la mère Agnès rappelle à une sœur au sujet de l'instruction religieuse :

« Il y a des vérités qui se doivent plus *goûter que connaître* » (*Lettres*, t. II, p. 444). Quels résultats pratiques
espère-t-on obtenir, si l'on apprend le devoir comme un
théorème de géométrie? Il ne s'agit pas d'aligner de
savantes abstractions, des déductions logiques, des
classifications méthodiques. C'est le cœur et la conscience qu'il faut élever; c'est le sentiment moral qu'il
faut éveiller et fortifier; c'est le bien qu'il faut faire
aimer; ce sont de bonnes habitudes qu'il faut créer.

C'est surtout en ce qui concerne l'éducation morale
que nous avons à profiter avec Saint-Cyran.

Une sérieuse connaissance et un véritable amour des
enfants ont inspiré ces directions pédagogiques, que je
résume d'après Lancelot : Avant tout, gagner leur confiance par une douceur réglée, par un amour vraiment
paternel, par une honnête familiarité ; supporter avec
patience leurs fautes et leurs faiblesses; témoigner
encore plus de charité et de compassion pour ceux qu'on
voit plus imparfaits et plus tardifs; ne pas leur abattre
l'esprit par un air trop sévère et une conduite trop
impérieuse; savoir avec discrétion condescendre à leur
humeur pour un temps, afin de fortifier ces jeunes plantes; quelquefois même prier, au lieu de commander;
s'abaisser à leur portée, pour les pouvoir élever à soi;
veiller continuellement pour préserver du mal ces petites âmes; quelquefois se punir soi-même de leurs fautes,
dont nous devons toujours craindre d'être en partie
responsables, ou par promptitude, ou par négligence;
prier Dieu avant de les reprendre, pour ne pas obéir à
un mouvement de mauvaise humeur; les avertir d'abord
seulement par quelques signes, puis par des paroles,
des réprimandes, des menaces; les priver de quelques
plaisirs, et n'en venir qu'à la dernière extrémité au
châtiment; plus prier que crier, disait-il, en jouant heureusement sur les mots; ou, pour tout résumer dans la
formule qui lui plaisait : parler peu, beaucoup tolérer, prier davantage. Mais, pour lui, le principal de
la bonne éducation des enfants était le bon exemple

qu'on leur pouvait donner et la parfaite régularité de
l'école.

Lemaitre, le grand orateur, le premier des solitaires
de Port-Royal, fut aussi un des premiers à seconder
Saint-Cyran dans l'exécution de ses projets. Il s'était
chargé du petit d'Andilly et du petit de Saint-Ange. Un
touchant passage des *Mémoires* de Dufossé le montre à
l'œuvre :

« Je me souviens même que, tout écolier que j'étais,
il me faisait souvent venir dès lors dans sa chambre, où
il me donnait des instructions très solides, tant pour les
études que pour la piété. Il me lisait et me faisait lire
divers endroits des poètes et des orateurs, et m'en faisait remarquer toutes les beautés, soit pour la force du
sens, soit pour l'élocution. Il m'apprenait aussi à prononcer comme il faut les vers et la prose, ce qu'il faisait
admirablement lui-même, ayant le ton de voix charmant,
avec toutes les autres parties d'un grand orateur. Il me
donna aussi plusieurs règles pour bien traduire et pour
me faciliter les moyens d'y avancer [1]. »

On sait qu'il a pris soin de l'éducation de Racine.

Son frère cadet, M. de Saci, qui, après Saint-Cyran
et M. Singlin, fut le directeur de Port-Royal, prit part
accidentellement à l'enseignement. Avec Lancelot, Saint-
Cyran l'avait notamment chargé de l'éducation des deux
fils de M. Bignon. Sa lettre, que nous publions sous le
titre de *Patience et silence*, est une admirable page de
pédagogie. Son influence sur les études classiques a été
plus considérable; on lui doit une traduction des fables
de Phèdre [2], puis de trois comédies de Térence [3]. Il

1. *Mémoires pour servir à l'hist. de Port-Royal*, 1739, p. 156.
2. Les *Fables* de Phèdre, affranchi d'Auguste, traduites en français avec le latin à côté, pour servir à bien entendre la langue
latine et à bien traduire en français (1647).
3. Comédies de Térence (*l'Andrienne, les Adelphes, Phormion*),
traduites en français et rendues très honnêtes en y changeant
fort peu de chose, pour servir à bien entendre la langue latine et
à bien traduire en français, par le Sr de Saint-Aubin (Paris, 1647).

faut remarquer avec quelle « charité ingénieuse » le lit-
térateur, épris de la belle antiquité, s'applique à concilier la culture du goût et le respect de la moralité, et
l'importance toute nouvelle qu'il attache à l'étude de la
langue française. « ... C'est avec grande raison, dit-il
dans l'Avis au lecteur, que plusieurs personnes de qualité se plaignent aujourd'hui de ce que, lorsqu'on montre
la langue latine à leurs enfants, il semble qu'on leur
désapprenne la française, et que, prétendant de les rendre citoyens de l'ancienne Rome, on les rend étrangers
dans leur pays même.... Après avoir appris dix ou douze
ans le latin et le grec, nous sommes souvent obligés
d'apprendre le français à l'âge de trente ans. »

On célébrait à Port-Royal son esprit plein de feu et
de lumière, d'un certain agrément et enjouement, son
talent particulier pour la poésie. Fontaine nous a conservé sa première pièce. C'est un remerciement, moitié
prose, moitié vers, à sa mère pour un présent de quatre
bourses fait à lui et à ses trois frères. Le bel esprit et
le style précieux s'y donnent libre carrière. « Nous y
voyons, dit-il, dans un petit espace, le plus illustre prisonnier du monde (l'or); et nos mains y ont enchaîné
celui qui dispose de la liberté de tous les hommes,

> Ce superbe métail, à qui tant de mortels
> Consacrent tant de vœux, élèvent tant d'autels,
> Fils du soleil des cieux et soleil de la terre, etc. »

Les quatre bourses, de couleurs différentes, sont com-
parées d'abord à un riche parterre, puis à la blancheur
qui pare, quand le soleil se cache,

> Ce grand voile d'azur qui couvre tous les cieux;

puis au lis et à la rose, qui

> ... Redoublent tous deux leurs beautés naturelles;

puis aux rayons du soleil sur le « mol yvoire » de la
neige; enfin « aux mille roses vermeilles » de l'aurore.

« J'admirerai toujours ces bourses comme des merveilles, et je les aimerai comme mes petites sœurs, puisqu'en quelque sorte elles sont vos filles, et que je suis véritablement votre très humble et très obéissant fils, DE SACI. »

On utilisa en 1654 ce talent poétique, tel quel, pour riposter aux plaisanteries bouffonnes des jésuites dans leur almanach intitulé : *La déroute et la confusion des jansénistes*. De Saci, aux applaudissements d'Arnauld [1] (Saint-Cyran eût énergiquement condamné une pareille équipée), composa en vers badins de huit pieds les *Enluminures de l'almanach des jésuites*. Je n'en citerai qu'un échantillon, qui a au moins cette valeur historique de constater combien les jansénistes étaient supérieurs aux jésuites, la plume à la main :

> Il n'est pas jusqu'à vos libraires
> Qui ne prisent vos adversaires,
> Dont les beaux livres ont toujours,
> Malgré vos bruits, un si grand cours.
> Mais les vôtres, si magnifiques,
> Sont les doyens dans les boutiques,
> Et gardent toujours la maison,
> Comme s'ils étaient en prison.
> Tout autre livre se demande,
> Se voit, se prise, se marchande ;
> Mais pour eux, ce sont des reclus,
> Que nul homme n'a jamais vus.
> Toutes les feuilles amassées
> Sont rame sur rame entassées,
> Et, les greniers en étant pleins,
> Ils sont les garde-magasins.
> Là, les souris courent les pages
> De vos admirables ouvrages,
> Et la troupe des nobles rats
> En fait ses mets et ses bons plats.

(6ᵉ enluminure, p. 24.)

1. A grand renfort d'érudition et de logique, Arnauld entreprit de justifier ce pamphlet, dans son *Application des règles des Pères à l'almanach.*

C'est à de Saci naturellement que s'adressa Lancelot pour versifier le *Jardin des racines grecques* (1657). Le prologue conserve bien l'empreinte de son auteur :

> Toi qui chéris la docte Grèce,
> Où jadis fleurit la sagesse,
> D'où les auteurs les plus divins
> Ont emprunté leurs termes saints
> Pour être de nos grands mystères
> Les augustes dépositaires,
> Entre en ce JARDIN, non de fleurs
> Qui n'ont que de vaines couleurs,
> Mais de RACINES nourrissantes
> Qui rendent les âmes savantes.

A vrai dire, de Saci, tout entier à la piété, regarde avec quelque dédain toutes les études profanes, et trouve la lecture des auteurs classiques dangereuse pour ceux qui ne savent pas « tirer quelques perles du milieu du fumier, d'où il s'élevait même une noire fumée, qui pouvait obscurcir la foi chancelante ». La religion est son unique pensée : « La principale fin de l'éducation doit être de sauver les enfants en nous sauvant avec eux. » On le voit, dans l'admirable entretien avec Pascal, solide et retranché dans sa foi, prendre en pitié la subtilité des raisons d'Épictète et de Montaigne, l'ivresse de la science, « ces viandes dangereuses que l'on sert en de beaux plats » à des gens « qui dorment et qui croient manger en dormant ».

Fontaine le peint admirablement dans ce passage :

« Jamais on ne put voir M. de Saci entrer dans ces sciences curieuses (système du monde par Descartes, animaux-machines). Souriant doucement quand on lui parlait de ces choses, il témoignait plus de pitié envers ceux qui s'y arrêtaient que d'envie de s'y arrêter lui-même. Il me dit un jour, me parlant là-dessus en particulier, qu'il admirait la conduite de Dieu dans ces nouvelles opinions ; que M. Descartes était à l'égard d'Aristote comme un *voleur* qui venait tuer un autre voleur et lui enlever ses dépouilles ; qu'Aristote peu à peu était enfin devenu le maître des ministres de l'Église. — « J'ai vu en Sorbonne, me dit-il, et je ne le pus voir sans frémir, qu'un docteur citant un passage de l'Écriture, un autre le réfuta hardiment par un passage d'Aristote.... Aristote ayant usurpé dans l'Église une telle autorité, n'était-il pas juste qu'il fût renversé et dépossédé par un autre tyran, à qui il en arrivera peut-être autant un jour [1] ? »

Quel étroit jugement, et quel parti pris! Sainte-Beuve lui répond vertement : « Jansénius ne fit qu'une émeute au sein du christianisme; Descartes fit révolution partout » (t. II, p. 120).

On se rappelle son piquant paradoxe sur l'inutilité des voyages : « Voyager, c'était voir le diable habillé en toutes façons, à l'allemande, à l'italienne, à l'espagnole et à l'anglaise. »

L'œuvre capitale de Saci, c'est sa traduction de la Bible, dont la publication, commencée en 1672, ne fut terminée qu'en 1707, vingt-trois ans après sa mort. Lire et méditer les livres saints, en faciliter aux fidèles la lecture et la méditation, a été l'affaire principale de sa vie. « Avec ma Bible, disait-il, j'irais au bout du monde. » Il est intéressant et curieux de constater les tâtonnements et les scrupules du traducteur. Il avait d'abord traduit d'un style que ses amis jugèrent trop élevé, puis avec trop de simplicité. Il s'y reprit une troisième fois, essayant de garder le juste milieu. Sainte-Beuve corrige le mot piquant de Joubert : « De Saci a rasé, poudré, frisé la Bible, mais au moins il ne l'a pas fardée », par cette malicieuse appréciation : « il suffirait de dire qu'il l'a *peignée* » (t. II, p. 362). Le célèbre traducteur s'est jugé lui-même, quelques mois avant sa mort :

« J'ai tâché d'ôter de l'Écriture sainte l'obscurité et la rudesse; et Dieu jusqu'ici a voulu que sa parole fût enveloppée d'obscurités. N'ai-je donc pas sujet de craindre que ce ne soit *résister aux desseins du Saint-Esprit*

1. *Mémoires,* t. III, p. 75.

que de donner, comme j'ai tâché de faire, une version claire, et peut-être assez exacte par rapport à la pureté du langage? Je sais bien que je n'ai affecté ni les agréments ni les curiosités qu'on aime dans le monde, et qu'on pourrait rechercher dans l'Académie Française. Dieu m'est témoin combien ces ajustements m'ont toujours été en horreur.... Mais je ne puis me dissimuler à moi-même que j'ai tâché de rendre le langage de l'Écriture clair, pur et conforme aux règles de la grammaire... N'aurai-je donc pas sujet de trembler, si, le Saint-Esprit s'étant éloigné jusqu'ici des préceptes de la grammaire, et les ayant si visiblement méprisés, je prends la liberté maintenant de le réduire à ces préceptes...? » (Fontaine, *Mémoires*, t. IV, p. 322).

Évidemment de Saci n'avait pas autant de sûreté de goût que de délicatesse de conscience et d'ardeur de dévotion ; mais, après ces quelques réserves, combien mérite d'admiration cette vie si pure, si égale, si éprise de perfection, si pleine de dévouement et de charité! Un trait touchant suffirait à peindre sa belle âme. Quand il sortit de prison en 1668, que pense-t-on qu'il demandât à l'amitié de Le Tellier, qui fut depuis chancelier? « Il le supplia de s'employer auprès du roi pour obtenir de Sa Majesté que, de temps en temps, des personnes de la fidélité desquelles on ne pourrait douter allassent à la Bastille pour voir ce qui s'y passe, afin qu'on ne laissât pas dans un perpétuel oubli de pauvres prisonniers qui y passent des années sans qu'on se souvienne seulement pour quelle cause on les y a enfermés » (Leclerc, *Vies intéressantes*, t. IV, p. 56).

Mais les véritables maîtres de Port-Royal sont ceux qui furent chargés de l'enseignement, lors de l'organisation des Petites Écoles, en 1646 : Lancelot et Nicole, Guyot et Coustel, sous la direction de M. Wallon de Beaupuis, mais en réalité sous la haute influence d'Arnauld, héritier de l'autorité de Saint-Cyran et auteur ou inspirateur de la plupart des livres classiques de Port-Royal.

Le maître par excellence, c'est Claude Lancelot. C'est de tous les solitaires de Port-Royal celui qui s'est le plus entièrement consacré à l'éducation et qui a composé le plus d'ouvrages classiques. Il était né à Paris, vers 1615. Résolu de bonne heure à servir Dieu, ' entra en 1627 dans la communauté de Saint-Nicolas du Chardonnet, où il resta dix ans, étudiant les Pères de l'Église et regrettant de ne plus trouver d'hommes comme saint Chrysostome, saint Ambroise, saint Augustin. « S'il y en avait seulement un, disait-il, je partirais dès cette heure; et je m'en irais le chercher, fût-il au bout du monde, pour me jeter à ses pieds et pour recevoir de lui une conduite si pure et si salutaire » (*Mémoires*, t. I, p. 5).

C'est alors qu'il entendit parler de l'abbé de Saint-Cyran comme d'un homme des premiers siècles, et qu'il se mit sous sa direction avec une soumission et une admiration sans réserve. « J'avoue, dit-il, que c'était une de mes dévotions de m'arrêter quelquefois à considérer M. de Saint-Cyran comme une des plus vives images de Jésus-Christ que j'eusse jamais vues » (*Mémoires*, t. II, p. 204).

Le 20 janvier 1638 il entrait à Port-Royal, quelques mois avant l'arrestation de Saint-Cyran, pour partager la vie pénitente des premiers solitaires, alors encore peu nombreux. Ils furent bientôt obligés de se disperser; mais, pour ne pas abandonner la tâche qu'on lui avait confiée, Lancelot fut envoyé à la Ferté-Milon avec M. Vitard, alors âgé de douze à treize ans, pour prendre soin de son éducation. De retour à Paris en octobre 1639, il partit pour l'abbaye de Saint-Cyran, d'où il revint, en octobre 1640, se charger des deux enfants de M. Bignon, avocat général, puis d'un petit garçon que lui adressa Saint-Cyran et dont il partagea le soin avec de Saci, occupé qu'il était le matin à la sacristie de Port-Royal.

En 1644 il publia la *Nouvelle Méthode pour apprendre facilement la langue latine*. La Préface et l'Avis au lecteur précisent la réforme introduite dans l'enseignement. Les règles sont données en français. Les « petites pointilleries de grammaire » sont écartées. « J'ai eu soin d'éviter quelques observations qui m'ont paru moins utiles, me souvenant de la parole excellente de Quintilien, que c'est une partie de la science d'un grammairien vraiment habile que de savoir qu'il y a des choses qui ne méritent pas d'être sues. Mais j'espère, ajoute-t-il, que les remarques solides et judicieuses de ces auteurs [1] pour bien entendre le fond de la langue latine... feront voir avec combien de raison le même Quintilien a dit que ceux-là se trompent extrêmement qui se moquent de la grammaire comme d'un art qui n'a rien que de bas et de méprisable, puisqu'étant à l'égard de l'éloquence ce qu'est le fondement à l'égard de l'édifice, si elle n'est établie solidement dans l'esprit, tout ce que l'on y mettra ensuite tombera par terre. » Il vante cette maxime de Ramus : « Peu de préceptes, beaucoup d'usage », excellente recommandation que Fénelon appuiera de son autorité [2].

Aussi Lancelot prétend-il faire en six mois ce que Despautère ferait en trois ans. Dans une lettre à Bussy, Corbinelli lui conseille de montrer le latin à sa fille avec la méthode de Port-Royal : « Il n'y en a que pour quinze jours » (30 juillet 1677). Rien n'indique que ce soit un trait de plaisanterie contre la prétention d'improviser la science. C'est simplement l'illusion un peu forte d'un admirateur. Dans l'école de la rue Saint-Dominique d'Enfer, en 1646, Lancelot fut chargé de l'enseignement du grec et des mathématiques. Il donna en 1655 la *Nou-*

---

1. Il déclare avoir lu les travaux de Sanctius, célèbre professeur de Salamanque, de Scioppius et de Vossius, érudits hollandais (1577-1649); il n'invoque pas du tout l'autorité du jésuite portugais Alvarès, dont le P. Rapin l'accuse, sans en donner aucune preuve, d'avoir copié la grammaire (*Mém.*, intr., p. 125).

2. « Le grand point est de mettre une personne le plus tôt qu'on peut dans l'application sensible des règles par un fréquent usage; ensuite cette personne prend plaisir à remarquer le détail des règles qu'elle a suivies d'abord sans y prendre garde » (*Lettre à l'Académie française*, § 2).

velle Méthode pour apprendre facilement la langue grecque. M. Egger, juge si compétent, constate le notable progrès de l'ouvrage sur les livres de Clénard, de Vergara, de Vossius. « Les quatrains barbares que Lancelot mêle aux règles en prose dans ses méthodes ont bien passé de mode aujourd'hui. Mais alors c'était déjà quelque chose d'y employer la langue française, au lieu du latin ; c'était quelque chose d'avoir exposé plus complètement les déclinaisons et les conjugaisons, d'avoir facilité par un choix des mots les plus utiles l'effort de mémoire nécessaire aux écoliers pour apprendre le vocabulaire d'une langue morte. » (*De l'hellénisme en France*, 2ᵉ vol., p. 60.) Il n'a pas tenu à Port-Royal que l'étude du grec ne fût remise en honneur parmi nous. On sait avec quel succès Lancelot donna à Racine l'intelligence de cette langue et le goût de cette littérature.

En 1657 parut le *Jardin des racines grecques.* Il serait peu utile de nous arrêter à cet ouvrage, qui n'intéresse en rien nos lecteurs. Le savant Dübner, d'ailleurs grand partisan des réformes pédagogiques de Port-Royal, n'hésite pas à le qualifier d' « ostrogoth ». M. Egger déclare que ce livre, par ses erreurs et son peu de critique, « a été chez nous un des plus grands obstacles au progrès des méthodes grammaticales » (*De l'hellénisme en France*, t. I, p. 112). Longtemps employé dans les classes, il a été supprimé par un arrêté ministériel du 4 décembre 1863. Deux passages de la préface méritent d'être relevés : l'un est relatif à Coménius et à sa méthode, *Janua linguarum reserata* (la *Porte des langues ouverte*), 1631. « Ouvrage estimable en soi, dit Lancelot, mais pas assez proportionné au titre qu'il porte et au dessein de son auteur. » Après l'avoir essayé, il le trouve long, difficile, sans intérêt pour les enfants, et en définitive de peu d'utilité, parce qu'il manque de méthode. Il y a là une bonne page de pédagogie à recueillir :

« Outre qu'il faut une mémoire extraordinaire pour

l'apprendre et qu'il se trouve peu d'enfants qui en soient capables, je puis assurer, après quelques expériences particulières que j'en ai faites, qu'il n'y en a presque point qui le puissent retenir, parce qu'il est long et difficile, et que, les mots n'y étant jamais répétés, ils en ont oublié le commencement avant que d'être à la fin. Ainsi ils y sentent un dégoût continuel, parce qu'ils se trouvent toujours dans un pays tout nouveau où ils ne connaissent rien : ce livre étant rempli indifféremment de toutes sortes de mots rares et difficiles et les premiers chapitres ne servant de rien pour les suivants, ni ceux-ci pour les derniers, parce qu'il n'y a aucun mot des uns qui se trouvent dans les autres. » Et il ajoute avec son expérience consommée de l'enseignement : « Ce qu'on peut appeler l'*Entrée des langues* ne doit être qu'une méthode courte et facile qui nous conduise au plus tôt à la lecture des livres les mieux écrits, pour y apprendre non seulement les mots qui nous manquent, mais aussi ce qu'il y a de plus remarquable dans le tour et de plus pur dans la phrase, qui est sans doute la partie la plus difficile et la plus importante de chaque langue. »

L'autre jugement est beaucoup moins fondé en raison. Pour les étymologies, il cite surtout les *Origines françaises* de M. Ménage, « qui vaut lui seul une multitude d'auteurs, parce qu'outre qu'il a tiré des anciens, il a recueilli avec soin ce que les plus habiles de notre temps avaient de plus curieux sur cette matière ». S'il y a un livre qui ait mérité le discrédit et l'oubli dans lequel il est tombé, c'est assurément celui-là. Les fantaisies philologiques de Ménage sont passées à l'état de légendes. Et le P. Bouhours eut beau jeu de s'amuser à ses dépens, à la grande joie de Mme de Sévigné [1].

---

1. « Je lis des livres de furie du P. *Bouhours*, jésuite, et de *Ménage*, qui s'arrachent les yeux, et qui nous divertissent. Ils se disent leurs vérités, et souvent ce sont des injures. Il y a aussi des remarques sur la langue française, qui sont fort bonnes. Vous ne sauriez croire comme cette guerre est plaisante. » (18 sept. 1676.)

« C'est particulièrement, dit-il avec un spirituel persiflage, dans les étymologies où M. Ménage excelle. Il
semble avoir l'esprit fait tout exprès pour cette science ;
il semble même quelquefois inspiré, tant il est heureux
à découvrir d'où viennent les mots. Par exemple, n'a-t-il
pas eu besoin d'une espèce d'inspiration pour trouver
la véritable origine de *jargon* et de *baragouin*. Jargon,
selon lui, vient de barbaricus. Et voici sa généalogie
en droite ligne : barbarus, barbaricus, baricus, varicus,
uaricus, guaricus, guargus, gargo, gargonis, JARGON.
Baragouin est le proche parent de jargon : barbarus,
barbaracus, barbaracuinus, baracuinus, baraguinus,
BARAGOUIN. Il n'y a rien de plus clair et de plus net. Et
je ne doute pas que M. Ménage ne se sache très bon gré
de cette nouvelle découverte ; car autrefois il ne croyait
pas que jargon et baragouin fussent originaires du
même pays, ni qu'ils sortissent de la même tige. Il veut,
dans ses *Origines de la langue française*, que jargon
soit espagnol, et baragouin bas-breton,... tant il est vrai
que les mots, comme les hommes, viennent d'où l'on
veut. Quoi qu'il en soit, nous devons à M. Ménage une
infinité de connaissances semblables ; et c'est lui qui,
avec cette faculté divinatrice que M. de Balzac lui attribue, a découvert que *laquais* venait de verna, vernula,
vernulacus, vernulacaius, lacaius, laquay, LAQUAIS ; que
boire à tire-larigot venait de fistula : fistula, fistularis,
fistularius, fistularicus, laricus, laricotus, LARIGOT....
Tout cela est beau et curieux. »

En 1660 Lancelot, sous la direction d'Arnauld [1], rédigea un des plus importants ouvrages de Port-Royal, la

---

1. « La grammaire générale est le fruit de conversations que
M. Lancelot, chargé d'enseigner les langues dans les écoles de
Port-Royal, avait avec ce grand homme dans les moments que
ce docteur pouvait accorder au désir qu'il avait de s'instruire
avec lui. M. Lancelot rédigea les réponses que M. Arnauld faisait
à ses questions ; et c'est ainsi que fut composé le premier ouvrage
où l'on ait approfondi l'art de la parole et développé les premiers
fondements de la logique. » (*Vie de messire Ant. Arnauld*, Paris
et Lausanne, 1783, t. I, p. 218.)

Grammaire générale et raisonnée, contenant les fondements de l'art de parler, expliqués d'une manière claire et naturelle, les raisons de ce qui est commun à toutes les langues et des principales différences qui s'y rencontrent, et plusieurs remarques nouvelles sur la langue française.

Ce travail, sommaire et incomplet, était une conception hardie pour l'époque ; on y sent l'influence de Descartes et sa confiance intrépide dans la puissance de la raison. Il a provoqué les recherches des grammairiens philosophes du XVIII° siècle, du Marsais, Duclos, Condillac, de Tracy. C'était tout ce qu'on pouvait faire de mieux jusqu'au jour où la découverte du sanscrit, la connaissance étendue des langues, de leur filiation et de leur histoire, devaient permettre à Grimm, Humboldt, Bopp, Burnouf, Diez, Michel Bréal, Littré, de substituer la méthode sûre de l'histoire, de la phonétique et de la comparaison, aux brillantes mais vaines spéculations de l'abstraction philosophique.

Si nous ne partageons plus pour cet ouvrage l'admiration enthousiaste du bon Rollin, et n'y voyons plus le *génie sublime du grand homme*, nous restons frappés de ce vigoureux esprit d'analyse et de cette méthode lumineuse.

A la même date, l'infatigable maître, caché sous le nom de M. de Trigny, complétait son enseignement grammatical en donnant la *Nouvelle Méthode pour apprendre facilement et en peu de temps la langue italienne*, et la *Nouvelle Méthode pour apprendre facilement et en peu de temps la langue espagnole*. Il eut recours pour ces deux ouvrages aux lumières de Chapelain. Le second fut dédié à la sérénissime infante d'Espagne, doña Maria Teresa, « que toute la France considère déjà comme sa reine ». Un passage de la Préface de la méthode italienne doit être signalé au personnel enseignant pour la bonne direction des études grammaticales, tant des maîtres que des élèves : « Quiconque veut apprendre facilement une langue doit toujours joindre au plus tôt l'usage et l'exercice avec les préceptes. » Pour l'italien, par exemple, la déclinaison de l'article, les verbes auxiliaires, les verbes réguliers, voilà, en trois ou quatre pages, ce qu'il suffit de savoir pour aborder de suite l'explication d'un auteur. « Après cela, on peut faire apprendre, ou au moins lire attentivement les règles des verbes irréguliers; et pour le reste de la grammaire, on peut presque le laisser à celui qui enseigne, pour le faire remarquer dans l'usage. »

Quant à la grammaire de la langue française, qui manque évidemment à la collection, et qu'on demandait à l'étranger [1], notamment le fameux libraire d'Amsterdam, Daniel Elzevier, Lancelot répondit au Dr Saint-Amour, chargé de la proposition, « qu'il s'était plusieurs fois résolu à ce travail, mais qu'il y avait toujours trouvé tant de difficultés, et si peu d'apparence de pouvoir les surmonter, qu'il avait été obligé d'y renoncer ». Saint-Amour revint à la charge deux ou trois fois, mais toujours sans aucun succès, Lancelot ne cessant d'objecter combien « il avait été rebuté lui-même toutes les fois qu'il avait voulu l'entreprendre ».

Après tout, Port-Royal a rendu à la langue française un plus grand service que d'en rédiger la grammaire : il lui a fait une place importante, dans les études classiques, par ses méthodes rédigées en français et non plus en latin, et par ses traductions; il l'a retrempée aux sources de l'antiquité et débarrassée du pédantisme et de la scolastique. Il lui a conquis la théologie, comme Descartes la philosophie, et Corneille la grande poésie. Les ouvrages qui en sont sortis, sérieux et savants, plus

1. Parmi les anciens travaux qu'avait produits l'étude de notre langue, on peut citer :

Palsgrave, l'*Esclaircissement de la langue françoyse* (1530);
Louis Mégret, le *Tretté de la grammere françoeze* (1550);
Ramus, *Gramere fransoeze* (1562).
Vaugelas, en 1647, n'a publié que des remarques détachées sur la langue française, et non un traité méthodique.
En 1714 Fénelon exprimait le vœu que l'Académie Française joignît à son dictionnaire une grammaire.

préoccupés du fond que de la forme, de la vérité et de la vertu que des agréments du style, ont forcé l'admiration même de leurs ennemis. Le P. Annat n'avait pas plus brillamment combattu Pascal que le savant P. Pétau n'avait attaqué Arnauld; et le P. Rapin ne marchande pas ses éloges au livre de la *Fréquente communion* (1643) : « On n'avait encore rien vu de mieux écrit en notre langue » (*Mémoires*, t. I, p. 22).

Il ne rend pas moins justice à Pascal. « On avait, dit-il, si peu d'expérience d'une manière d'écrire semblable à celle des *Lettres au Provincial*, qu'on ne pouvait faire de conjectures assez certaines pour tomber sûrement sur personne, parce qu'on n'avait encore rien vu en notre langue de ce caractère » (*Mémoires*, t. II, p. 380 [1]). Mme de Maintenon, dont on sait la profonde antipathie pour « ces Messieurs de Port-Royal », avoue que les ouvrages « portent un venin d'autant plus dangereux que leur style flatte davantage le goût naturel et élève l'esprit. Pour moi, je n'ai jamais goûté aucun de leurs livres, quoique très beaux » (*Instruction à la classe bleue*, 1705).

L'influence de ces modèles pour le perfectionnement de la langue fut durable et profonde. « En s'occupant, vingt années encore après les *Provinciales*, à chicaner subtilement le style de Pascal, les jésuites apprenaient à bien écrire. En relevant avec ironie la gravité un peu uniforme [2], les longues périodes et les expressions parfois inusitées des autres écrivains de Port-Royal, ils

---

1. Il n'y a pas jusqu'au venimeux P. Brisacier qui n'avoue le mérite littéraire des *Heures de Port-Royal*; il les appelle « une sentine d'erreurs, une grenade d'impiété, une voirie de toutes les œuvres de Calvin ramassées en *bon français*, sous le titre spécieux d'*Office de la Vierge* ». Cité par Arnauld, *la Morale pratique des jésuites*, t. VIII, p. 162.

2. Une note curieuse de Bossuet sur ses lectures, à la date de 1669, contient cette indication : « Quelques livres de MM. de Port-Royal, bons à lire, parce qu'on y trouve de la *gravité* et de la *grandeur*, leurs préfaces de préférence; mais leur style a *peu de variété*. Sans la variété, nul agrément. » (Floquet, *Études sur la vie de Bossuet*, t. I, p. 378.)

s'essayaient eux-mêmes à un style plus facile et plus libre, sans être moins correct [1]. » (Villemain, *Préface du Dictionnaire de l'Académie.*)

Ce service valait mieux que la composition d'une grammaire française.

Pour revenir à Lancelot, lorsqu'en 1661 les Petites Écoles furent définitivement fermées par ordre du roi, il était depuis quelque temps chargé de l'éducation du duc de Chevreuse, comme on le voit par la suscription d'une lettre de Chapelain : « A M. Lancelot, précepteur du marquis de Luynes, à Port-Royal ».

En 1663 il publia quatre traités de poésie, latine, française, italienne et espagnole. Il dut vraisemblablement travailler à ce *Recueil de poésies chrétiennes et diverses*, dédié à Mgr le prince de Conti, qui parut en 1671, en 3 volumes, sous le nom de... (on pourrait le donner à deviner en cent au lecteur), sous le nom de La Fontaine; c'est son amitié pour Racine et Boileau qui l'a mis un instant en rapport avec Port-Poyal. En offrant ce recueil au prince, il reconnaît qu'il n'a guère fait que prêter son nom :

> Ceux qui par leur travail l'ont mis en cet état
> Te le pouvaient offrir en termes pleins d'éclat;
> Mais, craignant de sortir de cette paix profonde
> Qu'ils goûtent en secret loin du bruit et du monde,
> Ils m'engagent pour eux à le produire au jour.

Lancelot était depuis deux ans chargé de l'éducation des princes de Conti. Fontaine nous a conservé l'intéressant compte rendu qu'il adressa à M. de Saci sur l'emploi de la journée de ses élèves et la direction de leurs études. Il préféra résigner ses fonctions, en 1672, plutôt que de consentir à conduire ses élèves au théâtre. Son rigorisme absolu ne peut échapper au reproche

1. Il faut surtout citer le P. Bouhours, auteur des *Entretiens d'Ariste et d'Eugène* (1671). Le deuxième entretien est tout entier consacré à une étude assez sérieuse de la langue de Port-Royal.

d'inconséquence que lui adresse justement Sainte-Beuve : « A quoi bon, ô Lancelot, si bien apprendre aux enfants le grec, l'espagnol, l'italien, les finesses du latin, pour défendre ensuite d'aller au théâtre entendre Chimène, pour ne permettre ni la *Jérusalem*, ni l'*Aminte*, ni *Théagène*, ni l'Anthologie, ni tout Catulle? Ces défenses et ces interdictions, en effet, s'étendaient jusque par delà l'enfance, et subsistaient en partie pour les hommes faits. Etait-ce possible? était-ce raisonnable? A quoi bon tant et si bien instruire, si ce n'est pour mettre plus tard à même d'employer? Ce grec dont j'ai dévoré les Racines, pourquoi n'en goûterais-je pas le miel et les fleurs? L'enfant qui fera *Bérénice* se le dit un jour, et il sauta à pieds joints sur la défense. Il s'envola par-dessus la haie, comme l'abeille. » (*Port-Royal*, t. III, p. 531.)

Ce fut la fin de la carrière pédagogique de Lancelot, qui se consacra désormais tout entier à Dieu dans la vie religieuse, à l'abbaye de Saint-Cyran, entre les mains de M. de Barcos. A la mort de cet abbé, en 1678, de grands troubles eurent lieu dans l'abbaye, et Lancelot fut exilé, sous prétexte de jansénisme, au fond de la Bretagne, à Quimperlé [1], où il mourut le 15 avril 1695, laissant une mémoire vénérée. L'histoire de la pédagogie française ne peut laisser l'oubli se faire autour du nom de cet éducateur, qui s'est dévoué sans réserve aux enfants, qui a si bien compris que la pédagogie devait être dans le cœur plus encore que dans la tête, que le maître devait sentir pour ses élèves « une charité de père. Un précepteur qui ne sera pas dans cette disposition ne fera jamais rien.... S'il y est au contraire,

1. Il n'est plus question de lui que dans une circonstance curieuse, que raconte Arnauld à M. du Vaucel et à Mme de Fontpertuis, les 16 et 17 mars 1689. Le roi d'Angleterre, Jacques II, détrôné, arrive à Kimperlay (*sic*). « Un grand souper l'attendait dans l'abbaye où est le frère Claude Lancelot.... M. D'Avaux le fit mettre à table auprès de lui.... Qui aurait cru qu'un religieux exilé au fond de la Bretagne aurait eu l'honneur de manger avec un roi? »

cet amour lui fera trouver plus d'inventions pour servir utilement ses écoliers que tous les avis qu'on pourrait lui donner. » (Lettre à M. de Saci sur l'éducation des princes de Conti.)

Nicole a jeté plus d'éclat que Lancelot par son talent d'écrivain et de moraliste, si vanté par Mme de Sévigné et par Voltaire. En réalité, il a été bien moins l'homme de Port-Royal. Il avait peu connu Saint-Cyran et ne l'admirait pas sans réserve lorsqu'il le comparait à une terre « capable de porter beaucoup, mais féconde en ronces et en épines », et allait jusqu'à parler de son galimatias. Il reconnaît lui-même qu'il faisait un peu bande à part : « J'ai été cinq ou six ans où l'on opposait à de Saci ordinairement M. Singlin, M. N. et M. N. d'un côté, et moi de l'autre » (*Essais*, t. VII, p. 180). A la mort de Saci, il n'approuva pas les témoignages de vénération et de tendresse prodigués par les religieuses à leur bien-aimé directeur, et il écrit à Mlle Aubry, en la priant de n'en rien dire, que depuis trente ans il souffre de cet empressement déraisonnable des dévotes.

M. de Beaubrun, dans l'intéressant portrait qu'il a tracé de Nicole, va jusqu'à dire : « Janséniste, peut-être par la crainte seule de déplaire à M. Arnauld, puisque dès 1689 il écrivait au P. Quesnel qu'il y avait plus de trente ans qu'il était dans les pensées qu'il a exprimées dans son traité de la *Grâce générale*, c'est-à-dire qu'il écrivait pour le jansénisme pendant qu'il avait dans l'esprit un système qui y est diamétralement opposé » (*Vie manuscrite*, passage cité par Sainte-Beuve, t. IV, p. 516).

Nicole, d'ailleurs, était moins exclusivement attaché aux Petites Écoles. Il se partageait entre le soin de ses élèves et ses études de théologie et sa préparation à la licence, à laquelle il ne renonça qu'en 1649. Une notice manuscrite de Hollande définit ainsi son rôle plus restreint : « M. Nicole ne faisait que diriger les études des jeunes gens qui étudiaient à Port-Royal. Les jeunes messieurs étaient très portés d'eux-mêmes à l'étude; ils n'avaient besoin que d'être avertis des beaux endroits des auteurs soit grecs, soit latins. M. Nicole était là pour leur en inspirer le goût. M. Nicole était plus pour leur servir de moniteur que de maître, comme on conçoit ce nom aujourd'hui. » (Cité par Sainte-Beuve, t. IV, p. 599.)

Son talent comme professeur était fort remarquable. Le P. Rapin (*Mém.*, t. II, p. 253) raconte que Singlin l'entendit discourir sur une éclipse de soleil, le fit parler sur divers sujets, et le signala à Arnauld, qui s'empressa de se l'adjoindre et, ne pouvant s'en passer, l'enleva bientôt aux Écoles. Il était fort propre à l'enseignement des belles-lettres et de la philosophie.

« M. Nicole, dit Besogne (t. V, p. 225), étudia, sous son père, tous les auteurs de l'antiquité profane, grecs et latins[1]. A l'âge de quatorze ans il avait achevé tout le cours ordinaire des humanités, tant il avait d'ouverture et de pénétration d'esprit jointe à la mémoire la plus heureuse. Il lui suffisait de lire un livre une seule fois pour en retenir toute la substance; et, dans un âge avancé, il avouait à ses amis qu'il n'avait rien oublié de tout ce qu'il avait lu dans sa jeunesse. Il savait parfaitement son Virgile et son Horace. Peu de temps avant sa mort, il récitait imperturbablement quantité de vers de l'*Énéide*. L'auteur qui lui plaisait le plus, et qu'il relisait volontiers, était Térence, à cause de sa belle latinité. Il avait coutume de dire que les beaux endroits de ces auteurs étaient comme de beaux moules qu'il fallait avoir dans l'esprit pour écrire de beaux ouvrages; qu'un homme qui n'était pas pourvu de ces beaux moules et qui se mêlait de composer, pouvait bien écrire de bonnes choses, mais que c'était comme s'il imprimait en gothique; au lieu que celui qui s'est rendu propres ces beaux endroits, était en état d'imprimer en beaux caractères romains, qui faisaient plaisir à lire. »

A ces connaissances si variées et si étendues, à cette

---

1. Nicole, *Essais de morale*, t. VIII, p. 193, avoue qu'il n'a pas lu Démosthène.

vaste et curieuse lecture, qui donne à Nicole une phy-
sionomie à part au milieu des solitaires de Port-Royal,
il manque cependant le vif sentiment de la beauté. Un
passage d'une de ses lettres est vraiment singulier pour
un professeur d'humanités : il ne cache point son *mépris* pour les admirateurs passionnés des anciens :
« Pour moi, ajoute-t-il, comme *je prends plaisir à trouver
des faussetés et de grands aveuglements dans ces mêmes
livres, j'y en trouve quantité.* » C'est une bien fâcheuse
tournure d'esprit; elle serait de nature à vicier, à stéri-
liser tout l'enseignement littéraire. « Le plaisir de la
critique, dit La Bruyère, nous ôte celui d'être vivement
touchés de très belles choses. »

Nicole a une sorte de parti pris des plus fâcheux
contre toute la littérature ancienne.

Se rappelant que Saint-Cyran ne lisait jamais les
livres des hérétiques « sans avoir fait les exorcismes
de l'Église, parce qu'il disait qu'ils avaient été faits par
l'esprit du diable, et qu'il y avait dans ces livres une
impression d'erreur », il ajoute : « mais tous les livres
des payens ne viennent-ils pas de la même source ? »
(t. XII, p. 176 [1]). Heureusement il a corrigé lui-même
cette boutade et senti la valeur morale de la littérature
ancienne (voir p. 219.)

Que dire de plusieurs de ses jugements sur la littérature française? N'a-t-il pas provoqué la colère et l'ingratitude de Racine en traitant d'empoisonneurs publics
les poètes dramatiques? Le grand Corneille, dont le

---

[1]. Il est fâcheux de voir Port-Royal, qui a flétri les inepties du
P. Garasse, d'accord avec lui sur ce point, en meilleurs termes
du moins : « Il est vrai que les plus grands capitaines du monde,
qui ont rempli jadis la terre des marques de leurs triomphes,
sont maintenant comme goujats et garçons d'étable dans les
enfers; il est vrai que le diable a tiré les plus grands philosophes
de la Grèce, les plus sages conseillers de l'Aréopage, les plus
fameux orateurs de Rome, les plus superbes princes de la gen-
tilité, les plus savants médecins de l'univers; il est vrai que tout
cela est maintenant aux gages de Lucifer.... » (P. Garasse, *Doctrine curieuse,* p. 867.)

théâtre respire au plus haut degré l'héroïsme, le sentiment du devoir, ne trouve même pas grâce devant ses
yeux prévenus, et il prononce, même à propos du *Cid*
et d'*Horace*, les mots de corruption, de barbarie, d'objets
criminels.

« On ne peut mieux prouver le danger qu'il y a en
toutes les comédies qu'en faisant voir que celles mêmes
de cet auteur sont très contraires à l'esprit de l'Évangile, et qu'elles corrompent l'esprit et le cœur par les
sentiments payens et profanes qu'elles inspirent » (*les
Visionnaires*, Avertissement, p. 22). Bossuet n'a pas
malheureusement été plus juste pour Corneille.

Le génie de Pascal a de même, en partie, échappé à
Nicole. Il le proclame bien « un grand esprit de ce
siècle » (*Essais*, t. III, p. 3); il cite les *Pensées* comme l'un
des ouvrages les plus utiles à mettre entre les mains
des princes (voir p. 218); mais il va jusqu'à le traiter de
« ramasseur de coquilles », au point de faire douter
l'abbé de Saint-Pierre, à qui il dit cette énormité, du
discernement du moraliste. (*Ouvrages de morale et de
politique*, t. XII, p. 86.)

Avec quelle étrange désinvolture, dans une lettre au
marquis de Sévigné, ne reproche-t-il pas à Mme de La
Fayette de vouloir imposer l'admiration de ces *Pensées*,
sans « nous instruire plus en particulier de ce que nous
devons y admirer », et de nous réduire « à faire semblant de trouver admirable ce que nous n'entendons
pas » !

Qu'en publiant les *Pensées* on ait songé à retrancher
quelques passages où la majesté royale était traitée
avec peu de respect, quelque affirmation fournissant
matière à de nouvelles discussions, quelques attaques
aux « bons pères », on ne pourrait, en le regrettant, que
louer la sagesse et la prudence des éditeurs.

On comprend, à la rigueur, qu'Arnauld écrive à
M. Perrier, qui défendait l'œuvre de Pascal : « On ne
saurait être trop exact quand on a affaire à des ennemis
d'aussi méchante humeur que les vôtres. Il est bien

plus à propos de prévenir les chicaneries par quelque
petit changement qui ne fait qu'adoucir une expression,
que de se réduire à la nécessité de faire des apolo-
gies.... » (20 nov. 1660.)

Mais qu'on ait l'idée de corriger le style de Pascal, de
refaire ses phrases, de remplacer telle expression familière et originale, telle tournure vive et dramatique, c'est
là une aberration d'esprit, une absence de critique, un
manque de goût que l'on ne sait comment qualifier, et
l'on a peine à s'expliquer qu'elle soit, en grande partie,
l'œuvre de celui que Bayle appelle la plus belle plume
de Port-Royal, et que le nonce du pape nommait une
plume d'or [1].

Cette médiocrité de sens littéraire, de goût et d'imagination se trahit également dans le seul livre relatif à
l'enseignement des belles-lettres auquel Nicole ait travaillé : *Epigrammatum delectus* (Choix d'épigrammes,
1659). Une préface et une dissertation, toutes deux en
latin, indiquent le but et le plan de l'ouvrage : cultiver
l'esprit, sauvegarder les mœurs. Le bon Nicole a « frémi
d'horreur à la vue des obscénités de Martial et de Catulle,
dont un éternel oubli ou les flammes auraient dû détruire les ouvrages ». Mais, comme « on tire des remèdes
de la vipère, et qu'on trouve parmi les poisons des
fleurs », il s'applique à faire un choix des pièces les
plus élégantes. Il aurait peut-être aussi sagement fait
de ne pas comprendre l'explication de ces auteurs dans
un programme d'études classiques. C'est un genre bien
borné et bien secondaire.

La dissertation sur la vraie et la fausse beauté, sur la
nature et les divers genres de l'épigramme, malgré les
éloges de Chapelain [2], satisfait peu le lecteur. Le P. Vavas-

1. Voir dans l'édition Havet, surtout aux pages 13 et 267, deux
échantillons de cette profanation littéraire.

2. 9 septembre 1659, lettre à d'Andilly : « Je ne voy rien de
mieux escrit dans le stile didactique, rien de plus judicieux, de
plus cavé, de plus sensément démeslé dans la nature de l'épigramme, enfin de plus instructif ».

seur, « le meilleur humaniste de son temps » au jugement
de l'abbé d'Olivet, historien de l'Académie Française, l'a
rudement malmenée, et non sans quelque raison. Ne
suffisait-il pas à la théorie de ce genre de poésie, qui ne
comporte que quelques vers, de demander du naturel
et de la simplicité, un tour spirituel et piquant, de la
grâce et de la délicatesse ? Au lieu de cela, Nicole dis-
serte gravement sur la nature et la source du beau; il
pose ce principe, assez vague d'ailleurs, qu'il est surtout
dans la convenance avec la nature des choses et avec
notre nature; il en réduit les conditions à trois : l'agrément du ton, la propriété des mots, la vérité et le
naturel des pensées; il croit creuser son sujet, bien
qu'il reconnaisse lui-même que tout cela concerne peu
l'épigramme, en dénonçant la faiblesse de la nature
humaine comme la raison des métaphores. C'est ce qui
paraissait si *cavé* à Chapelain. Nicole explique ensuite
comment, en conséquence de ces prémisses, il a dû
écarter de son recueil les épigrammes, ou fausses, ou
mythologiques, ou équivoques, ou hyperboliques, ou
douteuses, ou viles, ou malignes, ou bavardes, ou vulgaires. Après quoi, mais un peu tard, il s'occupe de la
définition et de la forme de l'épigramme, et en admet
deux genres : le genre sublime, grand et magnifique, et
un autre d'un style un peu plus bas, mais d'une portée
plus utile.

Ce qu'il y a de mieux dans cette dissertation si mal
équilibrée, ce sont les idées jetées un peu négligemment
à la fin, où Nicole, sans phrases, loue surtout dans
l'épigramme la pointe ingénieuse qui pénètre profondément dans l'esprit, ou la simplicité et l'enjouement,
l'art de traiter le sujet sans excès ni défaut, sans obscurité ni embarras, en préparant habilement l'effet; et il
cite Martial, qui est un maître en cet art. Martial et
Port-Royal ! Est-ce que le rapprochement de ces deux
noms n'excite pas le plus légitime étonnement ? Toute
la dissertation de Nicole s'écroule, d'ailleurs, à cette
simple remarque de Voltaire : « L'épigramme ne doit

pas être placée dans un plus haut rang que la chanson.... Je ne conseillerais à personne de s'adonner à un genre qui peut apporter beaucoup de chagrin avec peu de gloire. » (*Œuvres*, t. XXXIX, p. 242.)

Nicole a pris une grande part à la composition de la *Logique ou Art de penser*; mais on sent dans cet ouvrage la main plus virile et l'esprit plus libéral d'Arnauld. Arnauld, seul à Port-Royal, est franchement cartésien; il s'est déclaré partisan de la philosophie nouvelle dès l'apparition du *Discours de la Méthode*, paru en 1637. Dans son cours au collège du Mans [1] il dicte à ses élèves les nouveaux principes. Lorsqu'il envoie au P. Mersenne ses objections contre les *Méditations* de Descartes, parues en 1641, il lui écrit ces mots formels :

« Il y a longtemps que vous savez en quelle estime j'ai la personne de M. Descartes, et le cas que je fais de son esprit et de sa doctrine. »

En juin 1648 c'est à Descartes lui-même qu'il écrit qu'il a « lu avec admiration et approuvé presque entièrement tout ce qu'il a écrit touchant la première philosophie ». Il a conservé toute sa vie ces sentiments. C'est en vain que Leibniz, dans cette intéressante correspondance de 1686 à 1690, publiée de nos jours, lui a montré combien la philosophie de Descartes lui paraissait laisser à désirer, qu'il n'est satisfait ni de la définition du corps par l'étendue, ni de celle de l'âme par la pensée [2], ni des conditions de la perfection de Dieu et de l'immortalité de l'âme, ni de l'automatisme des bêtes : Arnauld reste convaincu de la solidité de la doctrine de Descartes, et il ne cesse d'en prendre la défense. Il re-

---

1. A Paris, dans la rue de Reims, puis, en 1682, rue d'Enfer; en 1761 il fut réuni au collège Louis-le-Grand.

2. Bossuet l'approuve : « Toutes les fois que M. de Leibniz, lui répond-il, entreprendra de prouver que l'essence du corps n'est pas dans l'étendue actuelle, non plus que celle de l'âme dans la pensée actuelle, je me déclare hautement pour lui. » (*Œuvres*, t. X, p. 97.)

pousse en 1692 les attaques de Huet, évêque d'Avranches, comme en 1680 celles de Lemoine, doyen du chapitre à Vitré. Il invoque les principes de Descartes contre les calvinistes dans la *Perpétuité de la foi*, au point de faire dire à Jurieu que les théologiens de Port-Royal avaient autant d'attachement pour le cartésianisme que pour le christianisme. (*Politique du clergé de France*, p. 107.)

Ailleurs il s'étonne avec tristesse que l'Inquisition n'ait pas mis à l'index les œuvres de Gassendi, qui a employé tout son esprit à ruiner la philosophie spiritualiste au profit des doctrines d'Épicure, et qu'elle y ait précisément inscrit les *Méditations* de Descartes.

Nicole est bien moins ferme dans son attachement au cartésianisme. Avec sa tournure d'esprit, volontiers sceptique en tout ce qui ne concerne pas la foi, il se plaît à rabaisser la philosophie. « Si j'avais à revivre, il me semble que je ferais en sorte qu'on ne me mettrait pas au nombre des cartésiens, non plus qu'en celui des autres.... Dans la vérité, les cartésiens ne valent guère mieux que les autres, et sont souvent plus fiers et plus suffisants; et Descartes lui-même n'était pas un homme que l'on pût appeler une personne de piété. » (T. VIII, p. 153-156.)

On s'étonnera moins de voir un professeur de philosophie traiter avec si peu de respect celui que l'histoire appelle le Père de la philosophie moderne, quand on lira ce jugement qu'il a porté du véritable fondateur de la philosophie ancienne :

« Socrate... est un homme tout rempli de petites idées et de petits raisonnements qui ne regardent que la vie présente, un homme qui prend plaisir à discourir des vérités, pour la plupart inutiles, et qui ne tendent qu'à éclairer l'esprit à l'égard de quelques objets humains » (t. XI, p. 119).

Il est difficile d'avoir un parti pris plus étroit et plus injuste, et de dénigrer ainsi à plaisir une des plus pures gloires de l'humanité, le penseur immortel qui a rappelé les hommes à l'étude d'eux-mêmes, qui leur a prêché la tempérance et la justice, la dignité du travail; qui a courageusement combattu les sophistes, la morale du plaisir et de la passion, la politique de la force, et qui a couronné cette vie si désintéressée et si utile par une mort héroïque.

Bien donc que Nicole passe pour l'auteur des deux discours mis en tête de la *Logique* [1], c'est surtout à l'influence d'Arnauld qu'il faut reporter le mérite de l'attitude ferme et courageuse des auteurs en face d'Aristote et de la scolastique.

Dans la lutte de la philosophie cartésienne pour affranchir la pensée moderne de la lourde domination d'Aristote et de la scolastique, on sait avec quelle prudence [2] Descartes avait en 1637 entrepris la ruine de la philosophie ancienne, en proclamant le droit de libre examen, le doute provisoire, le critérium de l'évidence :

« Mon dessein n'est pas d'enseigner ici la méthode que chacun doit suivre pour bien conduire sa raison, mais seulement de faire voir en quelle sorte j'ai tâché de conduire la mienne. » (*Discours de la Méthode*, I.) « ... Ne proposant cet écrit que comme une histoire, ou, si vous l'aimez mieux, comme une fable.... Jamais mon dessein ne s'est étendu plus avant que de tâcher à réformer mes propres pensées, et de bâtir dans un fond qui est tout à moi. » (II.)

1. Arnauld ne parle que du premier de ces discours dans ce billet à Mme de Sablé : « Tout ce que je puis faire pour me réconcilier avec vous, c'est de vous envoyer quelque chose qui vous divertira une demi-heure, et où je pense que vous verrez exprimée une partie de vos idées touchant la sottise du genre humain. C'est un discours que nous avons pensé de mettre à la tête de nos Logiques. Vous nous obligerez de nous en mander votre sentiment quand vous l'aurez vu, car ce ne sont que des personnes comme vous que nous voulons en avoir pour juges. » (19 avril 1660.) C'est dans le second, qui répond aux objections, que la main d'Arnauld est visible.

2. Bossuet la trouvait excessive : « M. Descartes a toujours craint d'être noté par l'Église; et on lui voit prendre sur cela des précautions, dont quelques-unes allaient jusqu'à l'excès. » (Lettre à M. Postel, docteur de Sorbonne, 24 mai 1701.)

Il écrit au P. Mersenne en 1641 : « Je vous dirai entre nous que ces six Méditations contiennent tous les fondements de ma physique ; mais il ne le faut pas dire, s'il vous plaît ; car ceux qui favorisent Aristote feraient peut-être plus de difficulté de les approuver ; et j'espère que ceux qui les liront s'accoutumeront insensiblement à mes principes, et en reconnaîtront la vérité, avant que de s'apercevoir qu'ils détruisent ceux d'Aristote. »

On comprendra cette prudence, si l'on se rappelle que Giordano Bruno, qui, entre autres méfaits, avait combattu à Paris la philosophie d'Aristote, avait été brûlé à Rome en 1600 ; que Vanini, en 1619, à Toulouse, avait été condamné, pour ses opinions philosophiques, à avoir la langue coupée, puis à être pendu et brûlé ; que Galilée, sévèrement admonesté en 1616 par la congrégation de l'Index, dut venir à Rome en 1633 pour abjurer solennellement sa théorie du mouvement de la terre.

La *Logique* de Port-Royal, publiée en 1662, pose nettement et hardiment le droit de la raison humaine devant les prétentions de l'autorité : « C'est une gêne bien grande que de se croire obligé d'approuver Aristote en tout, et de le prendre pour la règle de la vérité des opinions philosophiques.... Le monde ne peut demeurer longtemps dans cette contrainte, et se remet insensiblement en possession de la liberté naturelle et raisonnable, qui consiste à approuver ce qu'on juge vrai, et à rejeter ce qu'on juge faux. »

Pour apprécier à sa juste valeur la hardiesse de ces déclarations si fermes, il faut se rappeler qu'en 1670 le général des jésuites écrivit à toutes les maisons de la Société de combattre la philosophie de Descartes, et que, peu après, l'Université présentait une requête au Parlement pour en proscrire l'enseignement. L'*Arrêt burlesque*, composé par Boileau en 1675, en fit bonne justice :

« Vu par la Cour la requête... contenant que, depuis quelques années, une inconnue, nommée la Raison, aurait entrepris d'entrer par force dans les écoles de ladite Université..., où Aristote aurait toujours été reconnu pour juge sans appel, et non comptable de ses opinions...; vu les libelles intitulés : *Physique de Rohault, Logique de Port-Royal...;*

« La Cour... a maintenu et gardé, maintient et garde ledit Aristote en la pleine et paisible possession desdites écoles.... Et, afin qu'à l'avenir il n'y soit contrevenu, a banni à perpétuité la Raison des écoles de ladite Université; lui fait défense d'y entrer, troubler et inquiéter ledit Aristote en la possession et jouissance d'icelles, à peine d'être déclarée janséniste et amie des nouveautés.... »

Le plus grand mérite de la *Logique de Port-Royal*, c'est d'avoir introduit le cartésianisme dans l'enseignement. Elle proclame bien haut qu'elle a emprunté quelques réflexions « des livres d'un célèbre philosophe de ce siècle, qui a autant de netteté d'esprit qu'on trouve de confusion dans les autres ». Elle propose, comme Descartes, au nom du fameux axiome : « je pense, donc je suis », l'évidence de la conscience pour critérium de la vérité, et les quatre règles de sa *méthode* comme le meilleur moyen de se garantir de l'erreur et de trouver la vérité dans les sciences humaines.

C'est bien l'esprit de Descartes qui a suggéré aux auteurs leur médiocre confiance dans les règles de la logique et dans l'infaillibilité du syllogisme, leur titre « Art de penser » au lieu de « Art de raisonner », leur souci de former le jugement en remplaçant les exemples abstraits et conventionnels par des exemples instructifs, pris dans les diverses branches des connaissances, pour donner à la logique à la fois plus d'agrément et surtout plus d'utilité pratique, pour la sortir de l'école et la faire servir à l'étude des sciences comme à la conduite de la vie.

Ces solides mérites ont fait de cet ouvrage un livre classique. A part quelques défauts de plan et de proportion, facilement explicables par la précipitation avec laquelle l'ouvrage a été composé, par l'intervention de deux auteurs, par les additions successives qu'ils y ont faites, il n'y a vraiment qu'un reproche, mais il est grave, à adresser à la *Logique*, c'est d'être tellement remplie de l'esprit de Descartes qu'elle échappe à l'influence, encore peu sensible il est vrai [1], de Bacon. Théologien et géomètre, Arnauld a exposé la méthode de déduction, et complètement négligé la méthode d'induction, l'observation et l'expérimentation, qui conviennent aux sciences physiques et naturelles. C'est en vain que l'illustre chancelier d'Angleterre, dans le *Novum Organum*, en 1620, avec l'enthousiasme d'un apôtre, avait convié les hommes à délaisser les stériles dogmatismes, les compilations des faux savants, pour interpréter le grand livre de la nature par une patiente observation des faits [2]; « non à s'accrocher, pour ainsi dire, à de vaines abstractions et à poursuivre des chimères, comme la logique vulgaire, mais à anatomiser la nature, à découvrir les vraies propriétés des corps, leurs actions et leurs lois bien déterminées dans la matière » (*Nov. Org.*, II, § 52); à renoncer au syllogisme comme à « un instrument trop faible et trop grossier pour pénétrer dans la profondeur de la nature » (*Nov. Org.*, I, § 13).

Un chapitre très remarquable, où l'on reconnaît la main délicate de Nicole, son talent d'analyse, sa douce raillerie, celui des *sophismes dans la vie*, nous permet de l'étudier sous son véritable aspect, le moraliste.

1. On voit cependant l'avocat général Bignon, un des grands amis de Port-Royal, parler à fond de Bacon à un voyageur qui venait de l'Angleterre (*Vie* par l'abbé Pérau, 2ᵉ vol., p. 92). Descartes, dans ses *Lettres* (t. II, p. 324, 330, 494), approuve la méthode de Bacon et la juge propre pour ceux qui veulent travailler à l'avancement des sciences. Il l'appelle toujours Verulamius, à cause de la baronnie de Vérulam qu'il possédait.

2. « Ce qu'il faut, pour ainsi dire, attacher à l'entendement, ce ne sont point des ailes, mais au contraire du plomb, un poids qui comprime son essor », disait-il dans sa langue imagée. (*Nov. Org.*, I, § 104.)

On sait quel culte passionné Mme de Sévigné n'a
cessé de professer, malgré les amères critiques de son
fils [1], qui déclarait hautement le *Traité de la connaissance de soi-même* « distillé, sophistiqué, galimatias en
quelques endroits, et surtout ennuyeux presque d'un
bout à l'autre », pour la morale de Nicole. Elle la proclame « admirable, délicieuse », elle en est « charmée » ;
c'est un plaisir qui « l'enlève ». Elle éprouvait une vive
jouissance à voir « si bien anatomiser le cœur humain
et y chercher dans le fond avec une lanterne ». « C'est
un trésor d'avoir un si bon miroir des faiblesses de notre
cœur » (1er vol., 71). Cette analyse patiente, ingénieuse,
parfois enjouée et doucement railleuse, des faiblesses,
des travers, des préjugés, des illusions, donnait satisfaction à son esprit fin et délicat, comme la pureté et la
sévérité de la morale à la noblesse de ses sentiments et
à l'honorabilité de sa vie.

Les *Essais de morale* comprennent six volumes, auxquels on peut joindre deux autres volumes de Lettres,
qui ne sont pas la moins intéressante partie des œuvres
de Nicole. Aucun plan d'ensemble ne rattache les uns
aux autres ces divers *Essais*, parce qu'ils ont été composés au jour le jour, suivant l'occasion. Les premiers
sont des traités très développés et très méthodiques, où
l'auteur se sent dans son fort, parce qu'il y trouve à
« prouver et à démêler ». Puis, ce ne sont plus que des
articles assez courts, et enfin de simples pensées détachées.

1. Ch. de Sévigné termine ainsi une lettre à sa mère : « Et
moi je vous dis que le premier tome des *Essais de morale* vous
paraîtrait tout comme à moi, si La Marans et l'abbé Têtu ne
vous avaient accoutumée aux choses fines et distillées. Ce n'est
pas d'aujourd'hui que les galimatias vous paraissent clairs et
aisés : de tout ce qui a parlé de l'homme et de l'intérieur de
l'homme, je n'ai rien vu de moins agréable ; ce ne sont point là
ces portraits où tout le monde se reconnaît. Pascal, la *Logique de
Port-Royal*, et Plutarque, et Montaigne, parlent bien autrement : celui-ci parle parce qu'il veut parler, et souvent il n'a
pas grand'chose à dire. » (2 février 1676.)

Rarement Nicole enfle sa voix pour se mettre au ton de l'éloquence si poignante de Pascal; l'autorité, la vraie passion lui manquent pour nous remuer profondément : il nous laisse froids, et nous ferait plutôt sourire que trembler quand il nous représente, par exemple, le monde entier, sous l'empire du démon, comme « un lieu de supplice..., plein de tous les instruments de la cruauté des hommes, et rempli, d'une part, de bourreaux, et, de l'autre, d'un nombre infini de criminels abandonnés à leur rage.... Nous passons nos jours au milieu de ce carnage spirituel, et nous pouvons dire que nous nageons dans le sang des pécheurs, que nous en sommes tout couverts, et que ce monde qui nous porte est un fleuve de sang. » (*De la crainte de Dieu.*) Il ne réussit pas mieux dans cette peinture de la conscience du pécheur au moment où il paraîtra devant son juge : il la compare à « une chambre vaste, mais obscure, qu'un homme travaille sa vie à remplir de vipères, de serpents.... Lorsqu'il y pense le moins, les fenêtres de cette chambre venant à s'ouvrir tout d'un coup et à laisser entrer un grand jour, tous les serpents se réveillent tout d'un coup et se jettent tous sur le misérable, le déchirent par leurs morsures, etc. » (*Du jugement.*) Pour représenter la corruption primitive de l'homme : « Qu'on s'imagine, dit-il, une plaie universelle ou plutôt un amas de plaies, de pestes, de charbons, dont le corps d'un homme soit tout couvert, etc.; voilà l'image de l'état où nous sommes nés. » (*De la connaissance de soi-même.*) C'est toujours la même faiblesse et la même impuissance dans la même exagération.

Quelquefois Nicole trouve le trait ingénieux et piquant, qui relève l'expression et rend la vérité aimable. Voici deux passages d'une lettre qui méritent d'être recueillis :

« Les petits enfants de nos villages ont une assez plaisante coutume, quand ils s'en vont en procession après Pâque. Celui qui porte la clochette s'éloigne avec quelques camarades d'un quart de lieue du gros de la procession, et, s'il rencontre quelqu'autre clochette, on en vient au combat, on donne de grands coups de clochette contre l'autre, et l'on ne termine point le combat que l'une des clochettes ne soit cassée. Après quoi il n'y a plus à disputer. Car personne ne doute de quel côté est la victoire. Il serait à souhaiter qu'il en fût de même dans le conflit des fantaisies, et que celle qui serait cassée le fût si visiblement et si incontestablement que l'on n'en pût pas douter, etc. » (*Essais*, t. VII, p. 31.)

Et quelques pages plus loin : « J'oserais même vous dire (*pourvu que* vous ne preniez pas ma comparaison trop à la lettre, et *que* vous ne vous avisiez pas d'en conclure *que* je vous accuse d'ivresse) *que* je voudrais *que* l'on fit à l'égard des préventions ce *que* l'on dit *que* les filles de Bretagne font à l'égard du défaut *qui* règne dans ce pays-là, *qui* est celui de s'enivrer; car, *comme* elles supposent *qu'*il n'y a point d'homme *qui* en soit exempt, elles n'en épousent point, dit-on, sans l'avoir vu ivre, afin de savoir par là s'il a bon ou mauvais vin. » (*Essais*, t. VII, p. 35.)

On a dit que les jansénistes ont la phrase longue et traînante. Cette citation en est une preuve assez démonstrative. Le fond est ici gâté comme à plaisir par la forme. Mais à Port-Royal on croyait déroger à l'humilité chrétienne en s'occupant du style, et Nicole déclare à Mme de La Fayette qu'il ne trouve pas grand mal à être un mauvais auteur (t. VIII, p. 261).

L'abandon dont il a souffert pour n'avoir pas voulu épouser jusqu'au bout les querelles de Port-Royal lui a inspiré cette douce et spirituelle raillerie :

« Il en est des amis comme des habits. Il y en a qui ne sont bons que pour l'été, d'autres pour l'hiver, d'autres pour le printemps et pour l'automne. Mais, comme on ne jette pas ses habits d'été dès lors que la saison est passée, et qu'on les réserve pour une autre année, il faut de même épargner ses amis, quoiqu'ils ne soient pas bons en certains temps, et les réserver pour ceux où ils peuvent être d'usage. Il y en a qui ne sont bons que pour le mois de juillet, c'est-à-dire lorsqu'il n'y a point de froid à craindre, et le nombre en est assez grand. » (*Essais*, t. VII, p. 167.)

Mais le plus souvent Nicole, sans grand souci de la forme (il déclare qu'il n'est pas capable d'une double attention), suit sa pensée, conduit son analyse fine et délicate d'un train uniforme et un peu monotone. Il ne s'est pas fait illusion à cet égard, et son aveu est des plus explicites : « Comme il y a des peintres qui, ayant peu d'imagination, donnent à tous leurs personnages le même visage, il y a aussi des gens qui écrivent toujours du même air, et dont l'allure est toujours reconnaissable. Personne n'eut jamais plus ce défaut que moi. » Ce n'est pas Nicole qui pouvait faire changer d'avis Bossuet sur le jugement déjà porté par lui en 1669 : « Le style de MM. de Port-Royal a peu de variété ; sans la variété, nul agrément ». On sait la boutade passionnée de J. de Maistre : « Nicole, le plus froid, le plus gris, le plus *plomb*, le plus insupportable des ennuyeux de cette grande maison ennuyée. »

Nous voilà loin de l'enthousiasme de Mme de Sévigné : « Quel langage ! quelle force dans l'arrangement des mots ! On croit n'avoir lu de français qu'en ce livre. » (12 janvier 1676.)

C'est précisément dans l'arrangement des mots, dans le tour de phrase, que Nicole nous paraît absolument manquer de force. L'expression est bien choisie, exacte, profonde quelquefois, souvent fine et délicate. Mais elle perd le plus souvent une partie de ses qualités et de ses charmes, parce qu'elle disparaît comme noyée dans une période traînante et embarrassée, surchargée de propositions incidentes ou subordonnées, que vient alourdir encore l'emploi habituel du participe présent. Voici un exemple assez frappant. Nicole a été ému des tristes théories de La Rochefoucauld, et il écrit : « Il se glisse tant de recherches secrètes dans les amitiés, *que* je n'oserais presque dire *que* j'aime *quelqu'*un, dans la crainte *que* tout ce *que* je sens pour lui ne se réduise à m'aimer moi-même, *n'y ayant* rien de plus ordinaire *que* de n'aimer dans les autres *que* les sentiments favorables *qu'*ils ont pour nous, *lorsqu'*on s'imagine aimer ce *que* Dieu a mis en eux » (t. VII, p. 40). A la lecture de pareilles phrases, et elles abondent dans Nicole, on pourra dire : Quel honnête scrupule! quel tact à nous mettre sur nos gardes, sans nous décourager par une amère et tranchante condamnation de l'amitié! Mais jamais on ne dira : Quelle force dans l'arrangement des mots! quel écrivain! C'est La Rochefoucauld qui nous arrache cet éloge, au moment même où nous répudions ces désespérantes calomnies contre le cœur humain.

Malgré son admiration, Mme de Sévigné avait trop de bon sens et trop de droiture de jugement pour ne pas faire, à plusieurs reprises, ses réserves sur le fond même des idées, et n'y pas relever de contradictions. Même dans ce fameux *Traité de l'art de vivre en paix avec les hommes*, dont elle disait vouloir « faire un bouillon et l'avaler », elle convient avec sa fille que, si la paix et l'union avec le prochain sont si précieuses et demandent tant de sacrifices, « il n'y a pas moyen, après cela, d'être indifférente sur ce qu'il pense de nous », et qu'elle est « moins capable que personne de comprendre cette perfection un peu au-dessus de l'humanité ». Son appréciation est plus sévère pour le *Traité de la soumission à la volonté de Dieu* : « Voyez comme il nous la représente souveraine, faisant tout, disposant de tout, réglant tout; je m'y tiens; voilà ce que j'en crois; et si, en tournant le feuillet, ils veulent dire le contraire pour ménager la chèvre et les choux, ils auront sur cela la destinée à mon égard de ces ménageurs politiques, et ils ne me feront pas changer. » (25 mai 1680.)

Croirait-on qu'elle parle de son cher Nicole, dans cette curieuse lettre du 16 juillet 1677? « Il y a le plus beau galimatias que j'aie encore vu, au 26° article du dernier tome des *Essais de morale*, dans le traité *de tenter Dieu*.

Cela divertit fort; et, quand d'ailleurs on est soumise, que les mœurs n'en sont pas dérangées, et que ce n'est que pour confondre les faux raisonnements, il n'y a pas grand mal; car s'ils voulaient se taire, nous ne dirions rien; mais de vouloir à toute force établir leurs maximes, nous traduire saint Augustin de peur que nous ne l'ignorions, mettre au jour tout ce qu'il y a de plus sévère, et puis conclure comme le P. Bauny, de peur de perdre le droit de gronder; il est vrai que cela impatiente.... Je veux mourir si je n'aime mille fois mieux les jésuites; ils sont au moins tout d'une pièce, uniformes dans la doctrine et dans la morale. Nos frères disent bien, et concluent mal; ils ne sont point sincères; me voilà dans Escobar. Ma fille, vous voyez bien que je me joue et que je me divertis. »

A regarder de près les *Essais* de Nicole, il ne serait pas difficile de relever bien des exagérations et des idées peu justes, du bel esprit, des « finesses de spiritualité », un certain manque de force et d'autorité, d'élan et d'enthousiasme pour le bien [1].

Est-ce bien nous préparer à cultiver toutes nos facultés pour mieux accomplir notre destinée, à remplir courageusement les devoirs de la vie, que de nous prêcher ces énervantes doctrines?

« La vraie science de l'homme est de comprendre le néant du monde; et le vrai bonheur, de le mépriser » (t. VII, p. 3). — « Le monde n'est qu'un grand hôpital rempli de malades » (t. VII, p. 209). — « La conversation du monde est presque continuellement l'école du diable » (t. X, p. 198). — « Le diable est le plus grand auteur et le plus grand écrivain du monde,

---

1. Joubert, qui appelle Nicole « un Pascal sans style » et vante non la forme, mais « la matière, qui est exquise », avoue cependant que dans ses *Essais* « la morale de l'Évangile est peut-être un peu trop raffinée par des raisonnements subtils » (2ᵉ vol., p. 165). C'est ainsi que Nicole se faisait fort de montrer à un officier « cent péchés mortels dont il n'avait jamais ouï parler, et qu'il ne connaissait point du tout! » (*Essais*, t. VII, p. 151).

aussi bien que le plus grand parleur, puisqu'il a part à la plupart des écrits et des paroles des hommes » (t. XII, p. 176). — « Si Jésus-Christ a apporté quelque science dans le monde, c'est celle de mépriser toutes les sciences qui sont l'objet et le fondement de la vanité et de la curiosité des hommes [1] » (t. XI, p. 89).

Que dire des réflexions que lui suggère son asthme ? « Le monde ne fait état que des talents d'action, et l'objet de son horreur, c'est de n'être bon à rien. Cependant c'est un jugement plein de fausseté, et qui n'a sa source que dans la vanité naturelle à l'homme ; et si nous nous en étions bien défaits, nous trouverions plus de bonheur dans la privation des talents que j'appelle des talents d'impuissance, que dans toutes les grandes qualités. » (T. VII, p. 162).

Que le moraliste nous mette en garde contre les dangers de l'ambition, rien de mieux. Mais n'est-ce pas forcer la note et manquer le but que de poser ce principe : « Il n'est permis à personne de chercher à s'élever et à s'agrandir, ni soi ni les siens » ? (t. XI, p. 321). Quel est le père de famille qui, songeant très légitimement à préparer un sort meilleur à ses enfants, prendra au sérieux les motifs invoqués par Nicole, que c'est rendre son salut plus difficile, et s'éloigner de l'exemple de Jésus-Christ, dont toute la vie n'a été qu'un abaissement et un anéantissement continuels ?

---

1. Comme Bossuet sait mieux garder la mesure et tout concilier ! « Je ne suis pas de ceux, dit-il, qui font grand état des connaissances humaines, et je confesse néanmoins que je ne puis contempler sans admiration ces merveilleuses découvertes qu'a faites la science pour pénétrer la nature, ni tant de belles inventions que l'art a trouvées pour l'accommoder à notre usage. L'homme a presque changé la face du monde.... Il est monté jusqu'aux cieux ; pour marcher plus sûrement, il a appris aux astres à le guider dans ses voyages ; pour mesurer plus également sa vie, il a obligé le soleil à rendre compte, pour ainsi dire, de tous ses pas. » (*Sermons*, 4e semaine de carême.) Un pareil langage honorait la chaire chrétienne : Nicole n'a fait qu'une capucinade.

Mme de Sévigné trouve fort plaisante cette description de la société, où, grâce à la cupidité, des gens pleins d'obligeance bâtissent et meublent nos maisons, tissent nos étoffes, portent nos lettres, courent au bout du monde hercher des denrées ou des matériaux, ou nous rendent gaiement les services les plus bas et les plus pénibles. La pensée n'est ni juste ni saine. Elle a un tour paradoxal, qui la ferait accueillir avec plus de convenance dans un écrivain humoristique. Dans une leçon sérieuse de morale, il faut prendre un autre ton et parler en meilleurs termes de cette admirable harmonie des intérêts économiques que Bastiat a si éloquemment décrite, et qui a si heureusement inspiré le beau sonnet de M. Sully Prudhomme. Le poète, se réveillant d'un songe où il s'est cru un instant abandonné par le laboureur, par le tisserand, par le maçon, et voyant avec bonheur tout le monde au travail, bien loin de les flétrir du nom de cupides, ne trouve dans son cœur qu'un cri de reconnaissance :

> Et depuis ce jour-là je les ai tous aimés!

N'est-ce pas du pur marivaudage que cette grave consultation de dix-sept pages sur cette étrange question : *Si une personne toute à Dieu peut faire faire son portrait pour ses proches et ses amis?* Jésus-Christ a, il est vrai, envoyé à Abgare, roi d'Édesse, l'impression de son visage sur une toile, mais c'était pour le porter à se convertir : « Il serait criminel de vouloir que l'on nous considère et que l'on nous aime comme le fils de Dieu a voulu qu'on le considérât et que l'on l'aimât » (t. VIII, p. 196). Et la scène de l'escalier? Une dévote reconduisait Nicole... pour honorer les pas de Jésus-Christ! Malgré son édification de la réponse, il entreprit, mais en vain, de lui montrer que des pas sans utilité ne pouvaient pas plus honorer ceux de Jésus-Christ que des paroles sans fruit et sans nécessité n'honoreraient ses paroles : « Elle n'entendit pas bien ce que je lui répondis, et continua d'honorer Jésus-Christ en me reconduisant » (t. VII, p. 185).

Même dans les matières sérieuses, Nicole arrive, par sa tournure d'esprit, à donner un caractère précieux à la leçon de morale et à en altérer ainsi la gravité. La philosophie ancienne et le christianisme ont recommandé comme un des plus efficaces exercices l'examen de conscience, le règlement de l'emploi du temps, la surveillance incessante de nos penchants pour porter de suite remède au mal. Écoutons Nicole : « Pour se faciliter cette pratique, qu'elle s'imagine qu'une personne qui lui ressemble, c'est-à-dire qui a les mêmes maladies qu'elle, lui demande conseil, et qu'elle lui prescrive tout ce qui lui viendra dans l'esprit; qu'elle écrive même ses pensées en cette manière, et qu'elle fasse la directrice à l'égard de cette personne, qui ne sera pas différente d'elle-même. Il n'y a rien en cela que de raisonnable, car nous sommes en effet doubles. C'est une *espèce de jeu* que je propose, mais qui ne laisse pas de soulager l'esprit. » (T. VII, p. 47.)

Après avoir beaucoup écrit pour détourner du mariage, ne ruine-t-il pas toute son argumentation par cette subtile distinction qu'il a parlé « en simple avocat » et non « en juge », ou par cette comparaison avec une personne qui, interrogée sur deux chemins, se borne à enseigner celui qu'elle connait le mieux?

Comme il se complaît outre mesure, dans sa lettre à Mlle Aubry, directrice de l'école qu'il fonda à Troyes en 1678, à développer cette allégorie précieuse des pustules (envie, jalousie, malignité), et qu'il est fier de son analyse, que l'hôtel de Rambouillet eût applaudie! « Vous ne saviez pas encore qu'un de vos devoirs fût de percer adroitement ces pustules des âmes; c'est donc ce que je vous apprends » (t. VIII, p. 58).

En résumé, il nous serait difficile de conclure, avec Mme de Sévigné, que tout cela est « de la même étoffe que Pascal ». Et si on lui accordait ce point, ce serait à la condition d'ajouter tout de suite cette spirituelle repartie de M. V. Fournel : « Soit, mais le tailleur est différent ».

Ses contemporains vantent sa « plume d'or ». Il manque bien des choses à Nicole pour que la postérité ratifie cet éloge. Comme tous les écrivains de Port-Royal, par un scrupule exagéré de piété, il a traité trop dédaigneusement, comme une vanité, la question du style. Les négligences de la forme le préoccupent peu : le fond seul mérite son attention. La vérité lui parait mériter nos hommages, de quelque façon qu'elle soit habillée. Il s'agirait seulement de savoir si ce n'est pas lui manquer de respect et compromettre son influence que de lui refuser le vêtement le plus convenable pour se présenter dans le monde et y réussir. Nicole dit d'ailleurs à M. de La Fayette qu'il n'écrit pas pour le public, mais pour s'occuper et appliquer son esprit [1]; que ses écrits n'étaient pas faits pour être imprimés. Quand l'occasion fit prendre à la hâte le dessein de les publier, « étant fort occupé à d'autres choses, je me contentai de les relire fort légèrement, en m'appliquant particulièrement aux choses. De sorte que, n'étant pas capable d'une double attention, je me suis étonné combien il m'est échappé d'expressions peu exactes [2]. Ainsi tout ce que je puis faire est de prier les personnes intelligentes de n'en dire rien, et de laisser couler cette impression à la faveur de l'indulgence publique. On sera plus exact une autre fois, si on en trouve le temps, et, si on ne le trouve pas, on se résoudra à la réputation de

1. Nicole dit même assez plaisamment, d'une apologie qu'il avait composée, que son but unique était de « se procurer le sommeil.... Il me semble que c'est une intention fort légitime que de vouloir dormir. » Quand on attaqua son système de la *Grâce générale,* il répondit aux objections en répétant son mot : « C'est une espèce de narcotique que j'ai toujours pratiqué ». (Cité par Sainte-Beuve, t. IV, p. 492.)

2. On lit dans la même lettre : « Je n'oserais dire à quoi monteraient les corrections que j'y pourrais faire, si j'en avais le loisir, tant il y a de choses à observer, quand on veut éviter la négligence du style. »

mal écrire, ce qui n'est pas un grand mal. » Mais alors, à quoi bon se faire imprimer? La postérité ne recueille et ne conserve que les ouvrages achevés. Voltaire s'est un peu avancé dans cette prophétie : « Les *Essais de morale*, qui sont utiles au genre humain, ne périront pas » (*Siècle de Louis XIV*, Ecrivains). D'Aguesseau, comme Rollin, ne recommandait déjà à son fils que « les quatre premiers volumes des *Essais de morale*, qui sont plus travaillés que les autres et où il est plus aisé d'apercevoir un plan et un ordre suivi » (4° Instruction). De nos jours, M. Silvestre de Saci a réduit à un volume son *Choix de petits traités de morale* (1857, in-16), et l'on pourrait sans doute facilement compter les rares lecteurs d'un auteur jadis si goûté. Il subit la loi naturelle du talion; il n'a pas assez pensé à nous : nous l'oublions. Quelle déception n'éprouverait pas Mme de Sévigné de chercher en vain, dans la belle étude de M. Prevost-Paradol sur *les Moralistes français*, le nom de son auteur favori! L'éminent critique ne lui a pas accordé la plus humble place entre Montaigne, La Boétie, Pascal, La Rochefoucauld, La Bruyère et Vauvenargues.

Il y a dans les *Essais de morale* un traité qui nous intéresse plus particulièrement : *De l'éducation d'un prince*. Il fait honneur aux éducateurs de Port-Royal. Nous en extrayons plusieurs pages judicieuses, où le lecteur trouvera d'utiles sujets de méditation. Quelle belle et large définition! « L'instruction a pour but de porter les esprits jusqu'au point où ils sont capables d'atteindre. » Voilà une parole virile, qui rachète bien des phrases décourageantes sur la vanité de la curiosité et sur le mépris des sciences. Nicole n'est pas moins heureux et pour la pensée et pour l'expression, quand il montre aux maîtres que leur rôle est « d'exposer à la lumière intérieure de l'esprit » l'objet de leurs leçons, et que, sans cette lumière, « les instructions sont aussi inutiles que si l'on voulait faire voir des tableaux durant la nuit. L'esprit des enfants est presque tout rempli de ténèbres, et il n'entrevoit que de petits rayons de lumière. Ainsi tout consiste à ménager ces rayons, à les augmenter et à y exposer ce que l'on veut qu'ils comprennent.... Il faut regarder où il fait jour, et en approcher ce que l'on veut leur faire entendre. » La lecture de ce petit traité ne saurait être trop recommandée : on y trouvera une foule de conseils pratiques pour les diverses branches de l'enseignement. C'est une des œuvres les plus autorisées et les plus suggestives de Nicole.

Après Lancelot et Nicole, le nom le plus considérable est celui de Coutel ou Coustel (1621-1704). Lemaître, dans un mémoire inséré dans le *Supplément au Nécrologe*, inscrit en mai 1650 l'arrivée à Port-Royal des Champs de « M. Coutel, Picard, sçavant en grec et en latin ». Il était, depuis l'établissement des Petites Écoles dans la rue Saint-Dominique-d'Enfer (1646), chargé d'une division de six élèves. Ce n'est qu'en 1687 qu'il composa les *Règles de l'éducation des enfants*, ouvrage dédié au cardinal de Furstemberg, dont il avait élevé les neveux. C'est l'ouvrage le plus complet et le plus méthodique qui nous soit resté de Port-Royal sur la pédagogie. Le fond vaut beaucoup mieux que la forme. Coustel était loin d'être un écrivain, mais c'était un maître convaincu et dévoué, modeste et sensé, qui connaissait bien et aimait les enfants. Les longueurs, les négligences, le terre à terre de son style l'ont condamné à un prompt oubli.

Quant à Guyot, il est étrange que les historiens de Port-Royal ne lui aient pas consacré une courte notice. Besogne déclare qu' « on ne sait rien de lui ». Guyot était cependant un des maîtres de la première fondation, et il est l'auteur d'assez nombreuses publications. On lui doit une *Nouvelle traduction des Captifs de Plaute*, 1666; — *Lettres morales et politiques de Cicéron à son ami Attique*, 1666; — *Nouvelle traduction d'un nouveau recueil des plus belles lettres que Cicéron écrit à ses amis*, 1666; — *Billets que Cicéron a écrits tant à ses*

amis communs qu'à Attique, son ami particulier, 1668 [1];
— *Lettre politique de Cicéron à son frère Quintus, et le
Songe de Scipion*, 1670; — *Nouvelle traduction des Bucoliques de Virgile*, 1666; — *Nouvelle traduction des Géor-
giques de Virgile*, 1678; — *les Fleurs morales et épigram-
matiques tant des anciens que des nouveaux auteurs*,
1669. Et, en tête de plusieurs de ces ouvrages, il a développé, dans des préfaces très étendues et très importantes, plusieurs des réformes pédagogiques à la réalisa-
tion desquelles il avait collaboré dans les Petites Écoles.

La raison du silence de Port-Royal sur ce maître, qui
a joué un rôle si actif, a été donnée par Barbier, dans
une notice sur Th. Guyot (*Magasin encyclopédique*,
août 1813) : il n'est pas resté fidèle à Port-Royal. Un de
ses ouvrages, publié en 1666, est dédié à Messeigneurs
de Montbazon, étudiants chez les RR. PP. Jésuites au
collège de Clermont, « cette école célèbre, dit-il, que la
piété a consacrée à la science et à la vertu ». Il a renié
ses anciens amis dans le malheur et a fait sa cour à leurs
persécuteurs acharnés. On lira néanmoins avec intérêt
quelques extraits de l'une de ses préfaces sur l'enseignement de la lecture, sur l'étude de la langue française,
sur les avantages de l'enseignement oral.

1. Le traducteur fait sourire quand, sous prétexte de civilité,
il introduit dans les *Lettres* de Cicéron et de ses amis nos for-
mules françaises : « Monsieur votre père, madame votre mère,
mademoiselle votre fille, madame votre femme », transforme
Balbus en M. Lebègue, et Pomponius en M. de Pomponne! Ce
qui est plus grave, c'est que, dans une excellente préface, qui
résume toute l'éducation dans « la justesse de l'esprit et la droiture de la volonté », il compare plusieurs fois l'enfant à un oiseau
en cage! « En le contraignant et resserrant dans les bornes d'une
exacte discipline, *comme dans une cage,* pour lui apprendre à
être sage et vertueux... », p. 114. — « Il faut fermer autant qu'il
est possible toutes les ouvertures de la *cage* qui donnent à cet
esprit le plus d'envie d'en sortir. — Quelques *barreaux* ouverts...
pour vivre et pour se porter bien; c'est ce qu'on fait aux
rossignols pour les faire chanter, et aux *perroquets* pour leur
apprendre à parler », p. 127. — « Il faut plus d'une *cage* pour le
faire subsister et le rendre capable d'être instruit », p. 137.

Il convient de consacrer quelques lignes au moins à l'austère et vénérable Wallon de Beaupuis, directeur des Petites Écoles de Port-Royal. Né à Beauvais en 1621, il commença ses études au collège de cette ville, en partie sous le célèbre Godefroi Hermant; puis, après une quatrième année de rhétorique chez les jésuites de Paris, il étudia la philosophie avec Arnauld au collège du Mans, enfin la théologie au collège de Clugny. Le livre de la *Fréquente Communion* le conquit à Port-Royal, où il fut admis en 1644. On lui confia la direction de l'école de la rue Saint-Dominique, puis, en 1653, de celle du Chesnai, dont il nous a laissé le règlement. Il s'occupait, en outre, de recueillir des extraits des Pères pour aider Arnauld et Nicole dans la composition de leurs ouvrages. Après la dispersion des Petites Écoles, ordonné prêtre malgré sa résistance, il fut quelque temps précepteur des deux fils Périer, neveux de Pascal; puis, en 1676, il eut la direction du séminaire de Beauvais. Disgracié au bout de trois ans, privé de tout emploi, il passa le reste de sa vie dans la retraite la plus austère, sans autre récréation qu'un voyage annuel à Port-Royal. Il mourut en février 1709, à l'âge de quatre-vingt-sept ans, se rendant le témoignage que, « par la grâce de Dieu, il avait cherché toujours et par-dessus tout le souverain bien ». Son rôle à Port-Royal a été plus religieux que pédagogique.

Le Dr Antoine Arnauld [1] mérite une place d'honneur

1. Antoine Arnauld naquit à Paris le 6 février 1612. Il était le vingtième enfant du célèbre avocat Arnauld, qui, en 1594, avait défendu avec tant de véhémence l'Université contre les jésuites. Ce fut la plus illustre conquête de Saint-Cyran pendant sa prison. Tout dévoué à Port-Royal, à qui il fit la donation de ses biens, prêtre et docteur en 1641, il consacra sa vie à la défense de la religion, de la morale. Ses ouvrages, très nombreux, presque exclusivement polémiques, ne forment pas moins de 42 volumes in-4°. La plupart ont eu le sort réservé à ce genre de livres : « Le feu et la division venant à s'éteindre, dit La Bruyère, ils deviennent des almanachs de l'autre année. » Son traité *De la fréquente Communion* (1643) mérite une mention particulière : « Ce livre

parmi les pédagogues de Port-Royal, bien que la grande affaire de sa vie ait été d'accomplir le dernier vœu de sa mère mourante, celui de Saint-Cyran et son propre serment de docteur, à savoir la défense de la vérité. C'est au milieu de ses luttes sans cesse renaissantes contre les jésuites Sirmond, Pétau, Nouet, Brisacier, Annat, Maimbourg, contre la faculté de théologie, contre l'assemblée du clergé, contre les archevêques de Paris, Péréfixe et de Harlai, contre l'archevêque d'Embrun, contre l'Inquisition de Rome, contre le chanoine Mallet, contre les docteurs Morel et Lemoine, contre Richard Simon, contre Jurieu, contre les évêques de Lavaur et de Vabres, contre Malebranche, contre les calvinistes, contre Nicole même, que l'infatigable athlète, comme en se jouant et pour occuper ses rares moments de loisir, a composé les ouvrages le plus justement estimés. La *Grammaire générale et raisonnée* est, pour vrai dire, toute de lui. Sa lettre à quelques membres de l'Académie sur des difficultés de la syntaxe française atteste la puissance et la finesse de sa critique et suffirait à elle seule pour justifier l'appréciation de Bossuet : solide et puissant argumentateur.

On sait à quel propos il a composé la *Logique* ou l'*Art de penser.* « Un jour, dit Besogne, que M. Arnauld s'entretenait avec plusieurs personnes, parmi lesquelles était le jeune duc de Chevreuse, fils de M. le duc de Luines, il dit à ce jeune seigneur que, s'il voulait s'en donner la peine, on s'engagerait bien de lui apprendre en quatre ou cinq jours tout ce qu'il y avait de bon à savoir dans la *Logique.* La proposition surprit un peu

détermina comme une révolution dans la manière d'entendre et de pratiquer la piété, dans la manière aussi d'écrire la théologie.... Ce fut, à vrai dire, la première manifestation de ce Port-Royal de Saint-Cyran, qui, jusque-là, était demeuré assez dans l'ombre, dans une sorte de mystère conforme au genre d'esprit du grand directeur. » (Sainte-Beuve, t. II, p. 166.) Presque toujours réduit à se cacher et à fuir, il mourut dans l'exil à Bruxelles, le 8 août 1694. Le lieu de sa sépulture fut tenu secret, de peur que les jésuites ne le fissent déterrer, comme Jansénius.

la compagnie. On s'en entretint quelque temps. Enfin M. Arnauld, qui avait fait l'avance, résolut d'en faire l'essai. Il se mit à composer un petit abrégé de *Logique*, qu'il espérait finir dans le jour même. Mais, en méditant, il lui vint tant de réflexions nouvelles dans l'esprit, qu'il y employa quatre ou cinq jours, pendant lesquels il forma le corps de l'ouvrage. On mit l'écrit entre les mains du petit duc, qui le réduisit en quatre tables; et, en en apprenant une par jour, il sut tout au bout de quatre jours, en sorte que la prédiction des quatre ou cinq jours fut vérifiée à la lettre. » (T. V, p. 524.)

Ses *Éléments de géométrie*, il les composa de même, au pied levé pour ainsi dire, pendant une indisposition, en quelques jours de liberté dans une maison de campagne du Chesnai, « sans aucun livre ». Et, s'il faut en croire une note de l'éditeur, Pascal aurait jugé si favorablement cet ouvrage, qu'il aurait brûlé un essai sur cette science lorsqu'il vit la manière dont Arnauld avait remédié à la confusion reprochée à Euclide.

N'est-il pas extrêmement touchant de le voir, au milieu des tracas de la persécution, alors qu'il était réduit à se cacher, préoccupé d'une question de pure pédagogie? « Vous rirez, mande-t-il le 31 janvier 1656 à la mère Angélique, de ce qui me donne occasion de vous écrire. Il y a un petit garçon d'environ douze ans qui ne sait pas lire : j'ai envie d'essayer s'il le pourra apprendre par la méthode de M. Pascal. C'est pourquoi je vous prie d'achever ce que vous aviez commencé de mettre par écrit. » (T. I, p. 101.) Il ne serait pas impossible que la mère Angélique ait ri en recevant cette lettre [1]; pour

---

1. J'en juge par ce détail que rapporte l'abbé Racine : Quelques sœurs demandaient à la mère Angélique si on ne leur rendrait point leurs novices et leurs pensionnaires : « Mes filles, répondit-elle, ne vous tourmentez point de cela; je ne suis pas en peine si on vous rendra vos novices et vos pensionnaires; mais je suis en peine si l'esprit de la retraite, de la simplicité et de la pauvreté se conservera parmi nous. Pourvu que ces choses subsistent, *moquez-vous de tout le reste*. » (*Abrégé de l'histoire ecclésiastique*, t. X, p. 541.)

nous, nous n'en sommes ʼpas tenté, nous admirons le
bon cœur qui se révèle avec une si aimable simplicité.

M. Sainte-Beuve a consacré le dernier chapitre de son
tome III aux principaux élèves de Port-Royal (Jérôme
et Thierry Bignon, Racine, Le Nain de Tillemont, etc.).
Je suis heureux de compléter une grave lacune en ajoutant à sa liste le nom de Boisguilbert.

Dans l'Avertissement au lecteur de l'une de ses traductions, le précurseur des économistes, que l'histoire a définitivement vengé des dédains de Voltaire, s'exprime
ainsi : « Encore qu'il semble que de nos ꞏ ꞏ ꞏrs on ait porté
toutes les sciences au plus haut point qꞏ ꞏ lles pouvaient
jamais monter, on peut dire que celle de faire parler
notre langue à des écrivains grecs ou latins a été plus
loin; ne se pouvant rien ajouter aux ouvrages de ces
Messieurs de l'Académie, de Monsieur d'Andilly, qui
semble s'être surpassé lui-même dans son Josèphe, et
de *ces fameux anonymes si célèbres par toute la France;*
aussi confesserai-je ingénument que, si je suis assez
heureux pour qu'on ne trouve pas ce petit ouvrage dans
la dernière imperfection, je le dois à *quelque éducation
que j'ai eue parmi eux dans ma jeunesse* [1]. » (*Histoire
romaine*, écrite par Hérodien, 1675.)

Le penseur et le patriote dont Michelet a fait si justement un éloge enthousiaste [2] n'est pas une des moindres gloires dont puisse se parer Port-Royal.

1. Le nom de Boisguilbert et de son frère est, en effet, men-
tionné dans les *Vies intéressantes et édifiantes*, p. 86.

2. « Puissions-nous voir sur le pont de Rouen, vis-à-vis de Corneille, la statue d'un grand citoyen qui, cent années avant 1789,
fit partir de Rouen la voix première de la Révolution, avec autant
de force et plus de gravité que ne fit plus tard Mirabeau! »

De l'éducation des filles à Port-Royal

« A Port-Royal, écrit M. Cousin, les femmes sont peut-être plus extraordinaires, et assurément tout aussi grandes que les hommes. La mère Angélique n'est-elle pas l'égale d'Arnauld par l'intrépidité de l'âme et la hauteur de la pensée [1]? Nicole est-il fort au-dessus de la mère Agnès? Elle a plus de force avec autant de douceur. Et leur nièce, la mère Angélique de Saint-Jean, n'a-t-elle pas consumé dans le gouvernement de Port-Royal une prudence, une habileté, un courage qu'eût pu lui envier son frère le ministre [2]? Parmi les hommes, qui a plus osé, plus lutté, plus et mieux souffert que toutes ces femmes? Elles aussi, elles ont connu et elles ont bravé la persécution, la calomnie, l'exil, la prison.... » (*Jacqueline Pascal*, p. 491.)

Mais, si les personnes se valent moralement, en est-il de même de leur œuvre pédagogique? Nous n'avons, pour ainsi dire, aucun renseignement sur l'éducation des filles à Port-Royal [3]. Nous savons, d'une manière

---

1. « M. d'Andilly me disait : « Comptez que tous mes frères, et « tous mes enfants, et moi, nous sommes des sots, en comparaison « d'Angélique ». Jamais rien n'a été bon de tout ce qui est sorti de ces pays-là, qui n'ait été corrigé et approuvé d'elle; toutes les langues et toutes les sciences lui sont infuses; enfin, c'est un prodige. » (*Lettre de Mme de Sévigné*, 29 nov. 1679.) Sainte-Beuve rend également hommage à cette grande âme : « Nul caractère, dans notre sujet, ne nous apparaît plus véritablement grand et plus *royal* qu'elle, — elle et Saint-Cyran » (t. IV, p. 160).

2. M. de Pomponne, secrétaire d'État, chargé des affaires étrangères de 1671 à 1679.

3. Voici quelques dates sur l'établissement des écoles et quelques chiffres pour le nombre des élèves. En 1609, époque de la réforme du monastère par la mère Angélique, la sœur Louise Sainte-Praxède de Lamoignon fut nommée maîtresse des pensionnaires, comme plus capable qu'aucune des douze professes de Port-Royal. Le monastère fut transféré en 1626 au faubourg Saint-

générale, qu'elle était fort vantée et fort recherchée.
Les témoignages en sa faveur ne manquent pas. « On
pourrait, dit Racine, citer un grand nombre de filles
élevées dans ce monastère, qui ont, depuis, édifié le
monde par leur sagesse et par leur vertu. On sait avec
quels sentiments d'admiration et de reconnaissance
elles (des femmes de qualité) ont toujours parlé de l'éducation qu'elles y avaient reçue. » L'abbé Fromageau,
envoyé par l'archevêque de Paris, le 9 mai 1679, pour
faire une enquête par ordre du roi, s'étendit beaucoup,
raconte Besogne (t. II, p. 507), « sur l'excellente éducation
qu'on y donnait aux enfants, dont il citait pour exemple la
jeune demoiselle Bignon ». Quelques jours après, l'archevêque lui-même « s'épuisa en éloges de la vertu des
religieuses, de l'excellente éducation qu'elles donnaient
aux enfants [1]. Et quand le président de Guedreville, qui
avait sa fille en pension à Port-Royal, vint s'informer du
motif grave qui faisait renvoyer les pensionnaires, le
prélat lui donna l'assurance de la conduite irréprochable
de la maison et de la bonté de l'éducation qu'on y recevait [2]. »

Jacques (aujourd'hui la *Maternité*). La maison de Port-Royal des
Champs fut rouverte en 1648. En 1661, lors de la fermeture des
écoles, il y avait 21 pensionnaires à Paris, et 20 aux Champs. Besogne en donne la liste (t. I, p. 412). A la paix de l'Église en 1669, les
pensionnaires furent de nouveau admises dans les deux maisons,
désormais complètement séparées. Mais, à la mort de la duchesse
de Longueville (1679), le roi les fit définitivement renvoyer à
leurs parents. Besogne compte alors 42 élèves. Nicole avait fondé,
l'année précédente, une école de filles à Troyes. Les sœurs ré-
gentes, ou sœurs noires, qui en étaient chargées, reçurent l'ordre
de ne plus enseigner en 1742, et furent dispersées en 1749. Ces
derniers renseignements nous sont fournis par M. Th. Boutiot.
(*Histoire de l'instruction publique et populaire à Troyes pendant
les quatre derniers siècles*, 1864.)

1. « On ne trouvait rien à reprendre à l'éducation qu'elle donnait aux enfants, dit-il à l'abbesse; qu'au contraire elle n'était
nulle part si bonne » (*Hist. gén. de P.-R.*, t. VII, p. 318).

2. Clémencet lui fait dire : « Elles élèvent parfaitement bien les
pensionnaires, non seulement pour la piété et pour les mœurs,

Mais les pièces justificatives font absolument défaut. Où sont les programmes d'études? quelles méthodes employaient les maîtresses? quels livres mettaient-elles entre les mains des élèves? quelles traces ont-elles laissées de leur enseignement, de leur système d'éducation? Racine nous dit bien : « On ne se contentait pas de les élever à la piété; on prenait aussi un très grand soin de leur former l'esprit et la raison, et on travaillait à les rendre également capables d'être un jour, ou de parfaites religieuses, ou d'excellentes mères de famille. » (*Abrégé de l'histoire de Port-Royal.*)Le programme est certes excellent; il est bien fâcheux que les preuves à l'appui fassent si complètement défaut.

L'honnête du Fossé (*Mémoires pour servir à l'histoire de Port-Royal*, p. 378) célèbre les mérites de la mère Angélique Arnauld, qui, pendant vingt-sept ans, fut à la tête de la communauté. Il vante son talent « à faire des châsses, comme les plus habiles architectes, ou des personnages en cire plus accomplis que ceux qu'on voit chez Benoît; à écrire des lettres qui touchent le cœur et enlèvent les esprits »; il exalte sa solide piété, sa profonde humilité, son ardeur pour la pénitence, son mépris du monde. On n'y trouve pas un mot relatif à l'éducation. Et, de fait, dans ses *Entretiens et Conférences*, la mère Angélique n'a jamais traité une question ayant trait à l'éducation. Une seule fois, une sœur la consulte à propos des distractions que lui causaient les enfants. La réponse a été si brève que la pauvre sœur n'en a rien entendu et n'a pas osé insister.

On y trouve en revanche maint passage peu rassurant pour le développement intellectuel des élèves.

Page 377 : « Le démon fit un discours de philosophie, qui dura deux heures, le plus élevé et le plus élégant que ce philosophe eût jamais entendu. Il en était tout

mais même pour leur former l'esprit, et il n'y a pas de lieu où elles fussent mieux pour toutes choses qu'en celui-là » (*Hist. gén. de Port-Royal*, t. VII, p. 329.)

ravi ; mais, dans le moment qu'il fut fini, il l'oublia si entièrement qu'il ne put seulement en retenir un seul mot...; ce discours, qui paraissait si admirable et qui fut si inutile, montre que toutes les sciences humaines ne sont que vanité, et qu'elles nuisent plus souvent qu'elles ne servent, parce qu'elles enflent l'esprit. »

Page 399 : « Réjouissez-vous, vous, pauvres et ignorantes, sans livres, sans lectures, sans entretiens relevés, en épluchant vos herbes, en faisant bouillir votre pot, si vous aimez votre état, si vous êtes bien aises d'être les moindres dans la maison de Dieu, si vous n'avez point l'ambition d'une autre condition; c'est pour vous que le fils de Dieu est venu. Ne vous mettez point en peine, il évangélisera lui-même votre cœur : ne craignez point de manquer d'instruction. »

A en juger par les écrits de la mère Agnès, l'enseignement paraît une corvée imposée aux sœurs [1] : « Il ne faut pas, s'il vous plaît, lit-on dans sa lettre du 18 mars 1655 à la sœur Marie-Dorothée Perdreau, désirer d'être exempte du service des enfants, encore qu'il vous déplaise; car, puisqu'on en prend dans cette maison, le sort pourra tomber sur vous comme sur une autre. » Les Constitutions les poussent cependant dans cette voie, en leur recommandant de s'appliquer à leur tâche avec « un grand détachement, appréhendant beaucoup cette charge pour les grandes occasions qu'il y a d'y faire des fautes, de se dissiper trop, et de perdre l'esprit de recueillement, qu'il est malaisé de conserver dans une si grande occupation ». Le défaut d'aptitude professionnelle, loin d'être pris en considération, dans

______

1. Dufossé en fait implicitement l'aveu : « Quoique l'ordre qui obligeait les religieuses de Port-Royal à renvoyer leurs pensionnaires (1669) leur causât beaucoup d'affliction par rapport à ces jeunes filles que l'on privait si injustement d'une sainte éducation, il leur fut aisé néanmoins de se consoler par rapport à elles-mêmes, à cause du soulagement qu'elles en recevaient, et de la paix sans comparaison plus grande que cette décharge leur procurait. » (*Mém pour servir à l'histoire de P.-R.*, p. 177.)

l'intérêt des enfants, est précisément pour les supérieures une raison de choisir les religieuses, qui ont besoin, pour l'œuvre de leur salut, d'être humiliées et de souffrir. « N'alléguez point pour excuse, écrit encore la mère Agnès, que vous ne vous acquittez pas bien de cette charge, et que vous faites beaucoup de fautes, car c'est pour cela même qu'on trouvera peut-être à propos de vous y laisser encore pour vous faire mieux connaître votre incapacité.... Dieu permet que les enfants ne vous rendent pas ce qu'ils vous doivent, afin que ces petites révoltées vous donnent sujet de souffrir et de vous humilier. » (Faugère, tome II, p. 465 et 461.)

C'est sans doute fort édifiant, mais assurément bien peu pédagogique, et les enfants paraissent trop sacrifiées à l'avancement moral de leurs maîtresses. On ne peut du reste que rendre hommage à leur dévouement et à leur abnégation. Elles sont surtout, autant qu'il est possible d'en juger par les trop rares passages qui les concernent dans les volumineux écrits de Port-Royal, pénétrées d'un admirable sentiment, celui de leur responsabilité. « Elle était si humble, dit le *Nécrologe* de D. Rivet, en parlant de la sœur Marie de Sainte-Aldegonde des Pommares, adjointe à la maîtresse, qu'elle rejetait sur elle-même presque toutes les fautes que commettaient les enfants, croyant toujours qu'elles n'étaient arrivées que par son défaut de discrétion, ou pour leur avoir parlé de mauvaise grâce » (page 5). Un témoignage analogue est rendu à la sœur Anne-Eugénie par Besogne dans une page intéressante que nous avons recueillie.

Les Constitutions du monastère de Port-Royal et le Règlement pour les enfants, de Jacqueline Pascal, seuls documents que nous possédions, nous mettent en présence d'une éducation bien monastique.

Tout d'abord les parents doivent renoncer à leur autorité sur leurs enfants, et « les offrir à Dieu dans l'indifférence pour être religieuses, ou du monde, selon qu'il plaira à Dieu d'en disposer ». On ne forcera point les vocations; mais, comme le recommande Jacqueline Pascal, « on peut bien se servir de l'occasion pour dire quelque chose du bonheur d'une bonne religieuse..., pour faire entendre que la vie religieuse n'est point une charge, mais un des plus grands dons de Dieu ». Aussi la plupart des jeunes filles renoncent-elles à la vie du monde. Tout y contribuait. Bien que les Constitutions portent cet article : « On pourra garder les petites filles jusqu'à seize ans, encore qu'elles ne veulent point être religieuses », la mère Angélique avertit Mme de Chazé que sa fille, qui avait environ quinze ans, « ne voulait point être religieuse, et qu'il fallait qu'elle la retirât ». (Leclerc, *Vies intéressantes et édifiantes des religieuses de Port-Royal*, t. III, p. 28.)

On peut se douter comme on y parlait du mariage. Saint-Cyran, dans une de ses *Lettres chrétiennes et spirituelles* (elles figurent dans la liste des livres de lecture dressée par Jacqueline Pascal), écrit : « S'il y avait 100 000 âmes que j'aimasse comme la vôtre, je leur désirerais toujours, à l'imitation de saint Paul, de ne les voir jamais engagées (dans le mariage), et ferais tout mon possible pour les empêcher d'y entrer » (t. I, p. 170). L'abbé Singlin, son successeur, continue cette direction. On le voit à l'œuvre dans les *Vies intéressantes* par Leclerc. La sœur Élisabeth de Saint-Agnès de Féron est entrée à Port-Royal à l'âge de sept ans. Quand sa mère pense la marier, « Singlin lui représente fortement tout ce qu'elle avait à craindre dans un engagement de cette sorte. Elle avait toujours eu un grand éloignement et une terrible appréhension du mariage. » (T. II, p. 388.) C'est conformément à ces idées que la mère Agnès Arnauld écrivait, en 1634, à son neveu Lemaître pour le dissuader de son projet de mariage : « Mon cher neveu, ce sera la dernière fois que je me servirai de ce titre.... Vous direz que je blasphème contre ce vénérable sacrement auquel vous êtes si dévot, mais ne vous mettez pas en peine de ma conscience, qui sait bien séparer le saint d'avec le *profane*, le précieux de l'*abject* [1]. »

On sait avec quel bon sens pratique Mme de Maintenon réagit contre cette fausse délicatesse, et s'écria un jour : « Voilà ce qui tourne en ridicule l'éducation des couvents ! »

Les pensionnaires portaient l'habit blanc et le voile des novices. On le laisse désirer à celles qui montrent d'abord quelque répugnance.

Comment était remplie cette longue journée, qui commençait à quatre heures ou quatre heures et demie pour les plus grandes, à cinq heures pour les moyennes?

En fait d'études, on ne voit mentionner que la lecture, l'écriture et, les jours de fête, une heure d'arithmétique!

Les seuls livres de lecture indiqués ont trait à la piété : l'Imitation de Jésus-Christ; Grenade; la Philothée; saint Jean Climaque; la Tradition de l'Église; les Lettres de M. de Saint-Cyran; la Théologie familière; les Maximes chrétiennes qui sont dans les Heures; la Lettre d'un Père chartreux, traduite depuis peu; les Méditations de sainte Thérèse sur le *Pater*, etc. La lecture du matin est prise dans l'office du jour ou dans la Vie des saints, et doit servir d'entretien particulier le long de la journée. On ne laisse point d'autres livres aux enfants que leurs Heures, la Théologie familière,

---

1. C'est le langage de la précieuse Armande :

> Ne concevez-vous point ce que, dès qu'on l'entend,
> Un tel mot à l'esprit offre de dégoûtant?
> De quelle étrange image on est par lui blessée?
> Sur quelle sale vue il traîne la pensée?
> N'en frissonnez-vous point? et pouvez-vous, ma sœur,
> Aux suites de ce mot résoudre votre cœur?

A quoi la charmante Henriette répond si sensément :

> Les suites de ce mot, quand je les envisage,
> Me font voir un mari, des enfants, un ménage;
> Et je ne vois rien là, si j'en puis raisonner,
> Qui blesse la pensée et fasse frissonner.

(Molière, *les Femmes savantes*, acte I, sc. I.)

les Paroles de Notre-Seigneur, une Imitation de Jésus-Christ et un psautier latin et français.

Le règlement recommande de « beaucoup exercer la mémoire des enfants », pour leur ouvrir l'esprit, les occuper et les empêcher de penser à mal. Mais on voit plus loin qu'elles ont à apprendre par cœur « la Théologie familière, l'exercice de la sainte messe, le traité de la confirmation, puis toutes les hymnes en français dans les Heures, puis toutes les latines du bréviaire; et, quand elles sont venues jeunes au monastère, il y en a beaucoup qui apprennent leur psautier entier. Elles n'y ont pas grande difficulté, pourvu qu'elles y soient exhortées et *un peu poussées.* » On pouvait s'en douter.

Pour l'écriture, « elles écrivent leur exemple, ou elles transcrivent quelque chose quand elles sont *bien savantes,* et qu'on le leur a permis ».

On est tout heureux d'apprendre par un ennemi que la langue française leur était sérieusement enseignée. « Il y avait toujours, dit le P. Rapin, un certain esprit de politesse dans ces illustres pénitents, qui ne pouvaient pas être d'un parti qui a appris à bien écrire et à bien parler à son siècle, sans ressentir l'impression de cet esprit.... Tout y était poli, jusqu'aux petites pensionnaires, qu'on avait soin d'élever à la pureté de la langue autant qu'à la vertu; c'était dans leur entretien que le docteur Arnauld prenait tant de plaisir à remarquer ce grand nombre d'expressions nouvelles qu'il avait l'art de placer si bien dans ses ouvrages et dont il faisait une étude particulière. » (*Mémoires,* t. II, p. 276.)

Ajoutons le travail de couture, le soin du ménage, le chant en notes, et nous aurons recueilli tout ce que l'on peut savoir du programme des études. Nulle trace d'enseignement de l'histoire, ou des sciences naturelles. En fait de nouvelles du dehors, « on leur fait part de la vêture de quelques sœurs, ou de quelque billet pour recommander aux prières une personne ou une affaire de piété ».

Notons du moins dans cet enseignement, qui nous

parait si insuffisant, quelques bons procédés scolaires.
« A la fin d'une leçon, on fait répéter à trois ou quatre
enfants ce qu'on leur a dit le jour précédent. On ne leur
demande pas de rang, pour les surprendre; on s'adresse
tantôt à l'une, tantôt à l'autre.... Pour les plus jeunes
enfants, il ne faut pas les laisser sans rien faire, mais
partager leurs petits temps, les faisant lire un quart
d'heure, et puis jouer un autre, et puis travailler un
autre petit temps. Ces changements les divertissent et
les empêchent de prendre une mauvaise habitude, à
quoi les enfants sont fort sujets, qui est de tenir leur
livre et jouer avec, ou avec leur ouvrage, se tenir de
travers et toujours tourner la tête. »

Autant Jacqueline Pascal est d'un laconisme déses-
pérant quand il s'agit du développement intellectuel
des élèves, autant elle se complaît à exposer en détail
à M. Singlin tout le côté monacal de leur éducation.

On est quelque peu effrayé du régime de compression
auquel sont soumises les jeunes filles. A toutes les
pages du règlement il y a un mot qui revient sans
cesse, froid et impitoyable : silence [1] : parfait silence en
se levant et en se peignant l'une l'autre; — étroit
silence jusqu'à *Pretiosa* de prime; — silence très exact
au travail, après le déjeuner de sept heures et demie;
— silence pendant le service du ménage; — redouble-
ment de silence pendant l'écriture; — silence pendant
les deux heures que durent l'office et les messes dans
le monastère, même lorsqu'elles n'y assistent pas; —

1. Évidemment, dans la pratique, ces prescriptions si absolues
devaient être fort adoucies. L'avertissement très sage qui précède le Règlement des enfants (voir p. 276) le constate : « Il ne
serait pas toujours facile ni même utile de le mettre en usage
dans toute cette exactitude, car il se peut faire que tous les
enfants ne soient pas capables d'un si grand silence et d'une vie
si tendue sans tomber dans l'abattement et dans l'ennui : ce qu'il
faut éviter sur toutes choses. » La mère Agnès écrit, vers 1660, à
Mme de Foix, coadjutrice de Saintes : « Pour nos pensionnaires,
elles ne sont point obligées au silence, mais on les veille soigneusement, afin qu'elles ne s'entretiennent point de badineries ».

silence au réfectoire; — entier silence pendant le travail jusqu'à vêpres; — silence depuis l'angélus du soir, même en été, quand elles se promènent au jardin; — grand silence pour se déshabiller et se coucher, à huit heures.

Les pauvres muettes vont-elles du moins un peu reprendre leur liberté et se livrer à la joie de leur âge « à la récréation, où il semble qu'elles ont droit de dire beaucoup de choses pour se divertir et se récréer »? Pas le moins du monde, à part les petites qu'on laisse jouer. Pour les autres, les maîtresses ont soin de leur parler et de s'entretenir avec elles, afin de les aider à dire des choses raisonnables, qui leur ouvrent l'esprit.

D'ailleurs on leur défend de parler de leurs confessions, du chant des sœurs, des pénitences du réfectoire, de leurs songes, du parloir. Il n'est pas permis de parler à voix basse, sous peine de répéter tout haut ce qu'on a dit.

Du reste, la récréation est presque toujours occupée à travailler : « Hors les plus petites, qui jouent toujours, toutes travaillent sans perdre leur temps, et elles y ont pris une si bonne habitude qu'il n'y a rien qui leur ennuie tant que les récréations des fêtes[1]. » Quel aveu!

Deux extraits (voir p. 300 et 303) nous permettent de pénétrer à Port-Royal à ce moment de la journée. L'un nous montre la sœur Eugénie s'ingéniant à amuser les enfants, qui ne savent plus jouer sans elle. L'autre, plus curieux, nous retrace une scène piquante, où les élèves,

---

1. Il est question des récréations dans l'interrogatoire de la sœur Jeanne de Sainte-Domitille. « Les petites filles, lui dit en riant le prêtre, ont répondu : Hélas! la récréation, nous ne nous amusions pas à cela! Nous ne faisions que pleurer nos péchés. — Cette dernière réponse, répliqua la sœur en souriant, est aussi peu des enfants que les précédentes. Pour ce qui est des récréations, elles en faisaient tous les jours deux heures fort gaiement, et ont toujours été fort contentes d'aller dans cette maison, ce qui a bien paru par la douleur qu'elles ont eue de nous quitter. » (*Histoire des persécutions des religieuses,* p. 171.)

prenant part aux disputes du jour, se divertirent à faire le procès d'Escobar !

Les exercices religieux occupent une place vraiment disproportionnée avec l'âge des enfants, si le but n'était pas de les former toutes à la vie religieuse [1]. La prière n'est pas seulement au commencement et à la fin de tout exercice : elle revient toutes les heures; quand la cloche annonce un office au chœur, on interrompt son travail pour dire une prière. Les élèves entendent tous les jours la messe « à genoux; l'on a éprouvé que cette posture n'est pas si difficile, quand on y est accoutumé de bonne heure ». Elles vont à tierce et à vêpres, les dimanches, les jeudis, aux grandes fêtes, aux fêtes des saints, docteurs et autres, si elles demandent et méritent cette grâce. A onze heures, examen de conscience. Les plus grandes peuvent dire leurs sextes. Après la récréation, on chante le *Veni Creator* pour se préparer à l'instruction religieuse; puis on accorde la grâce de dire tout haut quelqu'une de ses fautes : « Elles ont accoutumé de le faire de bon cœur [2]. » A quatre heures, les plus grandes peuvent obtenir la

---

1. Leclerc dit de Mlle du Fargis, pensionnaire depuis l'âge de sept ans : « La mère Angélique prit un soin tout particulier de la former à la vertu et de lui inspirer le mépris du monde et d'elle-même. Bientôt elle eut la consolation de voir que ses soins et ses instructions produisaient d'excellents fruits dans cette jeune élève. En effet, lorsqu'elle fut en âge de faire choix d'un état de vie, elle forma la résolution d'être religieuse. » Son père se jeta à ses genoux. La constance de la jeune novice parut même trop héroïque à la mère Angélique, qui lui dit : « Il faut vous humilier : vous êtes trop forte ».

2. Mme de Maintenon défend absolument cette pratique aux Dames de Saint-Cyr : « Cultivez soigneusement en vos demoiselles les sentiments d'honneur..., et n'allez pas exiger d'elles des pratiques qui pourraient affaiblir cette bonne gloire et les rendre hardies; par exemple, leur faire déclarer des fautes humiliantes publiquement, en croyant que ce serait rappeler la coutume des confessions publiques, que l'Église a cru devoir supprimer. » (*Entretien*, 1703.) Mme de Maintenon vise ici les jansénistes, qui avaient commencé à faire revivre cet ancien usage.

grâce d'aller à vêpres. Enfin la récréation du soir se termine par les complies, qu'elles peuvent réciter en se promenant, l'été, dans le jardin.

Il nous est impossible d'approuver cet excès de pratiques religieuses, non plus que cet esprit de mortification qui présente le travail uniquement comme une pénitence, qui fait exempter de la collation à partir de quatorze ans, et qui exhorte les enfants « à se nourrir suffisamment pour ne pas se laisser affaiblir [1] ». A cet âge, l'organisme a besoin de croître et de se fortifier. Combien Mme de Maintenon est plus sensée et plus humaine lorsque, dans la description d'une personne raisonnable, elle la montre « mangeant de bon appétit, point en gourmande, la tête sur son assiette, mais de bonne grâce et proprement, et, puisque Dieu a bien voulu qu'on trouvât du plaisir dans le manger, elle le prend sans scrupule et avec simplicité » !

La mère Angélique proteste solennellement devant Dieu, dans une belle lettre écrite à la reine sur son lit de mort, en 1661, que dans le monastère on ne s'occupait nullement des controverses théologiques suscitées par Saint-Cyran et par Arnauld. Le P. Rapin riposte par un dilemme qui ne manque pas de force. « Si ces questions sont essentielles à la foi, pourquoi dérober à cette maison une connaissance nécessaire au salut? Si elles ne le sont pas et qu'elles soient indifférentes, pourquoi en faire tant de bruit partout? Pourquoi résister au pape et troubler l'Église pour une affaire si peu importante qu'on puisse les ignorer sans conséquence? Est-il vraisemblable que les chefs de ce parti aient tant de zèle pour instruire tout le royaume de leurs maximes, et que le Port-Royal, où ils font leur résidence, soit seul

1. Besogne, louant l'amour de la mère Angélique pour la mortification, raconte que les plus dévotes des petites filles se piquaient d'émulation, et qu'il faillit en coûter cher à trois d'entre elles, qui « s'avisèrent, pour se mortifier à l'imitation des religieuses, de cueillir dans le jardin des mauvaises herbes, de les piler et d'en avaler le jus » (t. I, p. 42).

abandonné à l'ignorance des mystères qu'on y enseigne ? » (*Mémoires*, 3e vol., p. 163.)

Deux anecdotes, que racontait à Saint-Cyr Mme de Maintenon, tendraient à confirmer le raisonnement du Père jésuite : « Quand le roi défendit qu'on mit des pensionnaires à Port-Royal, Mme la comtesse de *** en retira sa fille, qui n'avait que douze ans; elle l'amena à la cour, où elle commença par dénigrer tout ce que M. de Péréfixe avait fait dans sa visite à Port-Royal. Elle ne finissait pas, et je ne pouvais comprendre comment un enfant pouvait parler avec tant de hardiesse. Dans cette même visite de M. l'archevêque, il leur fit un discours pour tâcher de les gagner ; après qu'il eut parlé assez longtemps, il demanda à une petite pensionnaire de neuf à dix ans, qui l'écoutait attentivement, si elle commençait à être convaincue de la vérité de ce qu'il disait. Elle lui répondit avec une hardiesse étonnante : « J'adore la profondeur des jugements de Dieu, « de nous avoir donné un prélat aussi ignorant que « vous l'êtes ». Et toutes les religieuses applaudirent à cette réponse. Voilà la soumission et l'humilité que leur inspirent leurs directeurs. » (*Lettres historiques et édifiantes*, 2e vol., p. 227.) Il faut sans doute se défier un peu du témoignage d'une ennemie passionnée et fort encline à railler. Mais, en rapprochant ces faits et la récréation où les pensionnaires s'amusaient à faire le procès d'Escobar, on en conclut qu'elles n'étaient pas si étrangères aux débats religieux de l'époque. Le contraire serait complètement invraisemblable.

Mais quelle odieuse imputation, justement flétrie par Arnauld (*la Morale pratique des jésuites*, tome VIII, p. 209), la haine théologique a lancée contre ces religieuses, « pures comme des anges », disait l'archevêque Péréfixe, en leur reprochant d'être « orgueilleuses comme des démons » ! Un de ces mille pamphlets que la lutte des jésuites et des jansénistes a fait éclore, *le Pays de Jansénie*, les accuse de donner à leurs jeunes élèves des leçons d'impudicité, en conséquence de la doctrine de

Jansénius et de Saint-Cyran sur la grâce[1]. « Ne pensez pas, mes filles, leur fait-il dire avec impudence, que la grâce de Dieu soit toujours avec nous. Hélas, non. Il y a des temps misérables où c'est bien force de pécher. Que ferions-nous si Dieu se retire? Cela arrive pourtant souvent. Sommes-nous pas bien malheureuses? on nous commande la chasteté; et quelquefois nous sommes destituées des forces nécessaires pour la conserver. Retenez bien cela, mes filles; il y va de votre salut de ne l'ignorer pas; et dans l'occasion vous en pourrez avoir besoin. Il y a des maris qui ne seraient pas si cruels à leurs femmes, s'ils avaient étudié la théologie; car ils sauraient que la grâce nous est souvent déniée, et qu'en ce cas-là il faut plutôt avoir pitié de nos faiblesses que de se fâcher pour des fautes où nous tombons par l'absence d'un secours que Dieu nous refuse, ou pour nous châtier de nos infidélités, ou pour nous apprendre par une chute nécessaire que nous ne pouvons rien sans lui. » C'est ainsi, reprend le pamphlétaire, « qu'elles forment la jeunesse à cette patience qui se résout aux dernières hontes du sexe, quand les sollicitations sont vives et les occasions présentes. Car, quoiqu'elles n'aient pas dessein de faire des leçons d'impudicité à leurs petites écolières, la doctrine pourtant va là. » Vous le reconnaissez donc, venimeux logicien, toute cette argumentation à outrance n'est qu'une insulte et une calomnie. Attaquez les opinions, mais n'outragez pas les personnes. Un pareil procédé, toujours condamnable, l'est ici surtout, envers de saintes filles dont nul n'a jamais songé à mettre en suspicion la moralité. C'est une pure infamie.

A part l'inquiétude exagérée, la surveillance soupçonneuse, le tremblement continuel, que les religieuses de Port-Royal, sous l'inspiration de Saint-Cyran, apportent dans l'accomplissement de leur tâche, il faut recon-

1. *Relation du pays de Jansénie*, par le capucin Zacharie, sous le nom de Louis Fontaine (1658).

naître la solidité et la justesse de leurs principes pédagogiques en fait d'éducation morale.

Allier une force qui retienne les enfants sans les
rebuter, et une douceur qui les gagne sans les amollir.
— Vigilance et patience. — Pas de partialité pour les
enfants plus agréables et plus jolies. — Pas de familiarité. — Grande égalité d'humeur, car trop de mollesse
amène bientôt trop de sévérité, et il est beaucoup plus
pénible pour les enfants de subir ces variations que
d'être toujours maintenus dans leur devoir. — Peu
avertir pour les fautes légères, faire même semblant de
ne les point voir. — Reprendre sans mauvaise humeur,
sans termes blessants : « Il faut qu'elles soient convaincues qu'on ne les reprend que pour leur bien. » Être
sobre de paroles dans les réprimandes [1]; châtier même
sans rien dire, pour empêcher les enfants de faire des
mensonges ou de trouver des excuses; agir avec discrétion sur leur caractère dans des entretiens particuliers,
gagner leur entière confiance, et se tenir en garde
contre leurs finesses, les pénétrer de cette idée, que
leur progrès dans le bien se mesurera, non pas sur des
actions extraordinaires, mais par l'accomplissement des
devoirs de tous les jours, « par la fidélité qu'elles apporteront dans les moindres règlements de la chambre,
par le support qu'elles auront pour leurs sœurs, par la
charité avec laquelle elles les serviront en leurs besoins,
par le soin qu'elles auront de mortifier leurs défauts ».
Voilà en peu de mots, et sans prétention, une excellente
ligne de conduite.

En résumé, les écoles de filles de Port-Royal sont
bien loin d'intéresser l'histoire de la pédagogie comme
les Petites Écoles des garçons. Celles-là marquent une
époque de notables réformes et de sérieux progrès. Si
nous sommes souvent en désaccord avec leurs vénérables maîtres, si nous n'avons ni le même point de

---

1. « Rien n'affaiblit tant une réprimande que la quantité de
paroles. » Mme de Maintenon, lettre à une maîtresse (1692).

départ, ni le même point d'arrivée, si la pédagogie s'est dégagée de leurs conceptions théologiques, que de profit pouvons-nous cependant encore retirer d'un commerce intime avec eux! que de leçons autorisées ils peuvent continuer à nous donner sur la bonne direction des études, sur l'art de conduire les enfants, de former leur jugement et leur cœur! Leurs ouvrages, une des gloires de la pédagogie française, méritent encore d'être lus et médités. Leurs exemples surtout doivent rester vivants. On n'a jamais vu un dévouement plus absolu et plus désintéressé à la grande œuvre de l'éducation, une conscience plus en éveil, un amour plus sincère et plus actif de l'enfance, un plus vif désir de rendre l'étude facile et attrayante.

Comment ces modestes écoles ont-elles soulevé la haine implacable des jésuites, haine qui n'a été satisfaite, même après la dispersion des élèves et l'exil ou l'emprisonnement des maîtres, que le jour où les bâtiments eux-mêmes ont été détruits et rasés, et les tombes profanées [1]. Que dis-je? cette haine n'est pas éteinte, elle s'est rallumée de nouveau sous nos yeux, et, à l'heure qu'il est, elle rêve d'anéantir les ouvrages et jusqu'aux noms de nos pieux solitaires et de leurs amis [2]!

1. Une lettre du 2 février 1712 nous donne d'affreux détails; l'auteur les tenait d'un témoin oculaire. Les ouvriers qui déterraient les cadavres, et les rompaient quand ils ne pouvaient les enlever tout entiers, « buvaient, riaient, chantaient, et se moquaient de ces personnes qu'ils trouvaient ainsi en chair. Mais ce qui est le plus horrible, c'est qu'il y avait dix chiens dans l'église occupés à manger les chairs qui restaient encore à ces membres séparés des corps, et personne ne s'avisait de les chasser ». (Leclerc, *Vies intéressantes*, t. IV, p. 59.)

2. Le *Catalogue mensuel de l'œuvre pontificale des vieux papiers* (le siège est à Langres, Haute-Marne), dans son numéro d'avril et mai 1885, signale à la pieuse fureur des âmes dévotes 33 ouvrages à détruire. Les noms d'Arnauld, de Nicole, de Pascal, de Saci, de Saint-Cyran, de Duguet, etc., y figurent. Une note, écrite d'un style jovial, explique que les jansénistes, qui ont fait tant de

Si les jésuites ont craint un instant, comme l'affirment Racine et plusieurs écrivains de Port-Royal, de voir échapper de leurs mains l'éducation de la jeunesse et leurs collèges perdre leur prospérité [1], ils ont dû être promptement rassurés : car l'organisation des Petites Écoles ne pouvait être qu'une brillante et passagère institution, l'œuvre toute personnelle de quelques maîtres d'élite, qui se prêtait mal à l'imitation; qui, par son cadre étroit, limité à un très petit nombre d'élèves choisis, ne répondait pas aux besoins de l'instruction publique, et par conséquent n'avait pas d'avenir.

La cause de la guerre, il faut la chercher évidemment bien moins dans les succès scolaires des maîtres de Port-Royal que dans leur faveur croissante auprès du public, comme directeurs spirituels et comme écrivains. Le P. Canaye s'en expliqua franchement dans cette curieuse conversation avec le marquis d'Hocquincourt, que Saint-Évremond, qui en fut témoin, nous a rapportée : « Ce n'était ni la diversité de leurs sentiments sur la grâce, ni les cinq propositions, qui les avaient mis mal ensemble. La jalousie de gouverner les consciences a tout fait. Les jansénistes nous ont trouvés en possession du gouvernement, et ils ont voulu nous en tirer.... » (*Œuvres* de Saint-Évremond, t. II, p. 156.)

Vainqueurs sur toute la ligne, la plume à la main et dans la direction des consciences, les jansénistes devaient nécessairement succomber devant la double opposition de l'Église et de l'État.

mal autrefois, ronflent paisiblement sur les rayons des bibliothèques, et que le moment est très favorable pour mettre la main dessus et les fourrer tous du même coup dans le sac! Tout commentaire me semble inutile.

1. On cite souvent le témoignage de Bacon en faveur de leur talent d'éducateurs; il convient de mettre dans la balance l'autorité très supérieure, à mon avis, de Leibniz : « Je suis bien éloigné, écrit-il, de penser comme Bacon, qui, lorsqu'il s'agit d'une meilleure éducation, se contente de renvoyer aux écoles des jésuites » (*Œuvres*, t. VI, p. 65).

Épris de perfection et de sainteté, concevant une idée très haute de la religion et de la morale, poussant à l'extrême les exigences de la vie chrétienne, la responsabilité du sacerdoce, la grandeur terrible de Dieu, ils avaient gémi des désordres du clergé, de la cour de Rome [1] et des ordres monastiques, et, comme Vincent de Paul, François de Sales, de Bérulle, de Rancé, Bourdoise, profondément senti le besoin d'une réforme complète. Dans la pensée généreuse, mais quelque peu chimérique, de ramener le christianisme à sa pureté primitive, ils s'exprimaient en termes vifs et énergiques sur la corruption des mœurs et de la discipline de l'Église. Saint-Cyran disait avec tristesse que, depuis cinq ou six cents ans, Dieu détruisait son Église [2]. Il répétait le mot douloureux de François de Sales : « A peine un directeur capable sur dix mille! » Jansénius, son compagnon d'études, lui écrivait le 5 avril 1621 : « Après les hérétiques, il n'y a gens au monde qui aient plus corrompu la théologie que ces clabaudeurs de l'école que vous connaissez. Que si elle devait se redresser au style ancien, qui est celui de la vérité, la

---

1. Ce n'est pas seulement le satirique Gui Patin qui se plaint des abus du népotisme à la cour de Rome, sous le pontificat d'Innocent X (1644-1655) : « La signora Olympia, belle-sœur du pape, et qui lui gouverne le corps et l'âme, gouverne aussi le papat. On dit qu'elle vend tout, prend tout et reçoit tout.... Ce qui a fait dire un bon mot à Pasquin : « Olympia, olim pia, nunc harpia. » (*Lettres*, t. I, p. 363.) C'est l'ambassadeur vénitien, Contarini, qui écrit officiellement : « Dona Olympia vend, taxe, loue, se fait faire des cadeaux pour tous les actes du gouvernement, pour les grâces, pour la justice; on la voit environnée d'une bande d'entremetteurs, d'écorcheurs. » (Cité par de Chantelauze, *Le cardinal de Retz et l'affaire du chapeau*, t. I, p. 296.) Des pamphlets étaient affichés aux portes des églises : « Olympia primus, pontifex maximus ». Une médaille la représentait la tiare sur la tête, les clefs de Saint-Pierre à la main; Innocent X, en habits de femme, tenait une quenouille et un fuseau.

2. Vincent de Paul, dans sa déposition, ne se ressouvenait que de la seconde moitié de la phrase; mais la mère Angélique avait noté la première par écrit. (Voir la lettre de Lemaître, dans les *Mémoires pour servir à l'histoire de Port-Royal*, t. II, p. 207.)

théologie de ce temps n'aurait plus aucun visage de théologie pour une grande partie. » Arnauld, dans son beau livre *De la fréquente communion*, en 1643, s'indignait, avec une énergie sans pareille, contre l'état moral et religieux de ses contemporains : « Aussi est-ce une chose horrible que l'on n'ait jamais vu davantage de confessions et de communions, et jamais plus de désordre et de corruption...; qu'il n'y eut jamais plus d'impureté dans les mariages..., plus de débordements dans la jeunesse..., plus d'excès et de débauche dans le menu peuple. Qui ne sait que, depuis vingt ans, la fornication a passé parmi les gens du monde pour une faute légère; l'adultère, l'un des plus grands de tous les crimes, pour bonne fortune; la fourberie et la trahison, pour la vertu de la cour; l'impiété et le libertinage, pour force d'esprit...; la tromperie et le mensonge, pour la science du débit et du trafic; la fureur du jeu continuel, pour une honnête occupation des femmes...; la simonie déguisée et la profanation du bien de l'Église, pour un accommodement légitime et qui facilite le commerce des bénéfices?... Je ne dis rien des crimes plus abominables que nos pères ont ignorés, et qui se sont débordés de telle sorte, dans ce siècle malheureux, que l'on ne saurait y penser sans être saisi d'horreur. » (3ᵉ partie, ch. XVI.)

Et la responsabilité de tous ces désordres, le jeune et ardent docteur (il avait alors trente et un ans) ne craignait pas de la faire remonter à qui de droit : « Voilà ce qu'on doit, avec vérité, appeler le plus grand malheur qui puisse arriver à l'Église, si ce n'est que l'on ajoute que c'en est encore un plus grand, de ce qu'il se trouve des personnes qui font profession de piété, qui flattent les pécheurs dans les désirs de leur âme..., qui ne semblent travailler à autre chose qu'à nourrir les crimes par une fausse douceur, au lieu de les arrêter par une juste sévérité.... Ce sont des personnes qui s'imaginent avoir fait changer de face à toute une ville, et l'avoir fait devenir toute chrétienne, sans qu'il y soit arrivé d'autre changement, sinon que ceux qui n'y communiaient que tous les ans, y communient tous les mois, et encore plus souvent.... Ils avoueront que les mœurs n'y sont pas moins corrompues qu'auparavant..., et néanmoins ils vous soutiendront que les hommes sont en beaucoup meilleur état qu'ils n'étaient, parce qu'ils racontent tous les huit jours à un prêtre ce qu'ils ne racontaient que tous les mois, et qu'ils ajoutent tous les huit jours deux sacrilèges à leurs autres crimes.... » Le doux et prudent Nicole déclare qu'il craint quelque effet extraordinaire de la colère de Dieu « en un temps où toute l'Église est remplie d'ecclésiastiques vicieux et ignorants et de monastères déréglés » (*Visionnaires*, p. 179). C'était se mettre sur les bras bien des ennemis puissants. On eut beau jeu de crier haro sur les dangereux novateurs, les nouveaux réformateurs, les hérétiques déguisés, qui voulaient, comme Luther et Calvin, ruiner l'Église, sous prétexte de la réformer.

L'Etat, c'est-à-dire Louis XIV, nourrissait, de plus, contre eux d'ineffaçables préventions. « Messieurs de Port-Royal, toujours ces Messieurs », répétaient en chœur le roi et Mme de Maintenon. La sincérité de leurs convictions et de leur apostolat nous est un garant sûr que, du moins à l'époque qui nous occupe, ils restaient étrangers aux cabales politiques, malgré les accusations sans preuves et les insinuations perfides de leurs adversaires [1]. Il fallait, en vérité, tout l'aveuglement de la haine pour transformer Saint-Cyran, Arnauld, Singlin, de Saci, Nicole, Lancelot, en conspirateurs et en émeutiers. « Mme de Longueville, rapporte le P. Rapin, disait d'Arnauld qu'il n'aurait pu parvenir à faire son salut s'il eût fallu de l'intrigue pour se sauver » (*Mémoires*, p. 240). Et on le vit bien lorsque, caché et dé-

---

1. L'annotateur très passionné des *Mémoires* du P. Rapin est forcé d'en convenir : « Les *Mémoires* ne sont pas très explicites sur la part que les Jansénistes prirent aux armements de la Fronde, et Port-Royal a voulu le nier ; les pamphlets ne s'en taisent point » (t. I, p. 252). Voilà une belle autorité !

guisé chez la duchesse, il trahissait si naïvement son
incognito [1].

Le témoignage du cardinal de Retz leur est très favorable. « Ce sont, lui fait dire Besogne, les plus pauvres
gens du monde en matière d'intrigue et d'affaires d'État;
ils ne s'en veulent point mêler; et, bien loin d'avoir reçu
d'eux quelque secours, ils ont dégoûté plusieurs personnes de mon parti, et ils refusaient l'absolution à ceux
qui en étaient [2] » (*Hist.*, t. V, p. 546).

Mais, il faut le reconnaître, les apparences étaient
contre eux. «Avec une facilité plus chrétienne que judicieuse », selon la juste appréciation de Racine, ils
accueillaient nombre de courtisans mécontents ou dis-
graciés, nombre de grandes dames dégoûtées de leurs
intrigues. Leur attachement pour leur archevêque, le
cardinal de Retz, dont ils ne connaissaient pas comme
nous la profonde perversité [3]; et qui les exploitait dans
l'intérêt de son ambition, les compromit tout à fait dans

1. En parlant d'un ouvrage nouveau, le médecin qui le visitait
vint à dire : « De Saci n'écrit pas si bien. — Que voulez-vous
dire? riposta le malade, mon neveu écrit mieux que moi. » Dans
une circonstance analogue, le médecin parla de l'arrestation d'Arnauld : « Oh! elle est un peu difficile à croire, répondit l'incor-
rigible docteur, c'est moi qui suis M. Arnauld ».

2. On voit l'abbé Singlin et l'évêque d'Alet exiger de leurs
pénitents, le prince de Conti et la duchesse de Longueville, la
restitution aux pauvres de sommes considérables, pour réparer
les ravages causés dans les provinces par les guerres civiles.
(Besogne, *Hist.*, t. III, p. 39 et 83.)

3. Guy Joly, son secrétaire, rapporte cette conversation cynique :
« Mon pauvre garçon, tu perds ton temps à me prêcher. Je sais
bien que je ne suis qu'un coquin. Mais, malgré toi et tout le
monde, je le veux être, parce que j'y trouve plus de plaisir. Je
sais que vous êtes trois ou quatre qui me connaissez et me
méprisez dans le cœur; mais je m'en console par la satisfaction
que j'ai d'imposer à tous par votre moyen même. On y est si
bien trompé, et ma réputation est si bien établie, que, quand vous
voudriez désabuser les gens, vous n'en seriez pas crus : ce qui
me suffit pour être content et vivre à ma mode. » (*Mémoires.*) On
sait quelle admiration Mme de Sévigné n'a cessé de professer
pour le cardinal de Retz.

l'opinion de Louis XIV et de ses ministres. Leurs rapports avec la duchesse de Longueville, le duc de Luynes, le marquis de Sévigné, Mme de Guénégaut, le prince et la princesse de Conti, etc., firent appeler la Fronde la guerre des jansénistes. Anne d'Autriche, endoctrinée par la marquise de Senecey, par Henri de Bourbon, par les jésuites, déclara « que le roi s'en souviendrait quand il serait majeur », et il s'en est souvenu en effet. Son gouverneur, Villeroi, les lui représentait comme des gens qui « ne veulent ni de pape ni de roi » (*Mémoires du P. Rapin*, t. I, p. 271). On comprend dès lors le mot attribué à d'Harcourt : « Un janséniste n'est souvent qu'un homme qu'on veut perdre à la cour ».

M. Cousin et M. Renan ont dit que, dans cette lutte c'étaient les jésuites qui défendaient la bonne cause, celle de la liberté humaine. Mme de Sévigné, si attachée à ses amis, à ses frères de Port-Royal, se sépare d'eux, en effet, sur ce point de doctrine. Elle vient de lire la Bible de Royaumont, et, après avoir vu les reproches d'ingratitude, les punitions horribles dont Dieu afflige son peuple, elle écrit : « Pour moi, je passe bien plus loin que les jésuites..., je suis persuadée que nous avons notre liberté tout entière.... Les jésuites n'en disent pas encore assez, et les autres donnent sujet de murmurer contre la justice de Dieu, quand ils nous ôtent ou affaiblissent tellement notre liberté que ce n'en est plus une. » (A Mme de Grignan, 28 août 1676.) D'Alembert leur reproche également avec verve la contradiction de leur dogme et de leur morale impitoyables : « Que penserait-on d'un monarque qui dirait à un de ses sujets : vous avez les fers aux pieds, et vous n'êtes pas le maître de les ôter; cependant je vous avertis que si vous ne marchez tout à l'heure, et longtemps, et fort droit, sur le bord de ce précipice où vous êtes, vous serez condamné à des supplices éternels? Tel est le Dieu des jansénistes. » (*Destruction des jésuites*, p. 61.)
Et, malgré tout, les hommes de Port-Royal vaincus,

proscrits, anéantis, font, dans l'histoire, une autre figure que leurs vainqueurs triomphants. Par une heureuse inconséquence avec leur décourageant système de la prédestination, ils n'en représentent pas moins, en une certaine mesure, la liberté de conscience, l'esprit d'examen, l'indépendance de la pensée, l'amour de la justice et de la vérité. « Leurs adversaires plaidaient la cause opposée, celle de la domination aveugle sur les esprits et sur les âmes » (Villemain).

Par une nouvelle et plus heureuse encore inconséquence, ils ont plus que personne travaillé avec un zèle ardent à la réforme des mœurs. Leur grandeur morale a éclaté aux yeux les plus prévenus de leurs contemporains, et, loin de s'affaiblir avec le temps, elle brille d'un plus pur éclat dans l'histoire de la civilisation française, à mesure que s'effacent les misérables incidents de la lutte où ils succombèrent. La sévérité de leur direction, telle fut, au jugement de leurs adversaires les plus passionnés, la vraie cause de leur succès : « Les jansénistes, dit le P. Rapin, avancèrent leurs affaires en déguisant leurs véritables sentiments; ce fut par une morale qui n'avait rien que de beau et d'édifiant » (*Hist. du jansénisme*, p. 496). Un des caractères les moins équivoques de l'hérésie, c'était la pureté des mœurs. Port-Royal [1]

---

1. La mère Agnès écrit à Mme de Foix, le 16 avril 1663 : « Il y a un jésuite, ce carême, qui a prêché, en Bourgogne, que la solitude, la retraite, le désir de la pénitence, l'amour et le zèle des canons pénitentiaux, et pour voir rétablir dans l'Église l'ancienne pénitence et tout le reste des maximes de la perfection chrétienne, étaient le véritable caractère de l'hérésie. Après cela, ne faut-il pas se tenir bien heureux, selon l'Évangile? » Arnauld dit, de son côté : « Toute la cour sait qu'un évêque reprenant un abbé de condition de ce que sa conduite n'était pas assez réglée : Que voulez-vous que l'on fasse, répondit l'abbé? si nous étions plus réglés, on nous prendrait pour des jansénistes, et ce serait une exclusion à toutes les dignités. » (*Phantôme du jansénisme*, p. 28.) Quelques pages plus loin, il cite ces paroles du cardinal Bona : « Quoi! être pauvre, appliqué à la prière, exhorter les fidèles à s'y appliquer, vivre exemplairement, et prêcher Jésus-Christ d'une manière apostolique, est-ce donc là ce qu'on appelle

puisait dans ce précieux témoignage sa consolation et sa force au milieu des plus rudes épreuves.

Je ne saurais mieux dire, sur la portée morale de l'œuvre entreprise par les solitaires de Port-Royal, que ne l'a fait Henri Martin dans cette belle et profonde page de son *Histoire de France* : « Une entière sincérité dans l'action de l'homme sur l'homme, un mépris absolu de tout ménagement, de toute politique dans les choses de Dieu, caractérise ce qu'on peut nommer la méthode de Saint-Cyran. Ce qu'il veut, c'est régénérer individuellement les âmes; ce n'est pas surprendre à la légère l'adhésion superficielle du grand nombre; bien moins encore demander à la bouche une adhésion que le cœur ne ratifie pas! Ce n'est pas lui qui voudrait contraindre les populations hérétiques à se faire catholiques en apparence. Que lui importe l'apparence? Que lui importent les faits? Mieux vaut conquérir une âme au Christ intérieur qu'un empire à l'Église extérieure. C'est par là que Saint-Cyran touche à Descartes, tout en lui tournant le dos.... Descartes a régénéré l'esprit; Saint-Cyran s'efforce de régénérer le cœur.... C'est par là que le jansénisme mérite, encore à présent, notre sérieuse étude, trop enclins que nous sommes aujourd'hui à placer nos espérances dans des réformes sociales et collectives, qui demeureront irréalisables tant que leur base ne sera pas fondée dans la réforme de l'âme humaine.... Il faut être bien fort pour se tromper comme les jansénistes. Si loin qu'on soit de leurs doctrines, on doit reconnaître qu'ils ont relevé la grandeur morale de l'homme; ce sont les stoïciens du christianisme. » (T. XII, p. 84 et 85.)

S'ils ont été vaincus dans leurs généreux efforts, leurs adversaires ont payé cher leur victoire : ils ont été frappés à mort par le trait des *Provinciales*, ou, pour parler plus justement, c'est la foi antique qui a succombé dans

jansénisme? Plût à Dieu que nous fussions tous jansénistes en cette manière! » (P. 33.)

cette guerre implacable. En contemplant le champ de bataille, Boileau, qui comptait des amis dans les deux camps, disait en satirique : « Oh! que les hommes sont fous! » (lettre à M. Brossette). Bayle concluait à son ordinaire : « C'est proprement matière de pyrrhonisme » (lettre à Math. Marais). « Tout cela sont fariboles », s'écriaient les courtisans et les mondains, selon Mme de Choisy (lettre à la comtesse du Maure, 1655); et les chrétiens se plaignaient, avec Mme de Sévigné, de toutes ces discussions quintessenciées sur la grâce : « Épaississez-moi un peu la religion, qui s'évapore toute, à force d'être subtilisée ». Le ridicule avait envahi le sanctuaire avec cette nuée de pamphlets qu'on s'était mutuellement jetés à la tête, pour mettre les rieurs de son côté. Les titres sont assez significatifs : *le Rabat-joie des jansénistes*, *la Lanterne de saint Augustin*, *la Mouchette de la Lanterne*, *l'Étrille du Pégase janséniste*, *l'Onguent pour la brûlure*, *le Pays de Jansénie*, *les Enluminures de l'Almanach des jésuites*, *l'Essai du nouveau conte de ma mère l'Oie, ou les Enluminures du Jeu de la constitution*, *l'Arlequin jésuite*, *la Pasquinade de saint Médard*, *Apologie de Cartouche, ou le Scélérat sans reproche par la grâce du P. Quesnel*, *l'Instruction et Ordonnance pastorale de Momus*. Et les chansons, les quatrains, les estampes satiriques, les comédies et les mascarades publiques [1]!

1. Gerberon raconte la procession organisée par les jésuites de Mâcon : « Ils firent marcher par les rues de la ville tous leurs écoliers en ordre et deux à deux, revêtus d'habits blancs. Après eux suivait un char de triomphe, sur lequel était un beau jeune homme travesti en fille, avec tout ce qui sert à la parure des femmes les plus vaines; et, pour marquer ce qu'il représentait, il portait un guidon où on lisait ces mots en beaux caractères : GRACE SUFFISANTE. L'on voyait derrière ce char un autre jeune homme, attaché et lié, qui avait une mitre de papier et les autres ornements pontificaux de même parure, et qui était couvert depuis la tête jusqu'aux pieds d'un grand voile noir, pour marquer la défaite et la honte de Jansénius. » (*Hist. gén. du jansénisme*, t. 1, p. 483.)

La gaieté française s'en donnait à cœur joie et trouvait une matière inépuisable. Que devenaient les croyances religieuses au milieu de ce persiflage universel? Le P. Rapin a dit un mot, qui est bien le meilleur et le plus sensé de tous ses ouvrages : « Ce n'est pas par ces voies-là qu'on publie l'Évangile et qu'on le défend » (*Mém.*, t. II, p. 195). Pendant que les pasteurs se battaient avec leurs houlettes, comme on le vit dans une estampe, les loups s'emparèrent des brebis. Faut-il, après tout, tant le regretter? Je ne le pense pas; car, derrière l'incrédulité et l'indifférence, marchaient la liberté de conscience, la tolérance, la justice et l'humanité. Maurepas, qui, sous le cardinal Fleury, prit une part si active à ces badinages, n'avait peut-être pas tort de dire : « Nous n'avons pas d'autres moyens de prévenir la guerre civile que les jésuites voulaient nous donner » (*Mém.*, t. II, p. 73). En fin de compte, les âmes vraiment religieuses n'ont pas à se plaindre de n'être plus séparées de Dieu par tant de théologie polémique; et celles qui sont plus sensibles à l'amour du prochain s'applaudissent de voir tarie une source si féconde de haines terribles, et finies à jamais les persécutions religieuses. Que Port-Royal, à qui nous devons tant de grandes leçons, nous assure encore, par le spectacle de ses ruines, cette glorieuse conquête de l'esprit moderne, l'horreur de l'intolérance et le respect de la liberté.

Félix Cadet.

L'ÉDUCATION A PORT-ROYAL

EXTRAITS

DES

ÉCRIVAINS DE PORT-ROYAL

Origine des Petites Écoles.

Je voudrais que vous pussiez lire dans mon cœur
l'affection que je porte aux enfants, et comment il n'y a
rien qui ne soit tempéré par les considérations que la
prudence de la foi et de la grâce nous oblige d'avoir; et
lorsque j'avais fait le dessein de bâtir une maison qui
eût été comme un séminaire pour l'Église, pour y conserver l'innocence des enfants, sans laquelle je connais
tous les jours qu'il est difficile qu'ils deviennent bons
clercs; je ne désignais [1] de le faire que pour six enfants, que j'eusse choisis dans toute la ville de Paris,
selon qu'il eût plu à Dieu de me les faire rencontrer; et
je leur voulais donner un maître tout exprès pour leur
apprendre le latin, et avec lui un bon prêtre pour régler
et gouverner leur conscience, lequel j'avais déjà en
main, et je ne pensais à leur donner pour le latin
(quand celui que j'avais fût venu à manquer) qu'un

1. Je ne formais le dessein.

6

homme de vingt ou vingt-cinq ans, sachant qu'un homme d'un autre âge est, d'ordinaire, peu propre pour apprendre les langues aux enfants. Ce dessein ayant été ruiné par ma prison [1], je n'y ai plus songé, et j'ai donné tout l'argent que j'avais, à deux mille francs près, pour cette maison aux pauvres. Il est vrai qu'y ayant ici un petit enfant d'une veuve pauvre, qui paraissait avoir bon esprit, je l'ai peu à peu élevé dans ma chambre, et, une bourrasque [2] l'en ayant chassé, je me suis trouvé obligé de lui continuer la charité en l'envoyant à Port-Royal, parce que, sans cela, il se fût perdu parmi les soldats; et ceux qui me l'avaient ôté par autorité eussent réussi dans le dessein qu'ils avaient de lui nuire. Enfin les circonstances ont été telles, que je ne l'ai pu abandonner sans déplaire à Dieu et violer les dispositions qu'il a mises en moi, qui sont des lois privées, qu'il faut plus suivre que les publiques [3]. Mais j'ai bien depuis consenti que l'on continuât dans Port-Royal la charité que j'ai commencé de faire aux enfants de M. Bignon [4], tant parce que j'interromps diffi-

---

1. Le vendredi 14 mai 1638, Saint-Cyran était conduit au donjon de Vincennes, où il resta prisonnier jusqu'à la mort de Richelieu.

2. M. de Saint-Cyran, bien que fort maltraité par le lieutenant du gouverneur de Vincennes, avait pris soin de ses deux fils; et, « comme son zèle pour l'éducation des enfants était infini, raconte Lancelot, il en joignit un troisième, qui était fils d'une pauvre femme, nièce du chantre de la Sainte-Chapelle. Ce dernier devança bientôt les deux autres, de quoi la femme du lieutenant conçut tant de jalousie, qu'elle fit défense à M. de Saint-Cyran de voir des enfants, prenant prétexte qu'il pourrait leur inspirer de mauvaises maximes. » (*Mém.*, t. I, p. 133.)

3. La netteté de ces déclarations explique l'ascendant de Saint-Cyran. Il disait un jour à Lemaître : « Vous n'êtes pas encore accoutumé à ce langage, et on ne parle pas comme cela dans le monde, mais voilà *six pieds de terre* (*sa chambre*) *où on ne craint ni chancelier, ni personne.* Il n'y a point de puissance qui nous puisse empêcher de parler ici de la vérité comme elle le mérite. »

4. « On dut aux sollicitations de cet illustre magistrat (Jérôme Bignon) l'établissement des *Petites Écoles de Port-Royal.* M. de Saint-Cyran l'avait souvent entretenu de ses vues pour l'éducation chrétienne des enfants, et M. Bignon, après l'avoir longtemps

cilement ce que j'ai fait pour Dieu, que parce que M. Bignon m'avait donné deux mille francs pour les employer à ce que je voudrais, mais que j'avais résolu d'employer au bâtiment susdit, afin que les enfants eussent part à la charité de leur père. Car j'ai bien de la peine que ceux qui me choisissent pour être l'instrument de quelque bonne œuvre ne s'en ressentent pas les premiers. J'attendais néanmoins cela d'une telle sorte, que si les enfants se trouvaient indociles et peu susceptibles de la discipline dans laquelle je les voulais faire vivre dans cette maison, il fût en ma puissance de les renvoyer, sans que ceux de qui je les aurais pris, non pas même M. Bignon, m'en sussent mauvais gré....

Cette fonction d'instruire les enfants est de soi si pénible, que je n'ai presque jamais vu d'homme sage qui ne s'en soit plaint et lassé, pour le peu de temps qu'il y ait travaillé; et ceux qui ont été les plus religieux dans l'ordre de Saint-Benoît ont trouvé cette pénitence la plus dure de toutes. Vous en pouvez lire l'exemple dans la vie de saint Arsène [1], et, pour moi, j'ai toujours estimé cette occupation si fâcheuse [2], que je n'y ai jamais employé personne à qui Dieu n'ait fait ce don; ou, si je me suis trompé dans le choix que j'en ai fait, que je ne l'aie retiré aussitôt que j'ai reconnu qu'il ne l'avait point. Je croirais beaucoup faire, quand je ne les avancerais pas beaucoup pour le latin jusqu'à douze ans, de leur faire passer le premier âge dans l'enclos

pressé d'en venir à l'exécution, exigea, comme un tribut qui était dû à leur amitié mutuelle, que le saint abbé se chargeât de faire élever chrétiennement Jérôme et Thierri Bignon, ses fils. Ce fut à leur occasion que les *Petites Écoles* furent commencées au dehors de Port-Royal, par MM. Lancelot et de Saci, pendant que l'on élevait au dedans du monastère Marie Bignon, leur sœur. » (*Supplément au Nécrologe*, p. 398.)

1. Arsène (350-445), gouverneur des enfants de Théodose le Grand, dont il quitta la cour pour passer le reste de sa vie dans un désert d'Égypte.

2. Il l'appelle « une tempête de l'esprit », à cause de la responsabilité religieuse.

d'une maison ou d'un monastère aux champs, en leur permettant tous les passe-temps de leur âge [1], et ne leur faisant voir que l'exemple d'une bonne vie, de ceux qui seraient avec moi....

Extrait d'une lettre de M. de Saint-Cyran écrite du bois de Vincennes. (*Supplément au Nécrologe*, p. 46.)

De la charité de M. de Saint-Cyran envers les enfants.

...Il considérait que de ce premier âge dépendait toute la suite de la vie, et que, pourvu que la jeunesse fût bien élevée, on pourrait espérer que les charges seraient remplies de plus dignes officiers, et l'Église d'âmes plus vertueuses, et que la République [2] et les familles particulières en tireraient des avantages qui ne se peuvent exprimer. De sorte qu'on pouvait dire de cette bonne œuvre, qui est aujourd'hui si négligée et si abandonnée : *Porro unum est necessarium*, qu'elle est en un sens l'*unique nécessaire*, puisque, si on en était bien venu à bout, on remédierait à la plupart des autres désordres; au lieu que, manquant dans ce principe, c'est une suite nécessaire que tout le reste de la vie s'en ressente.

Aussi M. de Saint-Cyran disait que, quelque vertu

---

1. Cette sage préoccupation de ne pas surmener l'enfance inspirera à Rousseau sa théorie de l'*éducation négative* jusqu'à ce même âge de douze ans. « Vous êtes alarmé, dit-il, de voir l'enfant consumer ses premières années à ne rien faire? Comment! N'est-ce rien que d'être heureux? N'est-ce rien que de sauter, jouer, courir toute la journée? De sa vie il ne sera si occupé. » Saint-Cyran, qui lui permet tous les passe-temps du jeune âge, a bien soin de l'entourer de bons exemples.

2. C'est-à-dire l'État. Ce sens ressort très nettement de la distinction que fait, au XVIe siècle, Étienne Pasquier de « trois manières de républiques, la royale, la seigneuriale, la populaire » (*Lettres,* liv. XIX, lettre 7).

qu'eussent d'ailleurs les pères et les mères, ce seul point était capable de les damner, s'ils ne s'acquittaient pas de ce qu'ils doivent pour procurer à leurs enfants une bonne éducation [1], qui est aujourd'hui plus rare et plus difficile à trouver qu'on ne pense. Il ne pouvait assez admirer l'aveuglement où sont la plupart des parents, qui ne voient pas que, quand il ne s'agirait point en cela de l'éternité, leur intérêt particulier les devrait porter à se bien acquitter de cette obligation, puisqu'il n'arrive que trop souvent que ceux qu'ils croient avoir mis au monde pour le soutien et l'honneur de leur famille en deviennent l'opprobre et la ruine, faute d'une bonne éducation. Il ne pouvait comprendre comment, lorsqu'il est question de mettre des enfants dans les charges, dans les emplois et dans le monde, on s'incommode comme s'il y allait du tout pour le tout, quoique souvent on ne leur procure par là que des moyens de se perdre ; au lieu que, quand il faut les faire bien élever, pour la décharge de sa propre conscience et l'établissement solide de leur véritable bien, on n'en peut trouver les moyens, et on plaint jusqu'à la moindre dépense. Et certes on fait bien voir en cela qu'on ne peut être vrai chrétien, puisque non seulement c'est bâtir sa maison sur le sable mouvant que d'agir de la sorte, mais que c'est même se précipiter avec ceux qui la composent, et qui devraient la maintenir, dans le fleuve qui vient donner contre. Il déplorait le malheur de notre siècle, où le démon avait trouvé un moyen bien plus facile que n'avait fait autrefois ce Pharaon de l'Égypte, qui n'était que sa figure, de perdre les enfants de l'Église ; cette plaie étant d'autant plus effroyable qu'il se sert souvent de la négligence, ou de l'avarice, ou des autres pas-

1. On lit dans une lettre adressée par Saint-Cyran à une personne de qualité : « Comme ils courent au baptême, ils doivent courir à l'éducation, et tout ce que l'on fait pour les enfants sans cela attire la malédiction de Dieu sur le père et sur la mère, qui sont les anges gardiens visibles » (*Lettres chrétiennes et spirituelles de Saint-Cyran*, 1685, t. II, p. 326).

sions des parents pour les faire périr, au lieu que les Israélites ressentaient au moins leur malheur, et faisaient tout ce qu'ils pouvaient pour sauver leurs enfants de la fureur du tyran.

Il admirait le Fils de Dieu, qui, dans les plus hautes fonctions de son ministère, n'avait pas voulu qu'on empêchât les enfants d'approcher de lui; qui les embrassait et les bénissait; qui nous a recommandé si fort de ne les pas mépriser ou négliger, et qui a enfin parlé d'eux en des termes si avantageux et si étonnants qu'ils sont capables d'étourdir ceux qui en scandalisent les plus petits. Aussi M. de Saint-Cyran témoignait-il toujours aux enfants une bonté qui allait jusqu'à une espèce de respect, pour honorer en eux l'innocence et le Saint-Esprit qui y habite. Il les bénissait et leur faisait le signe de la croix sur le front, et, quand ils en étaient capables, il leur disait toujours quelque bonne parole, qui était comme une semence de quelque vérité qu'il jetait en passant et dans la vue de Dieu, afin qu'elle germât en son temps. Une fois qu'il nous vint voir, il entra dans la chambre des enfants, et, comme il avait toujours l'air gai et un cœur porté au bien, il leur dit en les caressant : « Hé bien, que faites-vous? car il ne faut pas perdre de temps, et ce que vous ne remplissez pas, le Diable le prend pour lui.... » Ils lui montrèrent leur Virgile, qu'ils étudiaient, et il leur dit : « Voyez-vous tous ces beaux vers-là? Virgile, en les faisant, s'est damné, parce qu'il les a faits par vanité et pour la gloire. Mais vous, il faut que vous vous sauviez en les apprenant, parce que vous le devez faire par obéissance et pour vous rendre capables de servir Dieu. »

Un petit garçon dont il s'était chargé pendant sa prison et à qui il continua de faire charité depuis, étant venu à se dérégler, cela lui causa tant de douleur qu'il me dit que toutes les peines de sa prison ne lui avaient rien été auprès de cette affliction. Depuis sa liberté il voulut qu'il l'allât voir tous les jours, et, dans quelque occupation qu'il fût, il le recevait et quittait tout, même son grand ouvrage, pour lui dire quelque bonne parole ou pour tâcher de le ramener à Dieu. Cependant il n'a pas réussi; et ce serait une histoire [1] digne d'être écrite au long, pour faire voir combien les jugements de Dieu sont impénétrables, et comme les prières des saints ne suffisent pas pour empêcher la perte de ceux que Dieu a abandonnés. Ce petit garçon ayant commencé par dérober à M. Singlin [2] une vieille calotte, qu'il vendit deux liards pour avoir de quoi jouer, et prenant ensuite tout ce qu'il pouvait friponner, il s'avança tellement à grands pas dans le précipice, qu'il prit jusqu'à des cuillers d'argent, tomba dans toutes sortes de désordres, et devint ensuite un déterminé, comme sa mère me le dit une fois elle-même....

M. de Saint-Cyran estimait tellement la charité de ceux qui s'employaient à élever chrétiennement des enfants, qu'il disait qu'il n'y a point d'occupation plus digne d'un chrétien dans l'Église; qu'après la charité dont il est dit : *majorem hac dilectionem nemo habet* [3] (saint Jean, XV, 13), qui nous met dans la disposition de mourir pour nos frères, celle-ci était la plus grande; que c'était le moyen abrégé pour retracer dans son esprit et pour expier les manquements de sa jeunesse; qu'à la mort une des plus grandes consolations que nous pouvions avoir était si nous avions contribué à la bonne éduca-

---

1. « Car rien, dit Lancelot, qui avait été chargé par Saint-Cyran de l'éducation de cet enfant et se partageait le travail avec M. de Saci, ne montre plus évidemment que l'on ne fait pas tout le bien que l'on s'imagine, lorsqu'on se charge de quelque enfant, si on ne s'y applique sérieusement, et si on n'en prend tout le soin qui serait nécessaire. On fait alors comme une nourrice qui se contenterait de donner sa mamelle à son nourrisson à certaines heures, et qui, le reste du temps, l'abandonnerait à tout ce qui lui pourrait arriver. Ce pauvre enfant donc, n'étant pas assez veillé, se dérégla. » (*Mém. de Saint-Cyran*, t. I, p. 133.)

2. Singlin, confesseur des religieuses de Port-Royal pendant vingt-six ans, puis supérieur des deux maisons des champs et du faubourg Saint-Jacques pendant huit ans, mort en 1664.

3. « Personne n'a un plus grand amour que celui de donner sa vie pour ses amis. »

tion de quelque enfant; et qu'enfin cet emploi suffit seul pour sanctifier une âme, pourvu qu'on s'en acquitte avec charité et patience. Il disait que nous devions être non seulement les anges, mais en quelque façon les dieux des enfants qui nous étaient commis, parce que notre soin principal devait être de les appliquer toujours au bien avec douceur et charité, comme il faut que Dieu nous y applique et nous le fasse faire. Il réduisait ordinairement ce qu'il fallait faire auprès des enfants à ces trois choses : parler peu, beaucoup tolérer, et prier encore davantage.

Il voulait qu'on les supportât beaucoup dans leurs fautes et dans leurs faiblesses, afin d'engager par là Dieu à nous faire miséricorde dans les nôtres, et peut-être ensuite à fortifier ces jeunes plantes quand ils sauraient quelle patience nous aurions exercée à leur égard. Il ajoutait qu'on devait encore avoir plus de charité et de compassion pour ceux qu'on voyait plus imparfaits et plus tardifs.... Il ne pouvait souffrir qu'on eût envers eux un air trop sévère et une conduite trop impérieuse, qui tînt quelque chose du mépris, ou qui fût capable de leur abattre l'esprit et de les rendre pusillanimes [1], ce qui nous est expressément défendu par le Prince des Apôtres.

Au contraire, il voulait qu'on leur témoignât une honnête familiarité, qui allât à les gagner par une douceur réglée et un amour véritablement paternel; qui nous portât à user de beaucoup de condescendance envers eux, puisque, s'ils n'avaient confiance en nous et ne reconnaissaient pas que nous eussions de la bonté pour eux, il était impossible de rien faire [2]. D'où vient que, dans sa

1. La recommandation est excellente; mais comment se concilie-t-elle avec le précepte d'anéantir la volonté propre? La mère Agnès écrit, le 30 avril 1652, à Mlle Perdreau : « Lisez, dans l'*Amour de Dieu* du bienheureux évêque de Genève, ce qu'il dit du *trépas* de la volonté ».

2. « Les conduisant avec vigilance et douceur, dit Saint-Cyran dans une lettre à une personne de qualité, et quelquefois même

prison, il se rabaissait souvent jusqu'à jouer, avec des enfants de sept ou huit ans, à la balle sur une table.

Il ne voulait pas qu'on se portât aisément à les châtier de verges, si ce n'est dans les grandes fautes, et encore après avoir usé de toutes les corrections par degrés. Car il voulait qu'on souffrît d'abord leurs fautes, afin de s'éprouver soi-même devant Dieu et ne rien faire par promptitude, et aussi afin de prier Dieu pour eux avant que de les reprendre ; ensuite il voulait qu'on les avertît seulement par quelques signes, puis par des paroles, et après qu'on usât de quelques réprimandes, qu'on employât les menaces, qu'on les privât pour un temps de quelque chose qui leur fût cher, ou de quelque divertissement, même de leur goûter, ou d'une partie de leur déjeuner, et enfin qu'on n'en vînt au châtiment des verges qu'à l'extrémité et dans les fautes considérables, surtout dans ceux que l'on voyait capables d'être gagnés par douceur et par raison. Il voulait pourtant qu'on usât de ce châtiment envers ceux qui étaient naturellement légers ou emportés, qui étaient sujets à mentir et à s'éclater de rire dans les occasions les plus sérieuses [1]. Enfin il ne voulait point, non plus que saint Benoît, qu'on leur pardonnât les fautes qu'ils commettaient à l'église.

les priant au lieu de leur commander, et s'accommodant un peu à leur humeur pour un temps, afin de les rendre capables de n'avoir plus besoin à l'avenir de cette condescendance.... Il faut seulement prendre garde d'user de cette condescendance avec beaucoup de circonspection et de détachement..., se souvenant toujours qu'il n'en faut pas demeurer là, et que, si on est contraint de s'abaisser avec eux, ce n'est que pour les pouvoir élever avec soi et les retirer peu à peu de leur bassesse, et non pour contenter ses propres inclinations en suivant les leurs, et s'entretenir avec eux dans la complaisance molle de la nature. » (*Lettres chrétiennes et spirituelles*, 1685, t. II, p. 326.)

1. M. Varin fait cette remarque malicieuse : « Saint-Cyran ne fouettait les enfants que pour de grandes fautes, mais il mettait au nombre des grandes fautes les éclats de rire » (*La vérité sur les Arnauld*, t. II, p. 185). Le critique n'aurait pas dû omettre ces mots importants : « dans les occasions les plus sérieuses ».

Mais il disait qu'user des châtiments sans avoir beaucoup prié auparavant, c'était agir en juif, et ne savoir pas que tout dépendait de la bénédiction de Dieu, et de sa grâce, qu'il fallait tâcher d'attirer sur eux par notre patience à les souffrir. Il ajoutait que, quelquefois même, nous devions nous punir et nous châtier pour eux, tant parce que nous devions toujours craindre d'avoir part à leurs fautes ou par notre promptitude, ou par notre négligence, que parce que ce devoir était une obligation générale à tous ceux qui se voient chargés de la conduite des autres[1]. Il disait qu'il fallait opposer une veille continuelle à celle du démon, qui cherche toujours une entrée dans ces petites âmes. Il recommandait aussi de soutenir par ses prières celles des enfants dont on avait soin, suppléant ainsi à l'attention qu'on ne pouvait espérer d'eux.

Il avait soin d'avertir que, pour bien conduire les enfants, il fallait plus prier que crier[2], et plus parler d'eux à Dieu que leur parler de Dieu; car il n'aimait pas qu'on leur tînt de grands discours de piété, ni qu'on les lassât d'instructions. Il voulait qu'on ne leur parlât presque que dans les rencontres et les occasions que Dieu faisait naître, selon le mouvement qu'il nous donnait, et les dispositions qu'il nous faisait remarquer en eux à le bien recevoir, parce que les mouvements de donner dépendent de Dieu aussi bien que les dons, et que ce

1. Très sage précepte, dans lequel il ne faut pas supposer un raffinement de spiritualité. C'est une très judicieuse et très exacte appréciation de la responsabilité qui remonte souvent au maître dans les fautes de ses élèves. Leur inattention, par exemple, ne s'explique-t-elle pas bien des fois par des faits qui ne leur sont pas le moins du monde personnels? La leçon non préparée n'est pas intéressante; elle est trop longue, elle n'est pas assez à leur portée, etc.

2. Rapprochement de mots fort piquant. Que de jeunes maîtres, dans l'ardeur inconsidérée de leurs débuts, auraient profit à le méditer! Ce n'est pas seulement l'hygiène qui le recommande pour le sage ménagement des forces; c'est surtout la pédagogie, qui enseigne que l'autorité du maître n'a pas de plus sûr fondement que le calme et l'empire sur soi-même.

que nous leur disions de la sorte faisait un tout autre
effet que ce que nous pourrions dire de nous-mêmes.

Enfin il croyait que le principal de la bonne éducation des enfants était le bon exemple qu'on leur pouvait
donner [1], et le règlement entier [2] de la maison où ils
étaient élevés. « Souvenez-vous, disait autrefois un
Père de l'Église parlant de l'éducation d'une petite fille,
vous qui avez mis au monde une vierge, de l'instruire
plus par des exemples que par des paroles.... Il faut
qu'elle n'entende autre chose que ce qui a rapport à la
crainte de Dieu. Éloignez d'elle cette liberté criminelle
que se donnent les enfants ; que les filles et les domesti-
ques qui l'accompagnent ne fréquentent point le monde,
de peur qu'elles n'apprennent à leurs élèves encore
plus de mal qu'elles n'en auraient appris. » Et c'est ce
que M. de Saint-Cyran recommandait qu'on fît, aussi
bien pour les petits garçons que pour les petites filles,
voulant aussi qu'on eût grand soin de retrancher les
commerces et les occasions du dehors où ils eussent pu
recevoir quelque impression peu avantageuse ; et il avait
coutume de dire que la communication avec le monde
communiquait un air contagieux, qui ne faisait pas
moins de tort aux âmes que la peste en fait aux corps.
Il ne voulait pas non plus qu'on leur laissât de l'argent.
Et, un jour, qu'il envoyait des confitures à une petite
fille, il donnait cet avertissement à une personne qui
avait soin de quelques enfants : *Ne les accoutumez point
aux douceurs de la terre, qui font perdre le goût de celles de Dieu.*

Il ne pouvait souffrir qu'on fît le capital, dans l'éducation des enfants, des sciences et de l'étude, comme on

---

1. On sent que Saint-Cyran entend ici par bon exemple surtout
la pratique de la religion, mais il est facile de donner à ce conseil
une interprétation plus large et plus générale. La pédagogie n'a
pas de plus important précepte. Les maîtres de Port-Royal, Saint-
Cyran à leur tête, avaient le droit de placer au premier rang des
maximes celle qu'ils ont si bien pratiquée : *l'exemple.*

2. C'est-à-dire la parfaite régularité.

fait aujourd'hui. Il regardait cette conduite comme une des grandes fautes qu'on pouvait faire dans la sainteté de cet emploi, et observait qu'outre qu'elle dégoûtait ceux qui étaient tardifs et donnait de la vanité aux autres, elle retombait encore ensuite sur la République et sur l'Église, chargeant l'Épouse de Jésus-Christ de quantité de gens qu'elle n'a point appelés, et l'État d'une infinité de personnes oisives, qui croient être au-dessus de tous depuis qu'ils savent un peu de latin, et qui penseraient être déshonorés de suivre la profession où leur naissance aurait pu les engager. C'est pourquoi il disait qu'entre les enfants dont on aurait été entièrement maître, quoique en grand nombre, on n'en aurait dû faire étudier que fort peu [1], et seulement ceux en qui on aurait reconnu une grande docilité et soumission, et quelque marque de piété et d'une vertu assurée.

M. de Saint-Cyran, ayant cette idée de l'éducation de la jeunesse et la regardant comme un des emplois les plus nécessaires à l'Etat et à l'Église, disait souvent, et il me l'a écrit autrefois, qu'il aurait été ravi d'y passer toute sa vie. Mais il ne prétendait pas, en disant cela, se rendre esclave de la passion et de l'injustice des parents, qui ne nous chargent des enfants que pour s'en décharger eux-mêmes, dans le temps où ils n'en reçoivent que de l'importunité, et pour nous les enlever, aussitôt qu'ils le pourront, pour les sacrifier à leurs intérêts et à leur vanité. Car c'est alors qu'on peut dire qu'on fait d'un emploi digne des anges, et d'une occupation toute de charité, une pure bassesse et une véritable pédanterie. Et certes il vaudrait bien mieux, si c'est la nécessité qui en oblige quelques-uns à se réduire à ces conditions, apprendre un métier ou labourer la terre. On aurait au moins cette consolation, qu'on ferait pénitence en la manière que Dieu l'a imposée au premier homme, et on

---

1. Arnauld d'Andilly conseille à la reine mère de diminuer le nombre des collèges, et d'avoir seulement des écoles pour apprendre à lire et à écrire (Varin, *la Vérité sur les Arnauld*, 1847, t. II, p. 353). C'était aussi la pensée de Richelieu.

serait exempt d'une infinité de mauvaises suites où on s'engage souvent, soit pour soi, soit pour ceux qu'on élève d'une manière toute païenne; outre que la peine qu'on a dans cet emploi, lorsqu'il n'est pas réglé par les maximes de Dieu, est plus grande, au cas qu'on ait un peu de soin de s'en acquitter, que celle de labourer la terre, et qu'elle mine plus le corps, et avance incomparablement plus la fin de notre vie [1].

Pour M. de Saint-Cyran, il ne se chargeait jamais d'enfants qu'il ne se vît dans l'espérance d'en être entièrement maître, et qu'il ne se fût assuré de l'esprit et de la disposition des parents. C'est pourquoi, un jour, feu Mme la duchesse de Guise lui ayant fait parler de l'éducation de M. de Guise d'aujourd'hui (Henri II), que l'on destinait alors à l'Église, comme il avait encore plus de passion de voir les personnes de grande qualité bien élevées que les autres, parce qu'il en connaissait plus l'importance, il ne s'éloigna pas de la proposition qu'on lui en fit, et donna même quelque parole d'engagement; mais ce ne fut qu'à la charge que cette princesse ne s'en mêlerait point du tout, et qu'elle lui abandonnerait entièrement la conduite de Monsieur son fils, à quoi Mme de Guise ne s'étant pas trouvée assez portée et disposée, il dégagea sa parole et ne voulut plus en entendre parler.

On doit moins s'étonner, après cela, de ce que M. de Saint-Cyran avait tant de zèle à porter tout le monde à rendre des services de charité aux enfants, puisqu'il ne s'en éloignait pas lui-même; et de ce qu'il croyait que le mérite et la qualité des particuliers ne leur pouvaient donner droit de les mépriser, puisque Dieu les jugeait dignes de ses anges, selon cette parole de Jésus-Christ : « Leurs anges voient sans cesse le visage de mon Père qui est dans les cieux ». Mais c'est peut-être un des plus grands artifices du démon d'avoir rendu mépri-

---

1. Camper, de Berlin, a calculé que l'âge de soixante-dix ans est atteint, sur 100 personnes, par 42 théologiens, 29 avocats, 28 artistes, 27 instituteurs et professeurs, 24 médecins (Michel Lévy, *Traité d'hygiène*, t. II, p. 872).

sable la voie par laquelle il prévoyait qu'on pourrait lui
ravir plus d'âmes en conservant les enfants dans l'innocence. On trouve moyen de porter les personnes de
toutes sortes de conditions à toutes sortes d'ouvrages
de piété, et on croirait avoir fait une faute de leur proposer seulement celle-là. On ne craint pas de les exposer
aux infections des prisons pour y visiter les prisonniers, à l'air corrompu des hôpitaux pour assister les
malades, à servir les pauvres, à panser des plaies qui
font quelquefois horreur; et on croirait que ce serait
trop se rabaisser pour eux, et prendre trop de peine,
que de s'occuper seulement à l'éducation d'un enfant.
Je sais bien que tout le monde n'en est pas capable;
mais si ce don est rare, on n'en a pas plus de sujet de
le mépriser; et si ce défaut en exclut déjà plusieurs, il
serait bien raisonnable, ce me semble, que l'imagination des hommes n'en exclût pas encore davantage.

J'ai admiré quelquefois comment, la profession des
médecins les engageant à voir tant de choses sales et
vilaines, et les exposant souvent à un air dangereux, il
s'en trouve tant néanmoins qui l'embrassent, parce que
l'attache que les hommes ont à la vie rend cette condition honorable; et comment, en même temps, ces mêmes
hommes font si peu de scrupule de mépriser celle qui
peut le plus contribuer au salut éternel de leurs enfants....
Et je me suis de même étonné comment, l'apôtre saint
Paul ayant dit si formellement que toutes les affaires
de judicature n'étaient que le partage des dernières
personnes de l'Église (I *Cor.*, VI, 4), on ne voit néanmoins rien de plus relevé aujourd'hui que ceux qui s'en
mêlent, et qu'un des grands successeurs des apôtres
nous ayant assuré que la conduite de la moindre âme
est une chose plus grande que le gouvernement de tout
un monde [1], on ne voit rien de si méprisé qu'un emploi

1. Channing, *De l'éducation personnelle*, p. 35 : « Élever parfaitement un enfant demande plus de réflexion, plus de sagesse
peut-être que le gouvernement d'un État, par cette simple raison
que les intérêts et les besoins politiques sont plus saisissables,

à qui il appartient de jeter les premiers fondements de cette bonne conduite [1]. Mais ce qui donne encore plus d'étonnement, c'est de voir que des exercices et des charges très basses d'elles-mêmes sont si relevées dans la maison des princes, comme celles de maître d'hôtel, de premier ou de grand écuyer, et que ce qui regarde le soin et l'éducation des créatures raisonnables et rachetées par le sang d'un Dieu, soit traité comme le dernier emploi de la nature. Certes il faut avouer que l'aveuglement des hommes est bien grand.

Je sais bien que la plupart des gens du monde se moqueraient de moi s'ils voyaient ceci. Mais qu'ils s'en moquent, pourvu que vous, ô mon Dieu, ne vous en moquiez pas.... Qu'on dise tant qu'on voudra que le monde est ainsi fait, qu'on ne changera pas la coutume, qu'on ne gagnera jamais sur l'esprit des hommes qu'ils considèrent beaucoup un emploi qu'ils ont toujours traité avec mépris. Qu'ils ne prétendent donc pas gagner sur nous que nous les plaignions beaucoup de tous les malheurs qui arrivent souvent, faute de cela, dans leurs familles; ou, pour mieux dire, qu'ils ne nous empêchent pas de les plaindre infiniment, puisque la charité de Jésus-Christ nous presse de blâmer cette malheureuse coutume....

Pour M. de Saint-Cyran, comme il était très éclairé, il était fort éloigné de ces maximes du monde, et comme il savait de quelle importance était le soin et l'éducation de la jeunesse, il la regardait aussi de toute une autre manière. Quelque pénible et quelque humiliante qu'elle soit aux yeux des hommes, il ne laissait pas

plus grossiers, plus sensibles que le développement de la pensée et du sentiment, ou que les lois subtiles de l'âme, qui, toutes, doivent être étudiées et comprises avant que l'éducation soit achevée.... »

1. « Lucien a dit quelque part que ceux que les dieux haïssaient, ils les faisaient maîtres d'école, et Mélanchthon a fait une harangue *de miseriis pædagogorum* » (Gui Patin, *Lettres*, t. III, p. 140).

néanmoins d'y employer des personnes considérables, sans qu'elles crussent avoir droit de s'en plaindre, parce qu'elles voyaient avec combien de zèle et de charité il pratiquait lui-même ce qu'il conseillait aux autres. Car je l'ai vu souvent faire lui-même la leçon à ses neveux, qu'il avait chez lui, en les regardant, non comme ses neveux, ainsi qu'il me le dit en une occasion, mais comme des enfants qu'il tâchait d'élever chrétienne- ment.

Un jour qu'il alla acheter une paire de bas chez un marchand, il vit un petit garçon qui lui parut de bonne espérance. Il eut regret d'apprendre qu'on l'envoyait au collège, où il était en danger de se gâter, et il dit à ce marchand qu'il l'envoyât chez lui, et qu'il lui ferait la leçon avec son neveu : ce qu'il fit pendant quelque temps. Mais, cet enfant n'ayant pas correspondu depuis au bien qu'il lui voulait, il fut obligé de le renvoyer.

Dans sa prison, il avait pris trois petits enfants, qu'il se donnait la peine d'instruire ; et lorsqu'il me chargea de M. d'Espinoy [1] et de M. de Villeneuve (fils de M. d'An- dilly), il eut la bonté de me mander qu'il leur servirait de sous-maître, et que, si Dieu lui rendait la liberté, il les prendrait lui-même auprès de lui.

Voilà comment M. de Saint-Cyran réduisait en pratique l'idée qu'il concevait des choses et la connaissance qu'il avait de la vertu, et c'est dans cet esprit qu'il la conseil- lait aux autres. Car, d'abord que M. Singlin se fut donné à lui, il fut ravi de la proposition qu'il lui fit de se con- sacrer aux enfants, et il le destinait à cet emploi pour lequel il me disait autrefois que Dieu le lui avait envoyé. Il avait donné longtemps avant cela M. de Barcos, son neveu, à M. d'Andilly, pour avoir soin de messieurs ses fils, en un temps où le cardinal de Richelieu eût été

1. M. d'Espinoy, le plus jeune fils de M. de Saint-Ange, premier maître d'hôtel de la reine, se retira à Port-Royal des Champs à la mort de son père en 1651, et mourut en 1676, entre les mains de M. de Saci, qui avait pour lui une grande affection, dit une note de Lancelot (*Mém.*, t. I, p. 338).

bien aise de l'avoir. Il chargea M. de Saci de l'instruction
d'un petit garçon qu'on lui avait ôté dans sa prison,
pour la conduite duquel il lui écrivit deux belles lettres,
où c'est une chose admirable de voir avec combien de
soin et d'exactitude il descend dans le détail des moindres choses; et depuis qu'il eut mis cet enfant auprès
de moi, il voulut encore que M. de Saci eût soin de lui
les matinées, parce que j'étais occupé à l'église [1]. Quand
M. Arnauld se fut mis sous sa conduite, il lui proposa
de prendre soin d'un jeune marquis qui témoignait vouloir se retirer du monde. Enfin on sait qu'il a appliqué
les uns et les autres, en toutes rencontres, à cet
emploi.... (Lancelot, *Mémoires touchant la vie de M. de
Saint-Cyran*, t. II, p. 330.)

Théorie littéraire de Saint-Cyran.

Si M. de Saint-Cyran avait un grand zèle pour voir
défendre la vérité, il n'était pas moins religieux dans la
manière dont il voulait qu'on entreprît sa défense. Ce
qu'il en a écrit en diverses lettres [2] me dispenserait
presque d'en parler ici, si je ne croyais ce point trop
important, et si je n'avais encore appris de lui diverses
choses sur ce sujet, dont je me ferais conscience de ne
point parler.

La première maxime que M. de Saint-Cyran posait
pour fondement sur cela, était de n'écrire jamais que
dans les engagements qui venaient de Dieu, et il disait
que le temps auquel on devait publier une vérité ou la
défendre était quelquefois plus difficile à connaître que
la vérité même. Il croyait néanmoins qu'on y était obligé

1. Lancelot était chargé des fonctions de sacristain.
2. C'est principalement dans les lettres qui s'adressaient à
M. Arnauld, et qui portent en titre : *A un ecclésiastique de ses
amis.* Elles sont dans le IIe et le IIIe tome de l'édition de 1679.

lorsqu'on la voyait attaquée par ses ennemis, ou qu'il y avait quelques âmes qui désiraient de s'en instruire. Il disait qu'alors Dieu conduirait notre plume et dirigerait nos pas [1]; au lieu qu'il n'y avait rien de plus dangereux que de s'avancer de soi-même, et que rien ne portait plus à l'égarement et à l'erreur qu'une telle témérité, quelque esprit naturel et quelque étude qu'on pût avoir. C'est ce qu'il faisait voir par les livres d'Origène [2] touchant les principes, où il avait voulu traiter des questions plus curieuses que nécessaires. Et il disait toujours : *Qui a semetipso loquitur gloriam propriam quærit* (*Celui qui parle de lui-même cherche sa propre gloire*); faisant attention à ce qui est dit au même lieu, qu'il n'y a que celui qui est soumis à la volonté de Dieu qui puisse connaître la vérité, comme il n'y a que celui qui cherche uniquement sa gloire qui soit véritable et exempt de toute injustice.

Ce n'était pas assez que l'engagement fût légitime; M. de Saint-Cyran voulait encore qu'on ne s'y comportât pas d'une manière trop humaine [3], comme s'il n'eût été

---

1. « Je l'ai vu souvent, raconte Lancelot, après s'être élevé comme un aigle en nous parlant, s'arrêter tout court : « Ce « n'est pas que je ne trouve rien à dire, mais c'est, au contraire, « parce qu'il se présente trop de choses à mon esprit; et je regarde « Dieu pour voir ce qu'il est plus à propos que je vous dise. » Ainsi, ses paroles aussi bien que ses lectures, en un mot toute sa vie devenait une oblation continuelle à Dieu, ne faisant et ne disant rien de lui-même, et regardant toujours cet Esprit-Saint dans une humilité profonde, afin de n'agir qu'en lui et par lui. » (*Mémoires*, 1er vol., p. 45.)

2. Origène, d'Alexandrie (185-254), docteur de l'Église, auteur de *Commentaires sur l'Écriture sainte*, d'une *Apologie du christianisme contre Celse*, d'un traité contre les hérésies, intitulé *Philosophumena*. Plusieurs de ses opinions ont été condamnées.

3. Les disciples de Saint-Cyran n'ont pas toujours été assez fidèles à suivre cet important conseil. Lancelot en fait sincèrement l'aveu : « Peut-être, dit-il, que la manière dont on a agi pour défendre la vérité n'a pas été assez pure, et que les moyens qu'on y a employés ont été ou trop précipités ou trop peu concertés, ou même trop humains.... L'on gâte quelquefois plus les affaires de Dieu en se remuant trop qu'en demeurant en un

question que d'emporter les choses par la force des paroles, ou que Dieu eût eu besoin de notre éloquence; parce que la vérité n'a besoin de personne, et qu'après avoir fait tout ce qu'on peut et ce qu'on se croyait obligé de faire, il reste encore à dire : *Servi inutiles sumus* (saint Luc, XVII, 10) (*Nous sommes des serviteurs inutiles*). C'est pourquoi il voulait que dans les rencontres on consultât toujours plus les mouvements de son cœur que de son esprit, pour écouter Dieu et pour ne pas s'évaporer dans ses pensées.

Comme, pour bien profiter des livres saints, il faut les lire par le même esprit par lequel ils ont été écrits, aussi, pour défendre utilement les vérités saintes, il faut être animé de l'esprit des saints. C'est pourquoi M. de Saint-Cyran voulait qu'on écrivît comme on priait, c'est-à-dire avec le même respect et la même soumission pour la majesté divine. Il recommandait d'avoir toujours le cœur attentif à regarder Dieu, pour ne rien dire que ce qu'il inspirait, en sorte que, le travail devenant une prière, il pût attirer sa bénédiction sur les ouvrages. C'est pour cela même que ses maximes étaient que, pour écrire de la vérité, il ne fallait pas tant regarder les moments que la prudence humaine pouvait choisir, que ceux de l'Esprit de Dieu qu'il fallait attendre, et suivre le mouvement qu'il lui plaisait de nous donner; et qu'il n'y avait rien de plus dangereux que de parler de Dieu par mémoire, ou par un effort humain de notre esprit, bien loin qu'on y pût innocemment mêler quelque intérêt ou quelque passion.

Ainsi, comme ceux qui sont habiles dans l'éloquence remarquent fort bien qu'elle consiste presque toute à

humble repos.... L'on peut aussi ajouter que l'on n'est pas même demeuré dans les termes marqués par M. de Saint-Cyran, en se contentant (comme il le voulait) de faire voir que la doctrine que l'on suivait n'était pas de M. d'Ypres, mais de saint Augustin; on a cru qu'il était plus sûr de se jeter dans la distinction du *droit* et du *fait*, pour laquelle on a combattu durant dix ou douze ans. »

représenter vivement le tableau de la chose qu'on veut exprimer, de même M. de Saint-Cyran, par une manière beaucoup plus relevée, disait qu'on ne pouvait parler utilement de la vérité, qui est Dieu même, qu'en suivant l'idée qu'il en imprimait en nous, et en l'accompagnant des mouvements qu'il lui plaisait de nous inspirer, lorsque nous avions soin de le regarder par une grande pureté de cœur. De là vient qu'il ne voulait pas qu'on s'amusât tant à épiloguer sur les paroles[1], et à être plus longtemps à peser les mots qu'un avaricieux ne serait à peser l'or à son trébuchet, parce que rien ne ralentit plus le mouvement de l'Esprit-Saint, que nous devons suivre. Il disait que cette grande justesse de paroles était plus propre aux académiciens qu'aux défenseurs de la vérité; qu'il suffisait presque qu'il n'y eût rien de choquant dans notre style; et que ce qui emportait plus les lecteurs était l'éloquence des pensées et la pureté des mouvements que nous imprimait l'Esprit de Dieu, lorsque nous avions soin de nous entretenir dans l'union sainte que nous devions avoir avec lui. Il est certain qu'il y a un secret dans les ouvrages qu'il me semble qu'on ne connaît pas assez. Il se fait une certaine transfusion sur le papier de l'esprit et du cœur de celui qui

---

1. « Je ne sais qui est ce Monsieur de Vaugelas qui vous a écrit. Il me semble qu'il est de l'humeur de M. de Balzac, duquel je fais plus de cas que de sa lettre, que j'ai dessein de lire dans trois jours, pour ce que j'ai d'autres occupations, et que je désire que, par mon exemple, vous apportiez quelque modération à cette passion que vous avez aux paroles, dont la belle tissure est moins estimable que vous ne pensez. » (Saint-Cyran, *Lettre à Arnauld d'Andilly*.) Saint-Cyran a donné ce jour-là, avec beaucoup d'esprit, au *grand épistolier de France* une excellente leçon de littérature. Mais les Discours de Balzac valent mieux que ses Lettres, et Joubert l'a bien jugé : « Un de nos plus grands écrivains, et le premier entre les bons, si l'on consulte l'ordre des temps, utile à lire, à méditer, et excellent à admirer; il est également propre à instruire et à former, par ses défauts et par ses qualités. Souvent il dépasse le but, mais il y conduit; il ne tient qu'au lecteur de s'y arrêter, quoique l'auteur aille au delà. » (T. II, p. 181.)

écrit [1], qui est cause qu'on aperçoit, pour ainsi dire, son image dans le tableau de la chose qu'il représente, et que l'on sent, en quelque sorte, la disposition où il était en écrivant. Ce qui paraît plus incompréhensible, c'est que cette impression demeure dans les livres jusqu'à la fin des siècles, en sorte que le démon réside dans les livres des méchants aussi bien que dans leurs âmes, de même que l'Esprit-Saint réside dans les bons livres, à proportion de la grâce qui animait l'âme de celui qui les écrivait. C'est ce qui fait voir que l'on ne peut trop purifier son cœur pour parler des choses de Dieu et de ses vérités saintes, et que l'on doit travailler beaucoup plus sérieusement et plus longtemps à mortifier ses passions qu'à acquérir la science, lorsqu'on se voit appelé à dire des choses qui puissent profiter aux autres [2].

Le moindre nuage qui se trouve dans notre cœur se répandra sur notre papier, comme une mauvaise haleine qui ternit toute la glace d'un miroir, et la moindre indisposition que nous aurons sera comme un ver rongeur qui passera dans cet écrit, et qui rongera le cœur de ceux qui le liront jusqu'à la fin du monde. (Lancelot, *Mémoires*, t. II, p. 127.)

1. Pascal a dit, avec plus de netteté et de force : « Quand on voit le style naturel, on est tout étonné et ravi, car on s'attendait de voir un auteur, et on trouve un homme. » (*Pensées*.)

2. « Quand on se sent engagé à composer quelque ouvrage pour Dieu, écrit Saint-Cyran à Lemaître sur un projet de vies des saints, dont, pour peu humble que l'on soit, on doit toujours se reconnaître peu capable, il faut se recueillir tout dans soi-même, s'humilier, gémir, prier. Il faut se considérer comme l'instrument et la plume de Dieu.... Vous avez vu, dans saint Bernard, qu'il compare Dieu, au regard des hommes, à un écrivain ou à un peintre qui conduit la main d'un petit enfant, et ne demande au petit enfant autre chose, sinon qu'il ne remue point sa main, mais qu'il la laisse conduire... C'est donc l'écrivain, et non l'enfant, qui écrit; et il serait ridicule que l'enfant eût vanité de ce qu'il aurait fait.... Se tenant dans ces sentiments, on croît tout ensemble en vertu et en lumière. On acquiert une force merveilleuse, et il se répand une odeur de piété dans l'ouvrage, qui frappe premièrement l'auteur et ensuite tous ceux qui le lisent. » (Fontaine, *Mém.*, t. II, p. 51.)

Règlement de la journée des enfants de l'école du Chesnai [1].

DU LEVER

Les plus grands se lèvent tous les jours à cinq heures tant en hiver qu'en été, et les plus petits à six.

Comme ils couchent dans une même chambre, chaque maître n'a pas de peine à éveiller les siens.

Ils se lèvent promptement, étant fort dangereux de s'accoutumer à la paresse, à la première heure du jour.

Ils se prosternent à genoux aussitôt qu'ils sont levés, pour adorer Dieu.

Après quoi ils achèvent de s'habiller, et se peignent en grand silence, étant bien raisonnable que leurs premières paroles soient des prières et des actions de grâces à Dieu, pour les avoir conservés durant la nuit.

Que si pourtant quelqu'un avait besoin d'aller à quelque nécessité, il en demandait tout bas la permission.

DE LA PRIÈRE DU MATIN

A six heures ils viennent tous se mettre à genoux devant le crucifix qui est dans la chambre, et l'on fait la prière commune, qui consiste à dire le *Veni Creator*, le *Pater*, l'*Ave*, le *Credo*.

Et ensuite *Prime* pour les grands, qui demeurent tous debout pendant qu'on fait cette prière.

Après qu'elle est achevée, chacun s'en retourne à sa table pour y étudier sa leçon et faire sa composition, et

---

1. Petit village à un quart de lieue de Versailles. La maison appartenait à M. de Bernières, un des plus actifs et des plus généreux amis de Port-Royal; maître des requêtes, il vendit sa charge pour consacrer son temps et sa fortune au soulagement des pauvres dans les provinces de Normandie, de Picardie et de Champagne. Sa liaison avec Mme de Longueville et avec Port-Royal le fit exiler à Issoudun, où il mourut en 1662. (Voir sa notice, Besogne, *Hist. de Port-Royal*, t. IV, p. 143.)

ils y demeurent jusqu'à sept heures en grand silence. A sept heures on vient dire sa leçon ; cela dure jusqu'à déjeuner.

DU DÉJEUNER

Ils déjeunent environ à huit heures.

Durant ce temps, qui dure une bonne demi-heure, ils ont la liberté de s'entretenir tout haut les uns avec les autres de ce qu'ils veulent, ou de lire quelque histoire, de voir les cartes de géographie, etc. Ils ne sortent pas néanmoins de la chambre. Durant l'hiver ils sont auprès du feu.

Après le déjeuner, chacun retourne à sa table en silence, pour travailler à sa seconde leçon jusqu'à dix heures.

Cette seconde leçon consiste, pour les grands, à dire par cœur leur leçon de grec, qu'ils traduisent en français, ou bien à lire leur composition latine. La leçon de grec est, d'ordinaire de trois grandes pages de Plutarque *in-folio* le matin, et autant l'après-dîner ; et, pour les petits, elle consiste dans leur traduction de Tite-Live, Justin, Sévère Sulpice, etc.

Cette seconde leçon dure jusqu'à onze heures, qui est l'heure du dîner.

DE LA SAINTE MESSE

Ils ne vont pas tous les jours à la messe, surtout les petits, jusqu'à ce qu'ils soient assez sages pour cela. Car on prend bien garde qu'ils soient toujours fort modestes dans l'église, et qu'ils ne tournent jamais la tête de côté et d'autre. L'on en envoie ordinairement deux pour y répondre, ce qu'ils font tour à tour.

Comme ils font en cette occasion l'office des anges, on les exhorte de s'y tenir avec grand respect, et d'assister à ce sacrifice non sanglant de Jésus-Christ en mémoire de celui qu'il a offert pour nos péchés à son Père, sur le mont de Calvaire.

Si les plus grands y font quelque faute, on les en reprend, d'autant plus qu'étant les plus avancés en âge, ils doivent aussi être les plus sages et édifier les autres par leur exemple.

DE LA PRIÈRE AVANT LE DÎNER

A onze heures ils s'assemblent tous dans l'une des chambres, où l'on fait l'examen de sa conscience, après avoir dit le *Confiteor* jusqu'à *Mea culpa*. Après l'examen fait, on achève le reste avec l'oraison.

L'un des grands dit par cœur une sentence latine tirée des *Proverbes*. L'on descend ensuite pour aller se laver les mains et entrer au réfectoire.

DU DÎNER

Les enfants sont assis à côté et devant chacun leur maître, qui leur distribue ce qui a été servi, après qu'ils ont mangé leur potage, chacun dans son écuelle particulière [1]. On tâche de les accoutumer à n'affecter pas une délicatesse incommode, et à manger toujours proprement.

Durant le dîner on lit toutes sortes d'histoires, telles que sont celle des Juifs par Josèphe, celle de l'Église par M. Godeau, celle de France, l'histoire romaine, et autres semblables. Rien ne s'est trouvé être si utile, et il est surprenant que des enfants qui sont appliqués à manger ne perdent presque rien de ce qui se lit.

Les fêtes et les dimanches, on lit quelques livres de

---

1. Une chanson de M. de Coulanges nous apprend que ce usage était assez récent.

Avis aux pères de famille :

> Jadis le potage on mangeoit
> Dans le plat sans cérémonie,
> Et sa cuillière on essuyoit
> Souvent sur la poule bouillie :
> Dans la fricassée autrefois
> On saussoit sou pain et ses doigts
> Chacun mange présentement
> Son potage sur son assiette.

piété, tels que sont quelques-unes des belles traductions qu'on a faites, les *Instructions chrétiennes*, les *Confessions* de saint Augustin, et autres semblables.

DE LA RÉCRÉATION APRÈS LE DÎNER

Il y a toujours un des maîtres qui ne quitte pas de vue les enfants; mais sa présence ne les gêne nullement, parce qu'il leur donne une entière liberté de jouer aux jeux qu'il leur plait de choisir : ce qui se fait toujours avec modestie et beaucoup d'honnêteté; comme l'enclos où ils demeuraient était fort spacieux, ils avaient à choisir leurs promenades.

L'été, durant la chaleur du jour, ils se promenaient ordinairement à l'ombre des allées du bois.

En hiver ils s'exerçaient à la course, ou ils se retiraient dans une grande salle, et, comme il y avait un beau billard, après s'être chauffés, les uns s'y arrêtaient, les autres aimaient mieux jouer au *tric-trac*, aux *dames*, aux *échecs* et aux *cartes*.

Ces cartes étaient un certain jeu où l'on avait renfermé tout ce qui regarde l'histoire des six premiers siècles [1] : c'est-à-dire le lieu et le temps auquel se sont tenus les principaux conciles ; auquel ont vécu les papes, les empereurs, les grands saints, les auteurs profanes, et auquel enfin se sont passées les choses les plus mémorables du monde. A force de jouer à ce petit jeu, la plupart s'étaient tellement imprimé dans l'esprit toutes ces choses, et les circonstances des divers temps et lieux où avaient vécu tous les grands hommes, qu'il n'y avait pas de docteur qui en pût parler plus pertinemment. Ce que M. de Sainte-Beuve [2] a souvent

1. Le jeu se composait de 52 cartes. Quand on avait, par exemple, donné celles qui étaient relatives aux papes, celui qui avait dans son jeu le plus d'années de pontificat avait le point, et, s'il récitait bien les renseignements inscrits sur sa carte, il prenait un jeton du jeu.

2. Jacques de Sainte-Beuve (1613-1677), docteur de Sorbonne, grand ami de Port-Royal. Il ne voulut pas souscrire à la censure

admiré après en avoir fait l'épreuve, c'est ce qui donnait à ces jeunes enfants, dont la plupart n'avaient pas encore atteint l'âge de seize à dix-sept ans, une si vaste et si grande connaissance de toutes choses, de tous les pays du monde et les époques des temps, qu'ils étaient capables de converser agréablement avec toutes sortes de personnes, et de prendre connaissance de toutes sortes d'affaires, et même de les démêler.

L'on ne voyait jamais de disputes ni de contestations parmi eux, pour quoi que ce fût. On les avait tellement accoutumés à se *prévenir d'honneur les uns les autres*, que jamais ils ne se tutoyaient, et on ne les entendait non plus jamais dire la moindre parole qu'ils eussent pu juger devoir être désagréable à quelques-uns de leurs compagnons.

La récréation durait ordinairement une bonne heure et demie.

Les jours de congé, l'on sortait hors l'enclos et l'on allait vers Marly, Versailles et Saint-Cyr (l'on n'avait pas encore commencé à bâtir Versailles [1]). Durant ces promenades, ces enfants s'entretenaient familièrement et gaiement avec le maître de toutes sortes de choses; ce qui leur formait merveilleusement l'esprit.

Après la récréation ils venaient répéter alternativement ce qu'on avait lu de l'histoire, ou l'on parlait de la géographie.

Comme les enfants ont de la mémoire, ils remarquaient les moindres circonstances de l'histoire, tellement que, les plus grands commençant à parler les premiers, les plus petits en disaient aussi toujours quelque chose; et

prononcée contre Arnauld, fut exclu de la Faculté, et perdit sa chaire de théologie (1658). Nicole avait été son élève. Sainte-Beuve s'empressa cependant de signer le formulaire, en 1661, et refusa tout rapport avec les religieuses de Port-Royal.

1. Ce n'est qu'à partir de 1672 que Louis XIV passa une grande partie de l'année à Versailles; en 1682 seulement, il y fixa sa résidence. La cour était alors à Paris, qu'elle quitta pour Saint-Germain en 1661.

ainsi on les accoutumait à parler en bons termes, et à bien juger des faits dont l'histoire qu'on avait lue faisait mention. Enfin, en leur faisant passer leur jeunesse en ces sortes d'exercices, on travaillait à les mettre en état, quand ils seraient grands, de pouvoir rendre service à Dieu et au public.

DU RETOUR DANS LA CHAMBRE L'APRÈS-DÎNER

En y entrant, ils faisaient une courte prière, pour demander à Dieu la grâce de passer saintement le reste de la journée, et pour les accoutumer à ne faire aucune action sans la commencer et la finir par la prière.

S'étant remis chacun à table, ils commençaient à travailler ; les uns écrivaient leur exemple, qui était toujours quelque sentence tirée de la sainte Écriture, et les autres copiaient leur glose de Virgile.

Les autres enfin prévoyaient [1] leurs leçons, ou lisaient quelque bon livre. Cela durait jusqu'au goûter, qu'on leur apportait reglément à trois heures : il durait une grosse demi-heure, pendant laquelle ils avaient encore la liberté de s'entretenir les uns avec les autres, comme durant le déjeuner. Ce repas du goûter était jugé nécessaire aux petits, à cause de leur chaleur naturelle, qui est plus grande. Les autres s'en passaient s'ils voulaient.

A trois heures et demie ils se remettaient tous à leur table pour étudier leurs leçons, qu'on leur faisait dire depuis quatre heures jusqu'à six, que l'on soupait.

La récréation se faisait comme après le dîner.

En été l'on prenait souvent occasion de s'entretenir durant ce temps avec les plus grands de quelque point d'histoire, ou de quelques autres choses utiles, pendant que les petits se divertissaient à de petits jeux.

Cette récréation durait jusqu'à huit heures. Ils retournaient ensuite passer une bonne demi-heure dans la

---

1. C'est-à-dire préparaient. Excellente pratique, qui met en jeu l'initiative individuelle, permet de mieux profiter des leçons, et facilite singulièrement la prise des notes.

chambre, pour prévenir [1] ce qu'ils avaient à faire le lendemain au matin.

PRIÈRE DU SOIR

La prière du soir se faisait à huit heures et demie, et l'on y disait le *Pater*, l'*Ave*, le *Credo*, le *Confiteor* en latin, les litanies de la Vierge, *Sub tuum præsidium*, etc.

Et, après avoir fait l'examen de conscience, chacun s'en retournait dans sa chambre en grand silence.

DU COUCHER

Après avoir fait son acte d'adoration, chacun se déshabillait et se mettait au lit promptement et en silence.

Ainsi ils étaient tous couchés à neuf heures.

Comme tous les exercices de la journée étaient, de cette manière, tout à fait réglés et diversifiés, les enfants n'avaient pas le loisir de s'ennuyer ; et la plus grande punition qu'on pouvait faire à ceux qui faisaient quelquefois paraître une humeur un peu discole [2] était de les menacer de les renvoyer chez eux, comme j'ai déjà dit.

CONDUITE POUR LES DIMANCHES ET LES JOURS DE FÊTE

Ils se levaient aussi à cinq heures, suivant leur coutume.

Après qu'ils étaient habillés, on disait *Prime*. Après quoi ils s'occupaient à lire en leur particulier quelques livres de piété, jusqu'à ce qu'ils s'assemblassent pour aller tous au catéchisme : ce qui durait jusqu'à ce qu'on sonnât la messe.

On leur faisait toujours apprendre par cœur deux ou trois articles du catéchisme de M. de Saint-Cyran, qui est estimé un des meilleurs qui aient été faits.

L'on commençait toujours par faire répéter aux petits

---

1. C'est-à-dire étudier d'avance.
2. D'un mot grec qui veut dire « difficile, désagréable ».

ce qui avait été dit la dernière fois, afin de le bien imprimer dans leur mémoire.

On leur faisait toujours ouïr la grande messe de la
paroisse : car il faut accoutumer de bonne heure les
enfants de qualité à se soumettre à l'ordre qui a été
établi dans l'Église, et qui a été suivi durant une longue
suite de siècles [1]. Car ce n'est pas sanctifier le jour du
dimanche que de ne penser qu'à se divertir, et à faire
bonne chère et des visites, après avoir été entendre au
plus vite une basse messe.... (*Supplément au Nécrologe*,
p. 54.)

<hr>

Lettre de M. Le Maître de Saci à un de ses amis.

PATIENCE ET SILENCE

Il me semble, Monsieur, que, s'il m'était permis de me
destiner à quelque emploi, je porterais volontiers envie
au vôtre, tant je l'estime et vous crois heureux d'y être

---

1. C'est un des griefs du P. Rapin, dans un intérêt dont il ne se
cache pas : « On n'approuvait à Port-Royal que la dévotion de la
paroisse et que la conduite des curés, qu'on appelait les véritables pasteurs, parce qu'on voulait leur donner du crédit pour se
les rendre favorables. Cette fantaisie devint alors tellement à la
mode que, jusque dans les compagnies les plus libres et les plus
honnêtes, on se moquait des dames qui se confessaient à des
réguliers, comme n'étant pas de la hiérarchie.... Rien aussi ne
diminua si fort le crédit des religieux, qu'on voulait anéantir
pour détruire les jésuites, et rien ne releva davantage l'esprit
ecclésiastique et tout ce qui avait du rapport à la paroisse, ce
qui, auparavant, était si méprisé que l'on abandonnait les cures
même les plus considérables de Paris aux Picards, aux Normands et aux Manceaux, comme des postes peu dignes des gens
de qualité.... Ce fut à proprement parler l'intrigue des jansénistes
qui mit en vogue cet esprit de paroisse qui régna depuis si fort
à Paris, par où les curés devinrent si importants qu'ils se firent
redouter des grands, respecter des petits, considérer de tout le
monde. » (*Mémoires*, t. 1, p. 484.)

appliqué. Je suis persuadé qu'il n'y a point d'occupation pareille à la vôtre, ni plus digne d'un chrétien, quand on la fait par une pure charité. C'est assez de dire que Jésus-Christ nous l'a recommandée, et que, pour nous obliger davantage à nous en bien acquitter, il nous exhorte de nous transformer en enfants, et nous assure qu'il le faut être pour entrer dans son paradis.

Les enfants dont le naturel est bon et qui ont de la docilité rendent leur instruction plus aisée et plus agréable; mais les autres, qui exercent beaucoup la patience, donnent aussi sujet de mériter davantage[1]. Il faut travailler à effacer en eux les fruits du vieil homme; et cela se fait beaucoup mieux par les actions et par les exemples que par des discours, qui ne servent guère aux enfants, s'ils ne sont un peu rares, courts et proportionnés à leur âge, et s'ils ne paraissent naître des circonstances plutôt que d'un dessein formé de les exhorter ou de les reprendre. Ils ne sont pas d'ordinaire si capables d'être instruits par la raison que par les sens et par la coutume, qui leur imprime insensiblement l'esprit de modestie et d'humilité, l'amour des choses du ciel et le mépris de celles de la terre, surtout lorsque ceux qui les conduisent ont soin de joindre l'esprit de prière à leur travail, et de les offrir tous les jours à Dieu, se souvenant que celui qui plante et qui arrose n'est rien, et que c'est Dieu seul qui, possédant toute vertu, produit aussi l'effet. Comme la principale fin de leur éducation doit être de les sauver en nous sauvant avec eux, il faut aussi avoir plus de confiance en celui qui est le vrai sauveur et le vrai maître, qu'en tous les

1. Fontaine, qui a reproduit, en les commentant, les passages principaux de cette lettre, y ajoute quelques idées à noter : « M. de Saci conseillait toujours extrêmement qu'on ne se chargeât point d'autres enfants que de ceux qui avaient d'honnêtes gens pour père et mère. » L'éducation, à Port-Royal, comme dans Montaigne, dans Rabelais, dans Locke et dans Rousseau, conserve un caractère aristocratique. C'est le grand cœur de Pestalozzi qui se dévouera à ceux qui ont précisément le plus besoin d'être élevés, les pauvres, les abandonnés.

moyens et toute l'industrie des hommes, se considérant comme des instruments qui ne peuvent avoir aucun mouvement que celui qu'il leur donne, afin de faire couler ainsi ses bénédictions par les maîtres dans les disciples. C'est là tout le souhait de mon cœur, tant pour ces enfants que pour vous, Monsieur, qui êtes employé à les instruire. Si vous reconnaissez du bien en eux, louez-en Dieu, qui l'y a mis ; mais que ce soit dans le secret, et prenez garde d'en parler peu [1] ; que si, au contraire, vous trouvez qu'il y ait beaucoup à travailler, ne désespérez pas, à cause de leur âge.

On voit tous les jours dégénérer ceux qui paraissaient bons dans leur enfance ; et ceux, au contraire, en qui on ne voyait rien de bon étant enfants, se régler à mesure qu'ils croissent. C'est du blé en herbe, qui rapporte souvent plus ou moins qu'on ne pense. Il ne faut point trop s'inquiéter de leurs défauts, ni être trop exact à ne leur en passer aucun [2]. S'il y a quelque conduite où il soit besoin de dissimuler, c'est celle des enfants, qu'on doit se contenter d'éloigner des fautes principales, fermant les yeux sur les autres, quoiqu'elles ne paraissent pas petites. C'est assez de ne les point entretenir, par trop d'indulgence, dans le libertinage [3] ; et pour ce qui est du reste, il faut travailler peu à peu, et comme par parties, à les guérir, ayant pour eux une charité infatigable ; autrement on se tue, et on ne leur sert de rien ; on aigrit même leur esprit par des répréhensions trop fréquentes et indiscrètes. Il faut tâcher de leur imprimer quelque

1. Il faut, en effet, beaucoup de tact et de discrétion pour louer sans exciter un mauvais sentiment de vanité. De Saci y met peut-être trop de réserve ; nous abusons, au contraire, de la publicité. Pourquoi mettre dans nos journaux scolaires qu'un enfant a trouvé un porte-monnaie et ne l'a pas gardé ? Un simple fait de probité est exalté comme un acte d'héroïsme. Réservons nos hommages publics aux actes de courage et de dévouement.

2. Ce langage est plus simple et plus vrai que celui de Saint-Cyran, qui parle trop de « tremblement », de « tempête de l'esprit ».

3. C'est-à-dire liberté excessive.

mouvement de piété et de crainte de Dieu.... Il faut ménager la confiance qu'ils ont en ceux qui les conduisent, et l'entretenir, pour la faire servir à leur salut. Quand il est nécessaire de les reprendre et de les avertir, il faut que ce soit bien à propos, pour ne les pas rebuter. En omettant une partie de leurs défauts, on remédie aux autres qui sont de plus grande conséquence; et c'est par la prière plus que par les paroles qu'on met ordre aux petits déréglements que l'on veut arrêter dans les enfants. Dieu alors fait bien mieux voir quand il est temps de leur parler; et le plus souvent on trouve qu'il n'y avait rien à dire. On ne peut connaître ces petites âmes qu'en s'accommodant à elles et se proportionnant à leurs dispositions; autrement, elles ne reçoivent pas nos paroles : ce qui oblige à une prière et à une attention continuelle pour nous et pour eux, ne leur disant pas tout ce qu'ils devraient faire, mais seulement ce qu'ils peuvent porter selon leur faiblesse, à laquelle il faut avoir un grand égard. On ne doit point prendre d'autorité sur eux qui ne soit tempérée de charité, s'accommodant de telle sorte à eux que ce soient eux-mêmes qui concluent et qui se portent par persuasion à ce qu'on leur propose [1]. Quand on voit qu'ils ne peuvent se rendre, il faut se retirer et dissimuler, les laissant plutôt dans de petites imperfections pour quelque temps, que de faire trop de violence à leur esprit; à quoi on ne gagne rien; ce qui pourrait même les aigrir.

Surtout il ne faut jamais les laisser seuls; et, soit qu'ils étudient, qu'ils se divertissent, qu'ils fassent autre chose, il faut toujours être le témoin, par soi-même, ou par des personnes sages à qui on en confie le soin, de toutes leurs actions.

---

1. C'est, en effet, la véritable éducation : l'éducation par le dedans et non par le dehors, par l'association de l'élève avec le maître, par son travail personnel sur lui-même. Sans cette condition, l'éducation n'est plus qu'une œuvre bien superficielle et sans sérieuse efficacité.

Enfin il n'y a point de vertu qu'on doive plus pratiquer, parmi les enfants, que la patience et le silence,
retranchant par la patience les répréhensions préci-
pitées, et prenant garde par le silence de ne point dire
plus de choses qu'ils n'en peuvent porter.

Jésus-Christ s'est souvent séparé de ses disciples
pour prier avec son Père, afin de n'être pas obligé de
les reprendre incessamment, comme leur état imparfait
lui en donnait assez de sujet. Ainsi vous ferez bien de
prendre pour devise ces deux paroles : *Patience et
silence*, et ce verset du Psalmiste : *Adhæreat lingua fau-
cibus meis*, désirant que les paroles vous tarissent dans
la bouche, plutôt que d'en avancer aucune qui puisse
blesser les enfants. (Leclerc, *Vies intéressantes*, t. IV,
p. 351.)

Pascal à Port-Royal [1].

M. Pascal vint, en ce temps-là, demeurer à Port-Royal
des Champs. Je ne m'arrête point à dire qui était cet
homme, que non seulement toute la France, mais toute
l'Europe a admiré. Son esprit vif, toujours agissant,
était d'une étendue, d'une élévation, d'une fermeté,
d'une pénétration et d'une netteté au delà de ce qu'on
peut imaginer. Il n'y avait point d'homme habile dans
les mathématiques qui ne lui cédât : témoin l'histoire
de la roulette [2] fameuse, qui était alors l'entretien de

1. « J'ai peine à croire, observe avec raison Sainte-Beuve, que
la belle conversation entre Pascal et M. de Saci sur Épictète et
Montaigne ne soit pas de la rédaction de M. Lemaître lui-même »
(*Port-Royal*, t. I, p. 395.)

2. La *roulette* ou *cycloïde* est le nom donné à la courbe
décrite par un point d'une circonférence roulant sur une ligne
droite. Ce problème a vivement occupé les savants au xviie siècle;
Descartes, Roberval, le P. Mersenne, Torricelli, Fermat, Huygens, etc., en ont fait l'objet de leurs études.

tous les savants. Il savait animer le cuivre, et donner de l'esprit à l'airain. Il faisait que de petites roues sans raison, où étaient sur chacune les dix premiers chiffres, rendaient raison aux personnes les plus raisonnables; et il faisait, en quelque sorte, parler les machines muettes, pour résoudre en jouant les difficultés des nombres qui arrêtent les savants : ce qui lui coûta tant d'application et d'effort d'esprit que, pour monter cette machine au point où tout le monde l'admirait, et que j'ai vue de mes yeux, il en eut lui-même la tête presque démontée pendant trois ans. Cet homme admirable, étant enfin touché de Dieu, soumit cet esprit si élevé au joug de Jésus-Christ; et ce cœur si noble et si grand embrassa avec humilité la pénitence. Il vint à Paris se jeter entre les bras de M. Singlin, résolu de faire tout ce qu'il lui ordonnerait.

M. Singlin crut, en voyant ce grand génie, qu'il ferait bien de l'envoyer à Port-Royal des Champs, où M. Arnauld lui prêterait le collet en ce qui regardait les autres sciences [1], et où M. de Saci lui apprendrait à les mépriser. Il vint donc demeurer à Port-Royal. M. de Saci ne put pas se dispenser de le voir, surtout en ayant été prié par M. Singlin; mais les lumières saintes qu'il trouvait dans l'Écriture et dans les Pères lui firent espérer qu'il ne serait point ébloui de tout le brillant de M. Pascal, qui charmait néanmoins et enlevait tout le monde. Il trouvait, en effet, tout ce qu'il disait fort juste. Il avouait avec plaisir la force de ses discours; mais il n'y apprenait rien de nouveau. Tout ce que Pascal lui disait de grand, il l'avait vu avant lui dans saint Augustin; et, faisant justice à tout le monde, il disait : « M. Pascal est extrêmement estimable, en ce que, n'ayant point lu les Pères de l'Église, il a de lui-même, par la pénétration de son esprit, trouvé les mêmes vérités qu'ils ont trouvées. Il les trouve surprenantes,

***

1. Bossuet appelle Arnauld « un homme éminent en tout genre de science » (*OEuvres*, t. IX, p. 451).

parce qu'il ne les a vues en aucun endroit; mais, pour nous, nous sommes accoutumés à les voir de tous côtés dans nos livres.... »

La conduite de M. de Saci, en conversant avec les gens, était de proportionner ses entretiens à ceux avec qui il parlait. S'il voyait, par exemple, M. Champagne [1], il parlait avec lui de la peinture. S'il voyait M. Hamon [2], il l'entretenait de la médecine. S'il voyait le chirurgien du lieu, il le questionnait sur la chirurgie. Ceux qui cultivaient les arbres, ou la vigne, ou les grains, lui disaient tout ce qu'il fallait observer. Tout lui servait pour passer à Dieu, et y faire passer les autres. Il crut donc devoir mettre M. Pascal sur son fort, et lui parler des lectures de philosophie dont il s'occupait le plus. Il le mit sur ce sujet dans les premiers entretiens qu'ils eurent ensemble. M. Pascal lui dit que ses deux livres les plus ordinaires avaient été Épictète et Montagne; et il lui fit de grands éloges de ces deux esprits. M. de Saci, qui avait toujours cru devoir peu lire ces auteurs, pria M. Pascal de lui en parler à fond.

« Épictète [3], lui dit M. Pascal, est un des hommes du

1. Philippe de Champagne (1602-1674), « ce Poussin janséniste », dit Théophile Gautier, qui signale, dans la galerie du Louvre, « cette singulière et caractéristique peinture où l'on voit la sœur Sainte-Suzanne (la fille de Ph. de Champaigne, religieuse à Port-Royal) assise les pieds allongés sur un tabouret, les mains jointes, pendant que la mère Catherine Agnès Arnauld, à genoux, implore du ciel la guérison de la malade, qui revint effectivement à la santé, comme le constate l'inscription tracée sur le tableau. Quand on a vu cette peinture, ajoute-t-il, on connaît aussi bien Port-Royal que si l'on avait lu le volumineux ouvrage de Sainte-Beuve. » (*Guide de l'amateur au musée du Louvre*, p. 158.) Dans le salon d'honneur, deux chefs-d'œuvre de ce peintre sont exposés : le Christ étendu sur son linceul, et le portrait de Richelieu.

2. Voir la note de la page 297.

3. Épictète, philosophe grec stoïcien, du premier siècle après Jésus-Christ. Abstiens-toi, résigne-toi, tels étaient les deux principes de sa morale. Voir la belle étude de M. Martha sur la *Vertu stoïque*, personnifiée dans cet esclave, qui fait autant honneur à l'humanité que le sage empereur Marc-Aurèle (*Les moralistes sous l'empire romain,* p. 155).

monde qui ait mieux connu les devoirs de l'homme. Il veut, avant toutes choses, qu'il regarde Dieu comme son principal objet, qu'il soit persuadé qu'il fait tout avec justice, qu'il se soumette à lui de bon cœur, et qu'il le suive volontairement en tout, comme ne faisant rien qu'avec une grande sagesse; qu'ainsi cette disposition arrêtera toutes ses plaintes et tous ses murmures, et préparera son cœur à souffrir tous les événements les plus fâcheux. Ne dites jamais, dit-il : j'ai perdu cela; dites plutôt : je l'ai rendu; ma femme est morte, mais : je l'ai rendue; et ainsi des biens et de tout le reste. Mais celui qui me l'ôte est un méchant homme, dites-vous. De quoi vous mettez-vous en peine par qui celui qui vous l'a prêté vienne vous le redemander [1]? Pendant qu'il vous en permet l'usage, ayez-en soin comme d'un bien qui appartient à autrui, comme un homme qui fait voyage se regarde dans une hôtellerie. Vous ne devez pas, dit-il, désirer que les choses qui se font se fassent comme vous le voulez, mais vous devez vouloir qu'elles se fassent comme elles se font. Souvenez-vous, dit-il, que vous êtes ici comme un acteur, et que vous jouez votre personnage dans une comédie, tel qu'il plaît au maître de vous le donner. Soyez sur le théâtre autant de temps qu'il lui plaît; paraissez-y riche ou pauvre selon qu'il l'a ordonné. C'est votre fait de jouer bien le personnage qui vous est donné; mais de le choisir, c'est le fait d'un autre. Ayez tous les jours devant les yeux la mort et les maux qui semblent les plus insupportables, et jamais vous ne penserez rien de bas, et ne désirerez rien avec excès.

« Il montre en mille manières ce que doit faire l'homme. Il veut qu'il soit humble, qu'il cache ses bonnes résolutions, surtout dans les commencements, et qu'il les accomplisse en secret. Rien ne les ruine davantage que

---

1. C'est vraiment trop de résignation. Cette espèce de fatalisme ne mettrait-elle pas bien à l'aise les assassins et les voleurs, transformés en agents de la Providence?

de les produire. Il ne se lasse point de répéter que toute l'étude et tout le désir de l'homme doivent être de reconnaître la volonté de Dieu et de la suivre [1].

« Voilà, Monsieur, les lumières de ce grand esprit, qui a si bien connu le devoir de l'homme. J'ose dire qu'il mériterait d'être adoré s'il avait aussi bien connu son impuissance, puisqu'il fallait être Dieu pour apprendre l'un et l'autre aux hommes. Aussi, comme il était terre et cendre, après avoir si bien compris ce qu'on doit faire, voici comme il se perd dans la présomption de ce que l'on peut. Il dit que Dieu a donné à tout homme les moyens de s'acquitter de toutes ses obligations; que ces moyens sont toujours en notre puissance; qu'il ne faut chercher la félicité que par les choses qui sont toujours en notre pouvoir, puisque Dieu nous les a données à cette fin; qu'il faut voir ce qu'il y a en nous de libre; que les biens, la vie, l'estime, ne sont pas en notre puissance et ne mènent pas à Dieu, mais que l'esprit ne peut être forcé à croire ce qu'il sait être faux, ni la volonté d'aimer ce qu'elle sait devoir la rendre malheureuse; que ces deux puissances sont donc libres pleinement, et que par elles seules nous pouvons nous rendre parfaits; que l'homme peut parfaitement, par ces puissances, connaître Dieu, l'aimer, lui obéir, lui plaire, se guérir de tous ses vices, acquérir toutes les vertus, se rendre ainsi saint et compagnon de Dieu. Ces principes, d'un orgueil diabolique, le conduisent à d'autres erreurs : par exemple, que l'âme est une portion de la substance divine; que la douleur et la mort ne sont pas des maux; qu'on peut se tuer quand on est si persécuté qu'on peut croire que Dieu nous appelle, etc.

« Pour Montagne, dont vous voulez, Monsieur, que je vous parle, étant né dans un état chrétien, il fait profession de la religion catholique, et en cela il n'a rien

---

1. Vouloir ce que Dieu veut est la seule science
    Qui nous met en repos.

MALHERBE.

de particulier. Mais, comme il a voulu chercher une morale fondée sur la raison, sans les lumières de la foi, il a pris ses principes dans cette supposition; et ainsi, en considérant l'homme destitué de toute révélation, il discourt en cette sorte. Il met toutes choses dans un doute universel, et si général que ce doute s'emporte soi-même, et que, l'homme doutant même s'il doute, son incertitude roule sur elle-même dans un cercle perpétuel et sans repos, s'opposant également à ceux qui disent que tout est incertain, et à ceux qui assurent que tout ne l'est pas, parce qu'il ne veut rien assurer. C'est dans ce doute qui doute de soi, et dans cette ignorance qui s'ignore, qu'est l'essence de son opinion, qu'il n'a pu exprimer par aucun terme positif. Car, s'il dit qu'il doute, il se trahit, en assurant au moins qu'il doute; ce qui étant formellement contre son intention, il n'a pu s'expliquer que par interrogation; de sorte que, ne voulant pas dire : *je ne sais*, il dit : *que sais-je?* De quoi il fait sa devise, en la mettant sous les bassins d'une balance, lesquels, pesant les contradictoires, se trouvent dans un parfait équilibre : c'est-à-dire qu'il est pur pyrrhonien. Sur ce principe roulent tous ses discours et tous ses *Essais*; et c'est la seule chose qu'il prétend bien établir, quoiqu'il ne fasse pas toujours remarquer son intention. Il y détruit insensiblement tout ce qui passe pour le plus certain parmi les hommes, non pas pour établir le contraire avec une certitude de laquelle seule il est ennemi, mais pour faire voir seulement que, les apparences étant égales de part et d'autre, on ne sait où asseoir sa créance.

« Dans cet esprit, il se moque de toutes les assurances. Par exemple, il combat ceux qui ont pensé établir dans la France un grand remède contre les procès par la multitude et la prétendue justesse des lois; comme si l'on pouvait couper la racine des doutes d'où naissent les procès, et qu'il y eût des digues qui pussent arrêter le torrent de l'incertitude et captiver les conjectures. C'est là que, quand il dit qu'il vaudrait autant soumettre la

cause au premier passant qu'à des juges armés de ce
nombre d'ordonnances, il ne prétend pas qu'on doive
changer l'ordre de l'Etat : il n'a pas tant d'ambition; ni
que son avis soit meilleur : il n'en croit aucun de bon;
c'est seulement pour prouver la vanité des opinions les
plus reçues, montrant que l'exclusion de toute loi dimi-
nuerait plutôt le nombre des différends que cette multitude de lois qui ne sert qu'à l'augmenter, parce que
les obscurités croissent à mesure que l'on espère les
ôter; que ces obscurités se multiplient par les commentaires, et que le plus sûr moyen, pour entendre le sens
d'un discours, est de ne le pas examiner, et de le prendre
sur la première apparence; si peu qu'on l'observe, toute
sa clarté se dissipe. Ainsi il juge à l'aventure de toutes
les actions des hommes et des points d'histoire, tantôt
d'une manière, tantôt d'une autre, suivant librement sa
première vue, et sans contraindre sa pensée sous les
règles de la raison, qui n'a que de fausses mesures,
ravi de montrer par son exemple les contrariétés d'un
même esprit. Dans ce génie tout libre, il lui est également bon de s'emporter ou non dans les disputes, ayant
toujours, par l'un ou l'autre exemple, un moyen de faire
voir la faiblesse des opinions; étant porté avec tant
d'avantage dans le doute universel, qu'il s'y fortifie
également par son triomphe et par sa défaite. C'est dans
cette assiette, toute flottante et toute chancelante qu'elle
est, qu'il combat avec une fermeté invincible les hérétiques de son temps, sur ce qu'ils s'assuraient de connaître seuls le véritable sens de l'Écriture; et c'est de
là encore qu'il foudroie plus rigoureusement l'impiété
horrible de ceux qui assurent que Dieu n'est point.

« Il les entreprend particulièrement dans l'apologie de
Raimond de Sébonde [1], et, les trouvant dépouillés volontairement de toute révélation et abandonnés à leur

---

1. Raymond de Sébonde professait, vers le milieu du xv° siècle,
à Toulouse, la médecine, la théologie et la philosophie. Montaigne
a traduit en français sa *Théologie naturelle*.

lumière naturelle, toutefois mise à part, il les interroge de quelle autorité ils entreprennent de juger de cet être souverain qui est infini par sa propre définition, eux qui ne connaissent véritablement aucune des moindres choses de la nature. Il leur demande sur quels principes ils s'appuient, et il les presse de les lui montrer. Il examine tous ceux qu'ils peuvent produire, et il pénètre si avant, par le talent où il excelle, qu'il montre la vanité de tous ceux qui passent pour les plus éclairés et les plus fermes. Il demande si l'âme connait quelque chose; si elle se connait elle-même; si elle est substance ou accident, corps ou esprit; ce que c'est que chacune de ces choses, et s'il n'y a rien qui ne soit de quelqu'un de ces ordres; si elle connaît son propre corps; si elle sait ce que c'est que matière, et si elle peut discerner les corps dans l'innombrable variété qu'on en produit; comment elle peut raisonner, si elle est matérielle; et comment elle peut être unie à un corps particulier et en ressentir les passions, si elle est spirituelle. Quand a-t-elle commencé d'être? avec le corps ou devant? et si elle finit avec lui ou non; si elle ne se trompe jamais; si elle sait quand elle erre, vu que l'essence de la méprise consiste à la méconnaître; si, dans les obscurcissements, elle ne croit pas aussi fermement que deux et trois font six qu'elle croit ensuite que c'est cinq; si les animaux raisonnent, pensent, parlent; qui peut décider ce que c'est que le temps, ce que c'est que l'espace ou l'étendue, ce que c'est que le mouvement, ce que c'est que l'unité, qui sont toutes choses qui nous environnent et entièrement inexplicables; ce que c'est que santé, mort, vie, maladie, bien, mal, justice, péché, dont nous parlons à toute heure; si nous avons en nous des principes du vrai; et si ceux que nous croyons, et qu'on appelle axiomes ou notions communes à tous les hommes, sont conformes à la vérité essentielle. Et, puisque nous ne savons que par la seule foi qu'un être tout bon nous les a données véritables, en nous créant pour connaître la vérité, qui saura sans cette lumière si, étant formées à l'aventure, nos notions ne sont pas incertaines, ou si, étant formées par un être faux et méchant, il ne nous les a pas données fausses, afin de nous séduire; montrant par là que Dieu et le vrai sont inséparables; et que, si l'un est ou n'est pas, s'il est certain ou incertain, l'autre est nécessairement de même. Qui sait si le sens commun, que nous prenons ordinairement pour juge du vrai, a été destiné à cette fonction par celui qui l'a créé? De plus, qui sait ce que c'est que vérité, et comment peut-on s'assurer de l'avoir, sans la connaître? Qui sait même ce que c'est qu'un être? puisqu'il est impossible de le définir, qu'il n'y a rien de plus général, et qu'il faudrait d'abord, pour l'expliquer, se servir de l'être même, en disant : C'est telle ou telle chose. Et, puisque nous ne savons ce que c'est qu'âme, corps, temps, espace, mouvement, vérité, bien, ni même être, ni expliquer l'idée que nous nous en formons, comment nous assurons-nous qu'elle est la même dans tous les hommes, vu que nous n'en avons d'autres marques que l'uniformité des conséquences, qui n'est pas toujours un signe de celle des principes? Car ils peuvent bien être différents et conduire néanmoins aux mêmes conclusions, tout le monde sachant que le vrai se conclut souvent du faux.

« Enfin, il examine profondément toutes les sciences : la géométrie, dont il tâche de montrer l'incertitude dans les axiomes et dans les termes qu'elle ne définit point, comme d'étendue, de mouvement, etc. ; la physique et la médecine, qu'il déprime en une infinité de façons ; l'histoire, la politique, la morale, la jurisprudence, et le reste; de sorte que, sans la révélation, nous pourrions croire, selon lui, que la vie est un songe dont nous ne nous éveillons qu'à la mort, et pendant lequel nous avons aussi peu les principes du vrai que durant le sommeil naturel. C'est ainsi qu'il déprime si fortement et si cruellement la raison dénuée de la foi, que, lui faisant douter si elle est raisonnable, et si les animaux le sont ou non, ou plus ou moins que l'homme, il la fait descendre de l'excellence qu'elle s'est attribuée, la mettant par grâce en parallèle avec les bêtes, sans lui permettre de sortir de cet ordre, jusqu'à ce qu'elle soit instruite par son créateur même de son rang qu'elle ignore; la menaçant, si elle gronde, de la mettre au-dessous de toutes, ce qui lui paraît aussi facile que le contraire, et ne lui donnant pouvoir d'agir cependant que pour reconnaître sa faiblesse avec une humilité sincère, au lieu de s'élever par une sotte vanité. »

M. de Saci croyait être dans un nouveau pays, et entendre une nouvelle langue; et il se disait en lui-même ces paroles de saint Augustin : O Dieu de vérité! ceux qui savent ces subtilités de raisonnement vous sont-ils pour cela plus agréables? Il plaignait ce philosophe, qui se piquait et se déchirait lui-même de toutes parts des épines qu'il se formait, comme saint Augustin dit de lui-même, quand il était en cet état. Après donc avoir écouté tout avec patience, il dit à M. Pascal : « Je vous suis obligé, monsieur; je suis sûr que si j'avais lu longtemps Montagne, je ne le connaîtrais pas autant que je le connais par l'entretien que je viens d'avoir avec vous. Cet homme devrait souhaiter qu'on ne le connût que par les récits que vous faites de ses écrits; et il pourrait dire avec saint Augustin : *Ibi me vide, attende.* Je crois assurément que cet homme avait de l'esprit, mais je ne sais si vous ne lui en prêtez pas un peu plus qu'il n'en a eu, par cet enchaînement si juste que vous faites de ses principes. Vous pouvez juger qu'ayant passé ma vie comme j'ai fait, on m'a peu conseillé de lire cet auteur, dont tous les ouvrages n'ont rien de ce que nous devons principalement rechercher dans nos lectures, selon la règle de saint Augustin, parce que ses paroles ne viennent point de l'humilité et de la piété chrétienne, et qu'elles renversent les fondements de toute connaissance, et, par conséquent, de la religion même. C'est ce que ce saint docteur a reproché à ces philosophes d'autrefois, qu'on nommait académiciens, et qui voulaient mettre tout dans le doute.

Mais qu'avait besoin Montagne de s'égayer l'esprit, en renouvelant une doctrine qui passe avec raison, parmi les chrétiens, pour une folie? Si on allègue, pour excuser Montagne, que, dans tout ce qu'il dit, il met à part la foi, nous qui avons la foi, nous devons mettre à part tout ce que dit Montagne. Je ne blâme point dans cet auteur l'esprit, qui est un grand don de Dieu; mais il devait s'en servir mieux, et en faire plutôt un sacrifice à Dieu qu'au démon. A quoi sert un bien quand on en use si mal? Pour vous, monsieur, vous êtes heureux de vous être élevé au-dessus de ces docteurs plongés dans l'ivresse de la science, et qui ont le cœur vide de la vérité. Dieu a répandu dans votre cœur d'autres douceurs et d'autres attraits que ceux que vous trouviez dans Montagne. Il vous a rappelé de ce plaisir dangereux, comme dit saint Augustin, qui rend grâces à Dieu de ce qu'il lui a pardonné les péchés qu'il avait commis en goûtant trop ces vanités. Saint Augustin est d'autant plus croyable en cela, qu'il était autrefois dans ces sentiments; et, comme vous dites de Montagne, que c'est par ce doute universel qu'il combat les hérétiques de son temps, ce fut aussi par ce même doute des académiciens que saint Augustin quitta l'hérésie des Manichéens. Depuis qu'il fut à Dieu, il renonça à cette vanité, qu'il appelle sacrilège. Il reconnut avec quelle sagesse saint Paul nous avertit de ne pas nous laisser séduire par des discours. Car il avoue qu'il y a en cela un certain agrément, qui enlève. On croit quelquefois les choses véritables parce qu'on les dit éloquemment. Ce sont des viandes dangereuses, dit-il, que l'on sert en de beaux plats; mais ces viandes, au lieu de nourrir le cœur, le laissent vide. On ressemble alors à des gens qui dorment et qui croient manger en dormant. »

M. de Saci ajouta à M. Pascal plusieurs choses semblables; sur quoi, M. Pascal lui dit que, s'il lui faisait compliment de bien posséder Montagne, et de le savoir bien tourner, il pouvait lui dire, sans compliment, qu'il possédait bien mieux saint Augustin, et qu'il le savait

bien mieux tourner, quoique peu avantageusement en
faveur du pauvre Montagne. M. Pascal parut extrêmement édifié de la solidité de tout ce que M. de Saci
venait de lui représenter. Cependant, étant encore tout
plein de son auteur, il ne put s'empêcher de lui dire
encore : « Je vous avoue, monsieur, que je ne puis voir
sans joie, dans cet auteur, la superbe raison si invincible-
ment froissée par ses propres armes, et cette révolte si
sanglante de l'homme contre l'homme, laquelle, de la
société avec Dieu où il s'élevait par les maximes de sa
faible raison, le précipite dans la condition des bêtes.
J'aurais aimé de tout mon cœur le ministre d'une si
grande vengeance, si, étant humble disciple de l'Église
par la foi, il eût suivi les règles de la morale, en portant
ces hommes, qu'il avait si utilement humiliés, à ne pas
irriter par de nouveaux crimes celui qui peut seul les
tirer de ceux qu'il les a convaincus de ne pouvoir pas
seulement connaître. Mais il agit, au contraire, en païen.
De ce principe, dit-il, que, hors de la foi, tout est dans l'incertitude, et considérant combien il y a que l'on cherche
le vrai et le bien sans aucun progrès vers la tranquillité, il conclut qu'on doit en laisser le soin aux autres,
demeurer cependant en repos, coulant légèrement sur
ces sujets, de peur d'y enfoncer en appuyant; et prendre
le vrai et le bien sur la première apparence, sans les
presser, parce qu'ils sont si peu solides que, quelque
peu que l'on serre la main, ils s'échappent entre les
doigts et la laissent vide. C'est pourquoi il fuit le rapport des sens et les notions communes, parce qu'il faudrait qu'il se fît violence pour les démentir, et qu'il ne
sait pas s'il y gagnerait, ignorant où est le vrai. Ainsi il
fuit la douleur et la mort, parce que son instinct l'y
pousse, et qu'il ne veut pas y résister par la même
raison; mais sans en conclure que ce soient de véritables maux, ne se fiant pas trop à ces mouvements naturels de crainte, vu qu'on en sent d'autres de plaisir,
qu'on accuse d'être mauvais, quoique la nature, dit-il,
parle au contraire. Ainsi, ajoute-t-il, je n'ai rien d'extra-

vagant dans ma conduite. J'agis comme les autres, et
tout ce qu'ils font dans la sotte pensée qu'ils suivent le
vrai bien, je le fais par un autre principe, qui est que,
les vraisemblances étant pareilles de l'un et de l'autre
côté, l'exemple et la commodité sont les contrepoids qui
m'entraînent.

« Il suit donc les mœurs de son pays, parce que la
coutume l'emporte. Il monte sur un cheval comme un
homme qui ne serait pas philosophe, parce que le cheval
le souffre, mais sans croire qu'il en ait le droit, comme
ne sachant pas si cet animal n'a pas, au contraire, celui
de se servir de lui. Il se fait aussi quelque violence pour
éviter de certains vices, et même il garde la fidélité dans
le mariage, à cause de la peine qui suit les désordres, la
règle de son action étant en tout sa commodité et sa
tranquillité. Il rejette donc bien loin cette vertu stoïque,
qu'on peint avec une mine sévère, un regard farouche,
des cheveux hérissés, le front ridé et en sueur, dans
une posture pénible et tendue, loin des hommes, dans
un morne silence, et seule sur la pointe d'un rocher :
fantôme, à ce qu'il dit, capable d'effrayer les enfants, et
qui ne fait là autre chose, avec un travail continuel,
que de chercher le repos, où elle n'arrive jamais. Sa
science est naïve, familière, plaisante, enjouée, et, pour
ainsi dire, folâtre. Elle suit ce qui la charme, et badine
négligemment des accidents, bons ou mauvais, couchée
mollement dans le sein d'une oisive tranquillité, d'où
elle montre aux hommes qui cherchent la félicité avec
tant de peine, que c'est là seulement où elle repose, et
que l'ignorance et l'*incuriosité* sont deux doux oreillers
pour une tête bien faite, comme il dit lui-même.

« Je ne puis vous dissimuler, ajouta M. Pascal, qu'en
lisant cet auteur et le comparant avec Epictète, j'ai
trouvé qu'ils étaient assurément les deux plus grands
défenseurs des deux plus célèbres sectes du monde
infidèle, qui sont les seules, entre celles des hommes
destitués de la lumière de la religion, dont les opinions
soient en quelque sorte liées et conséquentes. Car, que

peuvent-ils faire que de suivre l'un ou l'autre de ces deux systèmes? le premier : il y a un Dieu; donc, c'est lui qui a créé l'homme. Il l'a fait pour lui-même. Il l'a créé tel qu'il doit être pour être juste et pour devenir heureux. L'homme peut donc connaître la vérité, et il est à portée de s'élever par la sagesse jusqu'à Dieu, qui est son souverain bien. Second système : l'homme ne peut s'élever jusqu'à Dieu. Ses inclinations contredisent la loi. Il est porté à chercher son bonheur dans les biens visibles, et même en ce qu'il y a de plus honteux. Tout paraît donc incertain, et le vrai bien l'est aussi; ce qui nous semble nous réduire à n'avoir ni règle fixe pour les mœurs, ni certitude dans les sciences. J'ai pris un plaisir extrême à remarquer, dans ces divers raisonnements, en quoi les uns et les autres ont aperçu quelque chose de la vérité qu'ils ont essayé de connaître. Car, s'il est agréable d'observer dans la nature le désir qu'elle a de peindre Dieu dans tous ses ouvrages, où l'on en voit quelque caractère, parce qu'ils en sont les images; combien est-il plus juste de considérer dans les productions des esprits les efforts qu'ils font pour parvenir à la vérité, même en la fuyant, et de remarquer en quoi ils y arrivent et en quoi ils s'égarent, comme j'ai tâché de faire dans cette étude.

« Il est vrai, Monsieur, que vous venez de me faire voir admirablement le peu de besoin que les chrétiens ont de ces lectures philosophiques. Je ne laisserai pas cependant, avec votre permission, de vous en dire encore ma pensée, prêt néanmoins à renoncer à toutes les lumières qui ne viendront pas de Dieu, de qui seul on peut recevoir la vérité avec assurance. Il me semble que la source des erreurs des stoïciens d'une part, et des épicuriens de l'autre, est de n'avoir pas su que l'état de l'homme à présent diffère de celui de la création; de sorte que l'un, remarquant quelques traces de sa première grandeur et ignorant sa corruption, a traité la nature comme saine et sans besoin de réparateur, ce qui le mène au comble de l'orgueil ; au lieu que l'autre, éprouvant sa misère présente et ignorant sa première dignité, traite la nature comme nécessairement infirme et irréparable : ce qui le précipite dans le désespoir d'arriver à un véritable bien, et, de là, dans une extrême lâcheté. Ces deux états, qu'il fallait connaître ensemble pour voir toute la vérité, étant connus séparément, conduisent nécessairement à l'un de ces deux vices, à l'orgueil ou à la paresse, dans lesquels sont infailliblement plongés tous les hommes avant la grâce, puisque, s'ils ne demeurent point dans leurs désordres par lâcheté, ils en sortent par vanité. Ainsi ils sont toujours esclaves des esprits de malice, à qui, comme le remarque saint Augustin, on sacrifie en bien des manières. C'est donc de ces lumières imparfaites qu'il arrive que l'un, connaissant l'impuissance et non le devoir, il s'abat dans la lâcheté ; et que l'autre, connaissant le devoir sans connaître son impuissance, il s'élève dans son orgueil : d'où il semble que l'on formerait, en les alliant, une morale parfaite. Mais, au lieu de cette paix, il ne résulterait de leur assemblage qu'une guerre et qu'une destruction générale. Car, l'un établissant la certitude et l'autre le doute, l'un la grandeur de l'homme et l'autre la faiblesse, ils ne sauraient se réunir et se concilier ; de sorte qu'ils ne peuvent ni subsister seuls à cause de leurs défauts, ni s'unir à cause de leurs opinions ; et qu'ainsi il faut qu'ils se brisent et s'anéantissent, pour faire place à la vérité de l'Evangile. C'est elle qui, par un art tout divin, accorde les contrariétés. Unissant tout ce qui est vrai, et bannissant tout ce qu'il y a de faux, elle enseigne une sagesse véritablement céleste, où s'accordent les principes opposés, qui étaient incompatibles dans ces doctrines humaines. Et la raison en est que ces sages du monde ont placé les contraires dans un même sujet. Car l'un attribuait la force à la nature, et l'autre la faiblesse à cette même nature ; ce qui ne pouvait subsister, au lieu que la foi nous apprend à les mettre en des sujets différents : tout ce qu'il y a d'infirme appartenant à la nature, et tout ce qu'il y a de puissant appartenant à la grâce. Voilà l'union étonnante et nouvelle, qu'un Dieu seul pouvait enseigner, que lui seul pouvait faire, et qui n'est qu'une image et qu'un effet de l'union ineffable des deux natures dans la seule personne d'un homme-Dieu.

« Je vous demande pardon, monsieur, de m'emporter ainsi devant vous dans la théologie, au lieu de demeurer dans la philosophie. Mais mon sujet m'y a conduit insensiblement; et il est difficile de ne pas y entrer, quelque vérité qu'on traite, parce qu'elle est le centre de toutes les vérités : ce qui paraît ici parfaitement, puisqu'elle renferme si visiblement toutes celles qui se trouvent dans ces opinions. Aussi je ne vois pas comment aucun d'eux pourrait refuser de la suivre. Car, s'ils sont pleins de la pensée de la grandeur de l'homme, qu'en ont-ils imaginé qui ne cède aux promesses de l'Évangile, qui ne sont autre chose que le digne prix de la mort d'un Dieu? Et s'ils se plaisent à voir l'infirmité de la nature, leur idée n'égale point celle de la véritable faiblesse du péché, dont la même mort a été le remède. Ainsi tous y trouvent plus qu'ils n'ont désiré; et, ce qui est admirable, ils s'y trouvent unis, eux qui ne pouvaient s'allier dans un degré infiniment inférieur. »

M. de Saci ne put s'empêcher de témoigner à M. Pascal qu'il était surpris de la façon dont il savait tourner les choses. Il avoua en même temps que tout le monde n'avait pas le secret, comme lui, de faire sur ses lectures des réflexions si sages et si élevées. Il lui dit qu'il ressemblait à ces médecins habiles qui, par la manière adroite de préparer les plus grands poisons, en savent tirer les plus grands remèdes. Il ajouta que, quoiqu'il vît bien, par tout ce qu'il venait de lui dire, que ces lectures lui étaient utiles, il ne pouvait croire néanmoins qu'elles fussent avantageuses à beaucoup de gens, dont l'esprit n'aurait pas assez d'élévation pour lire ces auteurs et en juger, et pour savoir tirer quelques perles [1] du milieu

1. Voir l'Introduction, p. 12.

du fumier, d'où il s'élevait même une noire fumée, qui pouvait obscurcir la foi chancelante de ceux qui les lisent; que, par cette raison, il conseillerait toujours à ces personnes de ne pas s'exposer légèrement à ces lectures, de peur de se perdre avec ces philosophes, et de devenir la proie des démons et la pâture des vers, selon le langage de l'Écriture, comme ces philosophes l'ont été.

« Pour l'utilité de ces lectures, dit M. Pascal, je vous dirai tout simplement ma pensée. Je trouve dans Épictète un art incomparable pour troubler le repos de ceux qui le cherchent dans les choses extérieures, et pour les forcer à reconnaître qu'ils sont de véritables esclaves et de misérables aveugles; qu'il est impossible qu'ils trouvent autre chose que l'erreur et la douleur qu'ils fuient, s'ils ne se donnent sans réserve à Dieu seul. Montagne est incomparable pour confondre l'orgueil de ceux qui, sans la foi, se piquent d'une véritable justice; pour désabuser ceux qui s'attachent à leurs opinions, et qui croient, indépendamment de l'existence et des perfections de Dieu, trouver dans les sciences des vérités inébranlables; et pour convaincre si bien la raison de son peu de lumière et de ses égarements, qu'il est difficile, après cela, d'être tenté de rejeter les mystères parce qu'on croit y trouver des répugnances : car l'esprit en est si battu, qu'il est bien éloigné de vouloir juger si l'Incarnation et le mystère de l'Eucharistie sont possibles; ce que les hommes du commun n'agitent que trop souvent. Mais, si Épictète combat la paresse, il mène à l'orgueil, et il peut être très nuisible à ceux qui ne sont point persuadés de la corruption de toute justice qui ne vient pas de la foi.

« Montagne est absolument pernicieux à ceux qui ont quelque pente à l'impiété et aux vices. C'est pourquoi ces lectures doivent être réglées avec beaucoup de soin, de discrétion et d'égard à la condition et aux mœurs de ceux à qui on les conseille[1]. Il me semble seulement

---

1. Mme de Sévigné recommande à Mme de Griguan de ne pas laisser sa fille Pauline « mettre son petit nez ni dans Montaigne,

qu'en les joignant ensemble, elles ne pourraient réussir mal, parce que l'une s'oppose au mal de l'autre. Elles ne peuvent donner la vertu, mais seulement troubler dans les vices; l'homme se trouvant combattu par les contraires, dont l'un chasse l'orgueil, et l'autre la paresse; et ne pouvant reposer dans aucun de ces vices, quoiqu'il ne puisse aussi les fuir tous. »

Ce fut ainsi que ces deux personnes d'un si grand esprit s'accordèrent enfin au sujet de la lecture de ces philosophes, et se rencontrèrent au même terme, où ils arrivèrent néanmoins d'une manière un peu différente : M. de Saci y étant venu tout d'un coup par la seule vue du christianisme, et M. Pascal n'y étant arrivé qu'après beaucoup de détours, s'attachant aux principes de ces philosophes.

(Fontaine, *Mémoires*, t. III, p. 77.)

<hr>

D'une nouvelle méthode pour apprendre à lire facilement en toutes sortes de langues [1].

Cette méthode regarde principalement ceux qui ne savent pas encore lire.

ni dans Charron.... Il est bien matin pour elle. » (1690.) Mais comme elle a senti le charme de l'auteur des *Essais*! « Ah! l'aimable homme! Qu'il est de bonne compagnie! C'est mon ancien ami; mais, à force d'être ancien, il m'est nouveau. » (6 oct. 1679.)

1. M. Cousin a publié une lettre inédite de Jacqueline Pascal (26 octobre 1655) d'où il résulte que la méthode de lecture dite de Port-Royal doit être attribuée à Pascal. « ... Nos mères m'ont commandé de vous écrire afin que vous me mandiez toutes les circonstances de *votre méthode* pour apprendre par le B, C, D, E, où il ne faut pas que les enfants sachent le nom des lettres; car je vois bien comment on peut leur apprendre à lire, par exemple Jesu, en faisant prononcer *Je c, ze u*; mais je ne vois pas comment on leur peut faire comprendre facilement que les lettres finissantes ne doivent point ajouter d'*e*; car naturellement sui-

Il est certain que ce n'est pas une grande peine à ceux qui commencent, que de connaître simplement les lettres; mais que la plus grande est de les assembler.

Or ce qui rend maintenant cela plus difficile est que, chaque lettre ayant son nom, on la prononce seule autrement qu'en l'assemblant avec d'autres. Par exemple, si l'on fait assembler *f r y* à un enfant, on lui fait prononcer *ef*, *er*, *y* grec : ce qui le brouille infailliblement lorsqu'il veut ensuite joindre ces trois sons ensemble, pour en faire le son de la syllabe *fry*.

Il semble donc que la voie la plus naturelle, comme quelques gens d'esprit l'ont déjà remarqué, serait que ceux qui montrent à lire n'apprissent d'abord aux enfants à connaître leurs lettres que par le nom de leur prononciation; et qu'ainsi, pour apprendre à lire en latin, par exemple, on ne donnât que le même nom d'*e* à l'*e* simple, l'*æ* et l'*œ*, parce qu'on les prononce d'une même façon; et de même à l'*i* et à l'*y* grec ; et encore à l'*o* et à l'*au*, selon qu'on les prononce aujourd'hui en France, car les Italiens font l'*au* diphtongue.

Qu'on ne leur nommât aussi les consonnes que par leur son naturel, en y ajoutant seulement l'*e* muet, qui est nécessaire pour les prononcer : par exemple, qu'on donnât pour nom à *b* ce qu'on prononce dans la dernière syllabe de *tombe*; à *d*, celui de la dernière syllabe de *ronde*; et ainsi des autres qui n'ont qu'un seul son.

Que pour celles qui en ont plusieurs, comme *c*, *g*, *t*, *s*, on les appelât par le son le plus naturel et plus ordi-

vant cette méthode, ils diront Jesuse, sinon qu'on leur apprenne qu'il ne faut prononcer l'*e* à la fin que lorsqu'il y est effectivement; mais je ne vois pas comment pouvoir leur apprendre à prononcer les consonnes qui suivent les voyelles, par exemple *en*; car ils diront *ene*, au lieu de prononcer *an*, comme veut souvent le français. De même pour *on* ils diront *one*, et même, en leur faisant manger l'*e*, ils ne le diront de bon accent, si on ne leur apprend à part la prononciation de l'*o* avec l'*n*. » (*Jacqueline Pascal*, p. 265.) Le 31 janvier 1656 Arnauld écrit à la mère Angélique pour avoir la méthode de lecture de Pascal, afin de l'essayer sur un petit garçon de douze ans.

naire, qui est au *c* le son de *que* [1], et au *g* le son de *gue*, au *t* le son de la dernière syllabe de *forte*, et à l's celui de la dernière syllabe de *bourse*.

Et ensuite on leur apprendrait à prononcer à part, et sans épeler, les syllabes *ce, ci, ge, gi, tia, tie, tii*. Et on leur ferait entendre que l's entre deux voyelles se prononce comme un *z* : *miseria, misère*, comme s'il y avait *mizeria, mizère*, etc.

Voilà les plus générales observations de cette nouvelle méthode d'apprendre à lire, qui serait certainement très utile aux enfants. Mais, pour la mettre dans toute sa perfection, il en faudrait faire un petit traité à part, où l'on pourrait faire les remarques nécessaires pour l'accommoder à toutes les langues [2].

DU VERBE

Les hommes n'ont pas eu moins besoin d'inventer des mots qui marquassent l'affirmation, qui est la principale manière de notre pensée, que d'en inventer qui marquassent les objets de nos pensées.

Et c'est proprement en quoi consiste ce que l'on appelle *verbe*, qui n'est rien autre qu'*un mot dont le principal*

1. Duclos a proposé d'employer le *k* à la place du *c*, qui servirait à rendre le son de *ch*, lequel n'a point de caractère dans l'alphabet. *Charles-Quint* s'écrirait *Carle-Kint*.

2. « Tout ce chapitre est excellent, écrit Duclos, et ne souffre ni exception ni réplique. Il est étonnant que l'autorité de Port-Royal, surtout dans ce temps-là, et qui, depuis, a été appuyée de l'expérience, n'ait pas encore fait triompher la raison des absurdités de la méthode vulgaire. C'est d'après la réflexion de Port-Royal que le Bureau typographique a donné aux lettres leur dénomination la plus naturelle : *Fe, he, ke, le, me, ne, re, se, ze, ve, je*, et l'abréviation *cse, gse*; et non pas *èfe, ache, ka, èle, ème, ène, esse, zède*, *i* et *u* consonnes, *icse*. Cette méthode, déjà admise dans la dernière édition du Dictionnaire de l'Académie, et pratiquée dans les meilleures écoles, l'emportera tôt ou tard sur l'ancienne par l'avantage qu'on ne pourra pas enfin s'empêcher d'y reconnaître; mais il faudra du temps, parce que cela est raisonnable. » (*Commentaire sur la grammaire générale.*) La victoire n'est pas encore complète.

usage est de signifier l'affirmation, c'est-à-dire de marquer que le discours où ce mot est employé est le discours d'un homme qui ne conçoit pas seulement les choses, mais qui en juge et qui les affirme ; en quoi le verbe est distingué de quelques noms qui signifient aussi l'affirmation, comme *affirmans, affirmatio*, parce qu'ils ne la signifient qu'en tant que, par une réflexion d'esprit, elle est devenue l'objet de notre pensée ; et ainsi ils ne marquent pas que celui qui se sert de ces mots affirme, mais seulement qu'il conçoit une affirmation.

J'ai dit que le principal usage du verbe était de signifier l'affirmation [1], parce que nous ferons voir plus bas que l'on s'en sert encore pour signifier d'autres mouvements de notre âme, comme ceux de désirer, de prier, de commander, etc. ; mais ce n'est qu'en changeant d'inflexion et de mode, et ainsi nous ne considérons le verbe, dans tout ce chapitre, que selon sa principale signification, qui est celle qu'il a à l'indicatif. Selon cette idée, l'on peut dire que le verbe, de lui-même, ne devrait point avoir d'autre usage que de marquer la liaison que nous faisons dans notre esprit des deux termes d'une proposition ; mais il n'y a que le verbe *être*, qu'on appelle substantif, qui soit demeuré dans cette simplicité, et encore n'y est-il proprement demeuré que dans la troisième personne du présent *est* et en de certaines rencontres ; car, comme les hommes se portent naturellement à abréger leurs expressions, ils ont joint presque toujours à l'affirmation d'autres significations dans un même mot.

1. Ils y ont joint celle de quelque attribut, de sorte qu'alors deux mots font une proposition, comme quand je dis : *Petrus vivit, Pierre vit,* parce que le mot de *vivit* enferme seul l'affirmation, et de plus l'attribut d'*être vivant* ; et ainsi c'est la même chose de dire *Pierre vit* que de dire *Pierre est vivant*. De là est venue la grande diversité de verbes dans chaque langue ; au

1. *Affirmer* serait plus exact que *signifier l'affirmation*.

lieu que, si l'on s'était contenté de donner au verbe la signification générale de l'affirmation, sans y joindre aucun attribut particulier, on n'aurait eu besoin dans chaque langue que d'un seul verbe, qui est celui que l'on appelle substantif.

2. Ils y ont encore joint, en de certaines rencontres, le sujet de la proposition : de sorte qu'alors deux mots peuvent encore, et même un seul mot, faire une proposition entière : deux mots, comme quand je dis : *sum homo*, parce que *sum* ne signifie pas seulement l'affirmation, mais enferme la signification du pronom *ego*, qui est le sujet de cette proposition, et que l'on exprime toujours en français : *je suis homme*; un seul mot, comme quand je dis : *vivo, sedeo*; car ces verbes enferment dans eux-mêmes l'affirmation et l'attribut, comme nous avons déjà dit, et, étant à la première personne, ils enferment encore le sujet : *je suis vivant, je suis assis*. De là est venue la différence des personnes, qui est ordinairement dans tous les verbes.

3. Ils ont encore joint un rapport au temps au regard duquel on affirme : de sorte qu'un seul mot, comme *cœnasti*, signifie que j'affirme de celui à qui je parle l'action de souper, non pour le temps présent, mais pour le passé, et de là est venue la diversité des temps, qui est encore pour l'ordinaire commune à tous les verbes.

La diversité de ces significations, jointes à un même mot, est ce qui a empêché beaucoup de personnes, d'ailleurs fort habiles, de bien connaître la nature du verbe, parce qu'ils ne l'ont pas considéré selon ce qui lui est essentiel, qui est l'*affirmation*, mais selon ces autres rapports, qui lui sont accidentels en tant que verbe.

Ainsi Aristote [1], s'étant arrêté à la troisième des signi-

1. M. Egger reproche très justement à l'auteur de n'avoir pas pris la peine de recourir aux textes originaux, et de donner comme d'Aristote une définition incomplète du verbe, d'après une citation de Boxhorn : « Cette idée d'affirmation est très nettement

fications ajoutées à celle qui est essentielle au verbe, l'a défini *un mot qui signifie avec temps* [1].

D'autres, comme Buxtorf [2], y ayant ajouté la seconde, l'ont défini *un mot qui a diverses inflexions avec temps et personnes*.

D'autres s'étant arrêtés à la première de ces significations ajoutées, qui est celle de l'attribut, et ayant considéré que les attributs que les hommes ont joints à l'affirmation dans un mot sont d'ordinaire des actions ou des passions, ont cru que l'essence du verbe consistait à *signifier des actions ou des passions*.

Et enfin, Jules-César Scaliger [3] a cru trouver un mystère dans son livre des *Principes de la langue latine*, en disant que la distinction des choses *in permanentes et fluentes*, en ce qui demeure et ce qui passe, était la vraie origine de la distinction entre les noms et les verbes, les noms étant pour signifier ce qui demeure et les verbes ce qui passe.

Mais il est aisé de voir que toutes ces définitions

exprimée par la seconde partie de la phrase d'Aristote, que l'on avait omise en la citant : *Il est toujours le signe de ce qu'on affirme de quelque autre chose*. C'est précisément ce que voulait montrer le logicien de Port-Royal. Dans aucune édition, que je sache, de l'ouvrage de Port-Royal, cette omission n'a été relevée. » (*De l'hellénisme en France*, t. II, p. 61.)

1. Beauzée relève la même méprise dans Scaliger. « Le verbe, dit-il, est la seule espèce de mots qui paraisse susceptible de la distinction des temps. Jules-César Scaliger les jugeait si essentiels à cette partie d'oraison, qu'il les a pris pour le caractère spécifique qui la distingue de toutes les autres. » (*Grammaire générale*, t. I, p. 422.) « Les grammairiens allemands, ajoute-t-il, ont donné au verbe, dans leur langue, le non de *Zeit wort*, composé de *Zeit* (temps) et de *Wort* (mot); de manière que *das Zeit wort* signifie littéralement le *mot du temps*. » Beauzée ne l'accepterait qu'en interprétant, par métonymie, le nom du temps par celui de l'existence.

2. Buxtorf, célèbre professeur d'hébreu à Bâle, mort en 1629.

3. Jules-César Scaliger, célèbre philologue (1484-1558). Son ouvrage *De causis linguæ latinæ*, libri XIII, parut à Lyon en 1540. On voit, par la critique même d'Arnauld, que Scaliger avait essayé d'introduire l'esprit philosophique dans les études grammaticales.

sont fausses et n'expliquent point la vraie nature du verbe.

La manière dont sont conçues les deux premières le fait assez voir, puisqu'il n'y est point dit ce que le verbe signifie, mais seulement ce avec quoi il signifie, *avec temps et personnes*.

Les deux dernières sont encore plus mauvaises; car elles ont les deux plus grands vices d'une définition, qui est de ne convenir ni à *tout le défini*, ni *au seul défini*.

Car il y a des verbes qui ne signifient ni des actions, ni des passions, ni ce qui se passe, comme *existit, quiescit, friget, alget, tepet, calet, albet, viret, claret*, etc.

Et il y a des mots qui ne sont point verbes qui signifient des actions et des passions, et même des choses qui passent, selon la définition de Scaliger; car il est certain que les participes sont de vrais noms, et que néanmoins ceux des verbes actifs ne signifient pas moins des actions, et ceux des passifs des passions, que les verbes mêmes dont ils viennent; et il n'y a aucune raison de prétendre que *fluens* ne signifie pas une chose qui passe, aussi bien que *fluit*.

A quoi on peut ajouter, contre les deux premières définitions du verbe, que les participes signifient aussi avec temps, puisqu'il y a du présent, du passé et du futur, surtout en grec; et ceux qui croient, non sans raison, qu'un vocatif est une vraie seconde personne, surtout quand il a une terminaison différente du nominatif, trouveront qu'il n'y aurait de ce côté-là qu'une différence du plus ou du moins entre le vocatif et le verbe [1].

Et ainsi la raison essentielle pourquoi un participe n'est point un verbe, c'est qu'il ne signifie point l'*affirmation* [2]; d'où vient qu'il ne peut faire une proposition,

---

1. Le nominatif est le cas qui indique le sujet : *Dominus*, le Seigneur. Le vocatif sert à appeler : *Domine*, Seigneur.

2. Certains grammairiens admettent cependant, et non sans raison, la proposition participe. Dans cette phrase : les *parts étant*

ce qui est le propre du verbe, sinon en y remettant
ce qu'on en a ôté en changeant le verbe en participe.
Car pourquoi est-ce que *Petrus vivit*, *Pierre vit*, est une
proposition, et que *Petrus vivens*, *Pierre vivant*, n'en
est pas une, si vous n'y ajoutez *est*, *Petrus est vivens*,
Pierre est vivant, sinon parce que l'affirmation qui est
enfermée dans *vivit* en a été ôtée, pour en faire le participe *vivens*? D'où il parait que l'affirmation qui se trouve,
ou qui ne se trouve pas dans un mot, est ce qui fait
qu'il est verbe ou qu'il n'est pas verbe.

Sur quoi on peut encore remarquer en passant que
l'infinitif, qui est très souvent nom, ainsi que nous dirons, comme lorsqu'on dit *le boire*, *le manger*, est alors
différent des participes, en ce que les participes sont
des noms adjectifs, et que l'infinitif est un nom substantif fait par abstraction de cet adjectif, de même que de
candidus se fait *candor*, et de *blanc*, *blancheur*. Ainsi
rubet, verbe, signifie *est rouge*, enfermant tout ensemble
l'affirmation et l'attribut; *rubens*, participe, signifie simplement *rouge* sans affirmation; et *rubere*, pris pour un
nom, signifie *rougeur*.

Il doit donc demeurer pour constant qu'à ne considérer simplement que ce qui est essentiel au verbe, sa
seule vraie définition est : *vox significans affirmationem*,
un mot qui signifie l'affirmation; car on ne saurait
trouver de mot qui marque l'affirmation, qui ne soit
verbe, ni de verbe qui ne serve à la marquer, au moins
dans l'indicatif. Et il est indubitable que, si l'on en avait
un, comme serait *est*, qui marquât toujours l'affirmation, sans aucune différence ni de personne ni de temps,
de sorte que la diversité des personnes se marquât seulement par les noms et les pronoms, et la diversité des
temps par les adverbes, il ne laisserait pas d'être un
vrai verbe. Comme, en effet, dans les propositions que
les philosophes appellent d'éternelle vérité, comme :

---

faites, le lion parla ainsi, les mots écrits en italique équivalent
exactement à cette proposition : *quand les parts furent faites.*

Dieu est infini ; tout corps est divisible ; le tout est plus grand que sa partie, le mot *est* ne signifie que l'affirmation simple, sans aucun rapport au temps ; parce que cela est vrai selon tous les temps, et sans que notre esprit s'arrête à aucune diversité de personnes.

Ainsi le verbe, selon ce qui lui est essentiel, est un mot qui signifie l'affirmation ; mais, si l'on veut mettre dans la définition du verbe ses principaux accidents, on pourra le définir ainsi : *vox significans affirmationem, cum designatione personæ, numeri et temporis ; un mot qui signifie l'affirmation, avec désignation de la personne, du nombre et du temps,* ce qui convient proprement au verbe substantif.

Car, pour les autres verbes, en tant qu'ils diffèrent du verbe substantif par l'union que les hommes ont faite de l'affirmation avec de certains attributs, on peut les définir de cette sorte : *vox significans affirmationem alicujus attributi, cum designatione personæ, numeri et temporis ; un mot qui marque l'affirmation de quelque attribut, avec désignation de la personne, du nombre et du temps* [1].

Et l'on peut remarquer en passant que l'affirmation, en tant que conçue, pouvant être aussi l'attribut du verbe, comme dans le verbe *affirmo,* ce verbe signifie deux affirmations, dont l'une regarde la personne qui parle, et l'autre la personne de qui on parle, soit que ce soit de soi-même, soit que ce soit d'une autre. Car, quand je dis *Petrus affirmat, affirmat* est la même chose que *est affirmans* [2], et alors *est* marque mon affirmation ou le jugement que je fais touchant Pierre ; et *affirmans,* l'affirmation que je conçois et que j'attribue à Pierre. Le verbe *nego,* au contraire, contient une affirmation et une négation par la même raison.

1. Il y a lieu de compléter cette définition en ajoutant à la mention du temps celle du *mode.*

2. En anglais, ces deux formes ne sont pas équivalentes : le participe présent avec l'auxiliaire *être* exprime plus précisément que l'affirmation est relative au moment même où l'on parle.

Car il faut encore remarquer que, quoique tous nos jugements ne soient pas affirmatifs, mais qu'il y en ait de négatifs, les verbes néanmoins ne signifient jamais d'eux-mêmes que des affirmations, la négation ne se marquant que par des particules *non*, *ne*, ou par des noms qui l'enferment, *nullus, nemo, nul, personne*, qui, étant joints aux verbes, en changent l'affirmation en négation : *nul homme n'est immortel; nullum corpus est indivisibile* [1].

(*Grammaire générale et raisonnée*).

QUESTIONS DE GRAMMAIRE

Madame [2],

On ne peut rien voir de plus obligeant que la réponse de l'Académie. Mais, comme vous auriez sujet de trouver mauvais que je ne vous parlasse pas avec toute sorte de sincérité, je vous dirai franchement que j'attendais quelque chose davantage d'une si célèbre compagnie. Car, des cinq questions qui leur avaient été proposées, n'y ayant que la dernière qui regardât la grammaire française en particulier, et les quatre premières regar-

---

1. Beauzée (*Grammaire générale*, t. I, p. 395) n'accepte pas la théorie de Port-Royal. Mais ses objections ne me paraissent pas solides, et la définition qu'il propose d'y substituer a reçu un accueil peu favorable : *Les verbes sont des mots qui expriment des êtres indéterminés, en les désignant par l'idée précise de l'existence intellectuelle avec relation à un attribut.* Le moindre défaut de cette phrase, c'est l'abstraction et le peu de clarté.

Lancelot serait, à mon avis, inattaquable, s'il avait plus nettement établi que le rôle essentiel, et non pas seulement principal, du verbe, est d'affirmer; que c'est par là qu'il a mérité d'être appelé le *mot par excellence*, car il est l'âme du discours. — Les modes, qu'il a oublié de mentionner, ne sont que *différentes manières d'affirmer*. — Une négation est encore une affirmation contraire à une autre.

2. Lettre d'Arnauld à une dame, au sujet de la réponse de Messieurs de l'Académie française à cinq questions que M. Arnauld leur avait fait proposer sur la grammaire générale, etc.

dant la grammaire générale, et étant de celles que
M. de la Chambre [1] avoue ne se pouvoir bien résoudre
que par les plus hautes méditations de la philosophie, il
eût été à désirer qu'ils s'y fussent plutôt appliqués qu'à
la dernière, qu'ils pouvaient avec plus de raison remettre
à la grammaire française que les premières; puisqu'on
n'a pas accoutumé de traiter dans les grammaires particulières ce qui est commun à toutes les langues....
Après tout, Madame, ce serait bien mal reconnaître
l'obligation que nous leur avons de l'instruction qu'ils
nous ont donnée, que de nous arrêter à faire des plaintes
de ce qu'ils n'ont pas jugé devoir nous en donner d'autres.

La manière dont ils ont résolu la question qui regardait particulièrement la langue française témoigne une
si exacte recherche de toutes les façons de parler de
notre langue, qu'il n'y a rien de parfait et d'achevé
qu'on ne doive attendre de cette compagnie, si elle
donne au public, comme on nous le fait espérer, ses
méditations et ses remarques. Vous voulez bien néanmoins, Madame, que je vous propose quelques petits
doutes.

J'ai quelque difficulté sur les exemples qu'ils allèguent
d'abord, *ville qui parlemente, eau qui dort*, etc. Car
notre langue se doit régler sur l'usage présent, et non
sur celui d'autrefois. Or je ne crois pas que ces façons
de parler, *ville qui parlemente, eau qui dort*, etc.,
soient de l'usage présent; mais ce sont des proverbes
qui nous sont restés de l'ancien langage, où on omet-
tait presque toujours les articles [2]. Pour parler comme
nous faisons aujourd'hui, il faudrait dire sans doute
une ville qui parlemente, une eau qui dort, etc. Et la
raison même le veut ainsi : parce que, hors les noms
propres, je pense que c'est une règle générale que, lors-

1. De la Chambre (1594-1660), médecin de Louis XIV, membre
de l'Académie française et de l'Académie des sciences.
2. Le latin, d'où dérive le français, n'a pas d'article.

qu'un nom est le sujet d'une proposition, il doit avoir un article, ou quelque mot qui en tienne lieu, comme *tout*, *plusieurs*, et les mots de nombre, *deux*, *trois*, etc.; *l'homme est raisonnable, tout homme est raisonnable, deux hommes l'ont attaqué*, etc. Mais ces Messieurs ont fort bien remarqué qu'il en fallait excepter les vocatifs; parce que ce qui les distingue du nominatif[1] est de n'avoir point d'article. Aussi ne sont-ils en notre langue le sujet d'une proposition qu'en y ajoutant le pronom *vous* : *Ciel, vous voyez mes maux; Soleil, vous éclairez toutes choses.* Il est vrai qu'on ne met pas de pronom quand on les joint à l'impératif : *Ciel, voyez ce que je souffre; Seigneur, écoutez ma voix.* Mais ils ne sont point alors le sujet d'une proposition. Je me puis facilement tromper, n'ayant jamais fait beaucoup de réflexion sur ces choses, qui dépendent de l'usage. Je pense néanmoins que cette règle, *qu'en notre langue un nom commun doit toujours avoir un article quand il est le sujet d'une proposition*, est véritable; et qu'on ne la doit pas croire fausse parce qu'on voit le contraire en beaucoup de façons de parler proverbiales, qui sont demeurées du vieux langage, lesquelles il est bon de remarquer, mais non pas les donner pour règles de l'usage de ce temps-ci.

Je ne sais, Madame, si on n'en peut pas dire autant de la plupart des phrases qui sont dans les cinq remarques que font ces Messieurs, pour faire voir en quelles rencontres on peut mettre le *qui* après les noms sans article. Car *homme qui vive, âme qui vive, vie qui dure* sont des restes du vieux style, qui ne laissent pas de passer, parce que l'usage les autorise, mais surtout dans le style bas, mais sur lesquels, comme j'ai déjà dit, je ne crois pas qu'on doive régler notre langue.

Je pense aussi que, pour bien parler selon l'usage présent, on dira plutôt . *j'ai un homme en main qui*

____

1. Voir la note de la page 136.

fera; je connais des gens qui disent, etc., que : *j'ai homme en main, je connais gens qui disent.* Et je doute, Madame, que vous voulussiez vous servir de ce dernier, ou que vous ayez jamais dit : *Prenez racines de béloine qui aient été séchées au soleil,* ou : *prenez eau-de-vie qui ait été rectifiée,* au lieu de dire, comme vous avez toujours fait sans doute : *prenez des racines de béloine,* etc.; *prenez de l'eau-de-vie,* etc. Que si les médecins et les apothicaires parlent ainsi, nous devons estimer leurs remèdes, sans imiter leur langage.

Je ne crois pas aussi que vous demeurassiez d'accord que ce fût bien parler que de dire : *c'est grêle qui tombe, c'est poison qu'il a pris, c'est vin que vous buvez.* Mais je pense que vous direz toujours : *c'est de la grêle,* etc.; *c'est du poison,* etc.; *c'est du vin,* etc.

Les remarques qu'ils font sur ces façons de parler : *il vit en philosophe,* etc., qui se mettent quelquefois absolument et quelquefois avec un *qui,* comme : *il vit en philosophe qui suit Épicure,* m'ont paru fort belles; mais je trouve de la difficulté dans la raison qu'ils en rendent. Ils disent que, de ces façons de parler, les unes sont indéterminées, et les autres déterminées; que les indéterminées ne souffrent point de *qui,* et que les autres en souffrent. Mais il me semble que c'est donner pour raison la chose même dont on cherche la raison. Car il est indubitable que le *qui* qu'on joint à un mot sans article, en détermine la signification; et ainsi c'est le *qui* même qui fait que les façons de parler où il se trouve sont déterminées, qui sans cela ne le seraient point. De sorte qu'on ne doit pas dire que c'est parce qu'elles sont déterminées qu'elles souffrent un *qui,* puisqu'au contraire elles ne sont déterminées que parce qu'elles ont un *qui.* Et, en effet, si cette règle était bonne, on ne pécherait jamais contre la règle, de mettre un *qui* après un nom sans article; puisque, le *qui* rendant la façon déterminée, on se trouverait toujours dans l'exception de la règle.

Ainsi, si l'on pouvait dire : *c'est un effet d'avarice, qui est la plus injuste des passions, ou qui le possède depuis longtemps*, on pourrait dire : *il a été enlevé par violence, qui est tout à fait cruelle*. Car on pourrait toujours se servir de cette raison, que ces façons de parler sont bonnes, parce qu'elles sont déterminées; au lieu que ce qui les rend mauvaises, c'est qu'elles sont déterminées par le *qui*, le nom n'étant pas déterminé par l'article. Et c'est pourquoi, tant que l'on peut, on doit mettre l'article au nom, quand on veut qu'il soit suivi du *qui*. Je dis tant que l'on peut, parce qu'il y a des rencontres où l'article ne se peut mettre. Et alors on ne laisse pas, dans cette nécessité, de pouvoir mettre le *qui*, ou un adjectif, quand on veut déterminer le nom général dont on se sert. Or je crois qu'une de ces rencontres est quand on emploie la particule *en* dans le sens d'*ut* latin, et non pas dans celui de *in, dans*. Car, quand elle se prend pour *dans*, on y peut mettre l'article : *il est allé en un pays étranger; il est en la ville d'Amiens*. Mais, dans le sens d'*ut*, l'usage ne souffre point qu'on mette d'article : *vivit ut philosophus, il vit en philosophe*, et non pas *il vit en un philosophe; il donne en roi, il agit en politique*. Et ainsi, quand on veut déterminer ces façons de parler, on le fait par un *qui : il agit en politique qui sait gouverner;* parce que, d'une part, il a été nécessaire de les pouvoir déterminer, et que, de l'autre, on n'y pouvait pas mettre d'article, comme on le doit toujours faire quand cela se peut. Et ainsi je puis dire indéterminément : *il lui a gagné son argent par fourberie*. Mais, si je veux déterminer cette fourberie, je ne le puis pas faire en ajoutant seulement un *qui : il a gagné son argent par fourberie, qui est horrible;* mais il faut aussi ajouter l'article à fourberie : *par une fourberie qui est horrible*. D'où il semble qu'on doit conclure que, si on met le *qui* dans ces autres façons de parler : *en philosophe, en roi*, quoique le nom n'ait point d'article, ce n'est pas parce qu'elles sont déterminées, puisqu'elles ne le sont que par le *qui* même, et qu'elles ne le sont pas davantage que celle-ci :

par *fourberie qui est horrible*; mais c'est par une nécessité qui dispense de la règle, à cause qu'elles ne sont pas capables d'article.

Il reste, Madame, à vous dire un mot de la question même qui a donné sujet à cette résolution de l'Académie. Elle n'était pas de la règle en général; mais, au contraire, en la supposant, on demandait comment cette façon de parler n'y est pas contraire : *Il est accusé de crimes qui méritent la mort.*

Ces Messieurs répondent, comme ils avaient fait dans la difficulté précédente, qu'elle n'y est pas contraire, *parce qu'on ne s'en sert que pour spécifier la nature des crimes, ce que l'on fait en ajoutant* qui, *ou une épithète qui le contient virtuellement.* Mais, outre ce que j'ai déjà dit contre cette raison, je ne vois pas, si elle est vraie, pourquoi elle n'aurait pas lieu au singulier aussi bien qu'au pluriel. Et cependant ceux qui veulent bien parler ne diront point : *il a été accusé de crime qui mérite la mort;* mais : *il a été accusé d'un crime qui mérite la mort.* On a dessein de spécifier la nature du crime dans le singulier, aussi bien que dans le pluriel. Pourquoi donc cette raison ne dispense-t-elle pas de mettre au singulier le *qui* sans article, comme on fait au pluriel, selon le sentiment de ces Messieurs? Cette difficulté, Madame, m'a fait entrer dans une pensée que je soumets au jugement de cette illustre compagnie. Je crois que l'article *un* a un pluriel, non pas formé de lui-même; car on ne dit pas *uns, unes;* mais pris d'un autre mot, qui est *des* avant les substantifs, et *de* quand l'adjectif précède. Ce qui me le persuade est que, dans tous les cas, hors le génitif, pour la raison que nous dirons dans la suite, partout où on met *un* au singulier, on met *des* au pluriel, ou *de* avant les adjectifs, comme j'ai déjà dit; et on l'y doit mettre toujours en tous ces cas lorsqu'on ajoute un *qui.*

Nominatif. — *Un crime qui est si horrible mérite la mort; des crimes qui sont si horribles,* etc.

Datif. — *Il a eu recours à un crime qui mérite*

la mort; il a eu recours à des crimes qui méri-
tent, etc.

Accusatif. — *Il a commis un crime qui mérite la
mort; il a commis des crimes qui méritent la mort.*

Ablatif. — *Il est puni pour un crime qui mérite la
mort; il est puni pour des crimes qui méritent la
mort.*

Selon cette analogie, comme on ajoute à, qui est la
particule du datif, pour faire le datif de cet article, tant
au singulier à *un* qu'au pluriel à *des* : *il a eu recours à un
crime, il a eu recours à des crimes*; et comme on ajoute
encore la particule du génitif *de,* pour faire le génitif
singulier *d'un* : *il est accusé d'un crime,* il est visible
que le génitif pluriel devait être formé de même, en
ajoutant *de* à *des,* ou *de*; mais qu'on ne l'a pas fait pour
une raison qui fait la plupart des irrégularités des langues, qui est la mauvaise prononciation. Car *de des,* et
encore plus *de de,* eût trop choqué l'oreille, et elle eût eu
peine à souffrir qu'on eût dit : *il est accusé de des crimes,*
ou *il est accusé de de grands crimes*; au lieu qu'elle
n'est point choquée d'entendre dire au datif : *il a pardonné à des criminels, il a pardonné à de méchants
hommes.* Ainsi, Madame, si vous me voulez bien pardonner ce petit mot de latin, que M. Valant vous expliquera : *impetratum est a ratione ut peccare suavitatis
causa liceret* [1]. Si cela est bien fondé, il n'y a plus de
difficulté dans la question proposée. Car, ou elle se résout, comme la précédente, par l'impossibilité de mettre
l'article, ce qui donne la liberté de mettre le *qui,* encore
que le nom n'ait point d'article; ou bien on peut dire
que, la seule difficulté de la prononciation empêchant
qu'on ne mette d'articles aux noms dans ces rencontres, l'article y est dans le sens, quoiqu'il n'y soit pas
exprimé.

Si je n'avais l'honneur, Madame, de vous connaître

____

1. « La raison permet de faire une faute pour le plaisir de
l'oreille. »

autant que je fais, je vous ferais de grandes excuses de vous avoir importunée par une si longue lettre sur des choses qui paraissent si petites. Mais je sais que vous n'en jugez pas comme le commun des hommes, et que vous n'estimez rien de petit de ce qui dépend de l'esprit et de la raison. Et véritablement, puisque la parole est un des plus grands avantages de l'homme, ce ne doit pas être une chose méprisable de posséder cet avantage dans toute la perfection qui convient à l'homme, qui est de n'en avoir pas seulement l'usage, mais d'en pénétrer aussi la raison.

Je suis, etc.

(Arnauld, Œuvres, t. IV, p. 125.)

Mémoire d'Arnauld sur le règlement des études dans les lettres humaines [1].

Le règlement de l'ordre des études se doit prendre, et de la fin qu'on s'y propose, et des moyens dont on se sert pour y arriver; car, entre les diverses fins que l'on peut avoir, il faut choisir celles qui apportent des utilités plus considérables, plus générales et plus durables. Et, entre les divers moyens que l'on peut embrasser, il faut se servir de ceux qui y conduisent le plus directement et avec plus de facilité.

Après avoir blâmé les exercices de versification, d'amplification, et de déclamation, les thèmes et « des phrases en l'air, vides de sens, pour leur faire apprendre des règles qu'on peut leur enseigner de vive voix », les représentations théâtrales, les cours dictés, le peu de lecture des auteurs, il propose les remèdes suivants :

1. Bien qu'il s'agisse dans ce mémoire des études classiques, on y trouvera de judicieux conseils pédagogiques, dont nos maîtres peuvent tirer bon parti dans l'enseignement primaire.

1. L'examen que l'on fait des écoliers, pour les faire passer d'une classe à une autre, doit consister uniquement à voir s'ils entendent parfaitement les auteurs qu'on leur aura fait voir dans la classe d'où ils prétendent sortir; sans quoi l'on doit les y retenir avec une rigueur inflexible, à moins qu'ils ne soient bien reconnus incapables de mieux faire, ou de faire plus.

2. On doit employer indispensablement, toutes les fois que l'on entre en classe, et le matin et l'après-midi, une heure entière à l'explication d'un auteur; et cet exercice doit être toujours préféré à tout autre, et n'être jamais omis.

3. Il est surtout très important de couper cette explication en différentes portions, et d'obliger les jeunes gens à rendre compte en latin et en français de ce qu'on leur a expliqué. On les accoutumerait sans peine à prendre le vrai tour de la belle latinité, en les faisant continuellement parler d'après les auteurs purs; et on leur procurerait cet esprit d'analyse, si nécessaire dans tous les états....

4. Les jeunes gens s'interrogeraient mutuellement, et se redresseraient les uns les autres avec politesse : 1º sur le précis de ce qui a été traduit durant la semaine; 2º sur les pensées les plus remarquables, et sur les plus beaux tours de la langue; 3º sur l'éclaircissement que le maître aura jugé nécessaire de donner en peu de mots de certains passages.

5. Le régent doit avoir soin de faire marquer à la marge, d'une manière différente, les sentences et les belles pensées, et généralement tout ce qu'il y aura de considérable dans les auteurs, et d'en faire ensuite la revue, après que la lecture aura été faite; puis de rassembler le tout sur la fin de chaque semaine.

6. On ne doit distribuer les places tous les mois, ou de quinze jours en quinze jours, que par l'examen de ceux qui auront mieux réussi dans tous les exercices, soit de vive voix, soit à traduire par écrit, non de français en latin, mais de latin en français, au moins dans

les quatre premières classes inférieures; car quel latin peut-on de bonne foi attendre de ceux qui ne connaissent pas encore cette langue?

7. Sans exclure les compositions pour lesquelles on propose des prix, on distribuera les principaux à ceux qui se sont le plus distingués dans le cours des six premiers mois, ou de toute l'année, si l'on n'en donne qu'une fois; et l'on animerait par ce moyen l'espérance de tous les écoliers. Il ne faudrait pas oublier de nommer publiquement ceux qui en auraient approché; mais les premiers de tous les prix doivent être donnés à ceux qui ont montré plus de religion, et qui ont des mœurs irréprochables. Il faut nommer aussi ceux qui ont fait des efforts pour les imiter. Il faut récompenser le cœur avant l'esprit. Outre les livres qu'on expliquera dans les classes, on doit donner aussi un livre aux écoliers, à lire en particulier, en prescrivant le même à toute la classe; et l'on doit les obliger, autant que l'on pourra, d'y employer tous les jours une heure de leur étude particulière.

8. Afin de les appliquer davantage, il faut qu'il y ait un jour de la semaine destiné à faire la revue de ce livre particulier, et dans lequel le régent, qui aura lu et marqué le livre, interroge les écoliers sur les expressions difficiles, et sur les belles pensées qu'ils auront dû y remarquer, pour les rendre exacts et judicieux.

9. Pour apprendre à parler dès les classes inférieures, il est bon d'y obliger chaque jour deux élèves à conter chacun une petite histoire, qu'ils prendront ou dans Valère Maxime, ou dans Plutarque, ou dans quel livre ils voudront, en leur laissant le choix; et il faut estimer davantage ceux qui feront le récit d'une manière plus libre, plus naturelle, et plus dans l'esprit de l'auteur, sans s'assujettir aux mêmes termes et aux mêmes tours. Cette histoire se doit conter en français dans les trois premières classes inférieures, en leur indiquant des livres français. On ne donnera que très peu de chose à réciter des auteurs, et l'on exigera de tous qu'ils lisent

chaque jour une telle portion de l'histoire de France, et qu'ils soient prêts à en faire le récit de leur mieux [1].

10. On doit employer peu de temps à la récitation des leçons que l'on donne à apprendre, et qui doivent être extrêmement courtes; c'est beaucoup d'y mettre un quart d'heure, parce que c'est une des choses qui font le plus perdre du temps. Quand le régent expliquera les leçons, il doit se réduire à les faire bien entendre sans tant de discours.

11. Les régents ne feront jamais apprendre aucun vers, ni aucune déclamation de leur façon, ni ne dicteront point de rhétorique qu'ils aient composée. Il faudrait expliquer surtout celle d'Aristote, de Quintilien... avec les livres de Cicéron.... On perd le plus clair du temps à dicter....

13. Il serait encore mieux [2] de leur lire distinctement le latin de ce qu'on leur a dicté en français; et de les faire composer sur-le-champ d'après le latin qu'ils viennent d'entendre. Le modèle est sûr. On ménage leur temps; et, réitérant cet exercice assez court, on les conduit à l'habitude de bien parler latin, sans rêver longtemps [3]....

14. On ne doit point faire apprendre par cœur les fatras des méthodes pour l'ordinaire mal conçues, mal digérées, et ennuyantes pour de jeunes gens. On leur

1. Rollin, le plus autorisé héritier des traditions de Port-Royal, aurait bien dû se pénétrer de cette recommandation formelle d'Arnauld, et ne pas se résigner à écrire cette phrase, étrange dans la bouche d'un ancien recteur de l'Université de Paris : « Les jeunes gens n'ont pas le temps d'apprendre l'histoire de France » !

2. Au lieu de donner une traduction à mettre en latin.

3. Franklin déclare qu'il n'a pas eu d'autre maître de composition. Vers l'âge de quinze ans, apprenti imprimeur, il s'était procuré un volume dépareillé du *Spectateur* d'Addison, en lisait un article, notait les idées principales, puis, quelques jours après, le soir ou le matin, avant l'heure de l'ouvrage, ou le dimanche, il s'exerçait à reproduire l'original qui lui servait de corrigé. Cet exercice peut être sûrement recommandé à l'école primaire et dans les classes d'adultes.

doit enseigner de vive voix et par pratique tout ce qu'on appelle règles, et les engager seulement à les rapporter comme une petite histoire dans les petites classes; à mesure qu'il se rencontre un nom, un verbe hors de la règle générale, il faut le faire remarquer aux écoliers, et les obliger à en rendre compte, comme on vient de l'expliquer, pour la classe suivante....

18. Il ne faut donner aux enfants des leçons et des traductions, et aux grands, des compositions, qu'autant qu'on jugera raisonnablement qu'il leur restera de temps après la lecture des auteurs prescrits. Cet article est plus important qu'on ne pense, car on prend aisément le change là-dessus. On croit qu'en accablant les enfants de leçons et de compositions, il y a beaucoup à gagner. Rien de plus faux [1]. Abandonnés à eux-mêmes pour les exercices, ils ne connaissent pas assez l'importance du temps pour l'employer. Ils ne se pressent point; le temps fuit; l'heure sonne; de là les châtiments; tout est dans la tristesse, et le dégoût achève de tout perdre. Ceux qui ont plus de facilité et de mémoire seront engagés à faire plus que les autres, en y attachant des récompenses.

19. C'est ordinairement un temps perdu que de leur donner des vers à composer au logis. De soixante-dix ou quatre-vingts écoliers, il y en peut avoir deux ou trois de qui on arrache quelque chose. Le reste se morfond, ou se tourmente pour ne rien faire qui vaille. On peut prescrire une matière à ceux qui montrent du goût et de la facilité, et exercer les autres selon leur portée. On peut cependant leur proposer à tous de composer sur-le-champ une petite pièce de vers dont on leur donne le sujet; liberté à chacun de dire comment il tournerait la matière de chaque vers. Il part alors une épithète d'un coin; il en vient une plus juste d'un autre;

---

1. Excellente observation. On s'imagine toujours trop que l'enfant est un vase qu'on ne saurait assez remplir. C'est une âme qu'il faut former.

avec la permission de parler, qu'on demande et qu'on obtient par un signe seulement, pour éviter la confusion, on juge, on critique, on rend raison de son choix. Ceux qui ont le moins de feu s'évertuent, et tous essayent au moins de se distinguer : ce qui fait un exercice des plus propres à leur plaire et à former du moins ceux qui ont quelque talent.

ART. 22. — *Il inscrit, parmi les conditions pour le degré de maître ès arts, l'Histoire de France.*

.... Ce qu'on gagne par l'exclusion des vers dans les hautes classes, des thèmes dans les petites, et enfin des leçons qui ne produisent rien qui vaille, donnera un temps qui sera bien plus agréablement employé à lire pour rendre compte, et à apprendre par cœur les endroits choisis indiqués; enfin, à se préparer soi-même sur ce qu'on aura marqué des grammaires latines et sur la rhétorique, suivant les classes auxquelles on indique une ou deux règles de grammaire, sur lesquelles on interrogera la classe suivante du soir ou du matin, sans assujettir personne à l'apprendre mot pour mot [1]. On se livrera plus volontiers à cette étude, qui servira même à faire de petits raisonnements; et l'on en verra plus de cette manière qu'on n'aurait fait de l'autre.

Objection. — En faisant moins de compositions, on n'apprendra ni à écrire ni à parler latin.

Réponse. — On répond que les jeunes gens apprendront à coup sûr beaucoup plus en lisant beaucoup, et en parlant fréquemment, d'après les auteurs purs, qu'en écrivant beaucoup de dictées et de mauvaises expressions qu'ils emploient, et qu'il faut corriger. N'étant pas en état de produire des pensées solides, ils ne font autre chose, dans toutes ces compositions de collège, que de contracter l'habitude de mal parler et de mal penser.

---

1. Les définitions et les règles ont cependant besoin d'une grande précision. Quand on les comprend bien, il est très facile d'en retenir la formule exacte, ce qui est préférable et n'est pas inutile à l'éducation intellectuelle.

Tout au contraire, en leur remplissant la tête de beaux modèles, ils se formeront le jugement.

Objection. — Les régents ne se forment pas si on leur ôte la liberté de haranguer.

Réponse. — Mais on répond qu'ils peuvent haranguer tant qu'ils voudront, pourvu que ce ne soit pas dans le temps des classes destinées à l'instruction des écoliers. Il ne faut pas tant de discours pour montrer une beauté dans un auteur.

(Arnauld, *Œuvres*, t. XLI, p. 85.)

LOGIQUE DE PORT-ROYAL

Premier discours, où l'on fait voir le dessein de cette nouvelle logique.

Il n'y a rien de plus estimable que le bon sens et la justesse de l'esprit dans le discernement du vrai et du faux. Toutes les autres qualités d'esprit ont des usages bornés; mais l'exactitude de la raison est généralement utile dans toutes les parties et dans tous les emplois de la vie. Ce n'est pas seulement dans les sciences qu'il est difficile de distinguer la vérité de l'erreur; mais aussi dans la plupart des sujets dont les hommes parlent, et des affaires qu'ils traitent. Il y a presque partout des routes différentes : les unes vraies, les autres fausses; et c'est à la raison d'en faire le choix. Ceux qui choisissent bien sont ceux qui ont l'esprit juste; ceux qui prennent mauvais parti sont ceux qui ont l'esprit faux; et c'est la première et la plus importante différence qu'on peut mettre entre les qualités de l'esprit des hommes.

Ainsi, la principale application qu'on devrait avoir serait de former son jugement, et de le rendre aussi exact qu'il peut être; et c'est à quoi devrait tendre la plus grande partie de nos études. On se sert de la raison comme d'un instrument pour acquérir les sciences, et on devrait se servir, au contraire, des sciences comme d'un instrument pour perfectionner sa raison [1]; la jus-

1. Ce point de vue pédagogique est excellent; mais, sans le négliger, il faut attacher plus de valeur que ne fait Port-Royal à

tesse de l'esprit étant infiniment plus considérable que toutes les connaissances spéculatives, auxquelles on peut arriver par le moyen des sciences les plus véritables et les plus solides; ce qui doit porter les personnes sages à ne s'y engager qu'autant qu'elles peuvent servir à cette fin, et à n'en faire que l'essai et non l'emploi des forces de leur esprit....

Ce soin et cette étude sont d'autant plus nécessaires qu'il est étrange combien c'est une qualité rare que cette exactitude de jugement. On ne rencontre partout que des esprits faux, qui n'ont presque aucun discernement de la vérité; qui prennent toutes choses d'un mauvais biais; qui se payent des plus mauvaises raisons, et qui veulent en payer les autres; qui se laissent emporter par les moindres apparences; qui sont toujours dans l'excès et dans les extrémités; qui n'ont point de serres pour se tenir fermes dans les vérités qu'ils savent, parce que c'est plutôt le hasard qui les y attache qu'une solide lumière; ou qui s'arrêtent, au contraire, à leur sens, avec tant d'opiniâtreté qu'ils n'écoutent rien de ce qui pourrait les détromper; qui décident hardiment ce qu'ils ignorent, ce qu'ils n'entendent pas et ce que personne n'a peut-être jamais entendu; qui ne font point de différence entre parler et parler [1], ou qui ne jugent de la vérité des choses que par le ton de la voix : celui qui parle facilement et gravement a raison; celui qui a quelque peine à s'expliquer, ou qui fait paraître quelque chaleur, a tort; ils n'en savent pas davantage.

l'acquisition des connaissances elles-mêmes : elles ne sont pas seulement un instrument, un moyen de culture, elles sont un but, une fin. Connaître la vérité est l'emploi le plus légitime de l'intelligence. Elles sont d'ailleurs, comme l'a dit Bacon, l'unique source du pouvoir de l'homme sur la nature, et les agents les plus efficaces de la civilisation et du progrès.

1. L'opposition est plus nette dans ce jugement très sensé que Molière met dans la bouche de Chrysale, se moquant de Trissotin :

> On cherche ce qu'il *dit* après qu'il a *parlé*.
>
> (*Les Femmes savantes*, acte II, scène VII.)

C'est pourquoi il n'y a point d'absurdités si insupportables qui ne trouvent des approbateurs. Quiconque a dessein de piper le monde, est assuré de trouver des personnes qui seront bien aises d'être pipées; et les plus ridicules sottises rencontrent toujours des esprits auxquels elles sont proportionnées. Après que l'on voit tant de gens infatués des folies de l'astrologie judiciaire [1], et que des personnes graves traitent cette matière sérieusement, on ne doit plus s'étonner de rien. Il y a une constellation dans le ciel qu'il a plu à quelques personnes de nommer Balance, et qui ressemble à une balance comme à un moulin à vent : la balance est le symbole de la justice; donc, ceux qui naitront sous cette constellation seront justes et équitables [2]. Il y a trois autres signes dans le zodiaque, qu'on nomme l'un Bélier, l'autre Taureau, l'autre Capricorne, et qu'on eût pu aussi bien appeler Éléphant, Crocodile et Rhinocéros : le bélier, le taureau et le capricorne sont des animaux qui ruminent; donc, ceux qui prennent médecine lorsque la lune est sous ces constellations, sont en danger de la revomir. Quelque extravagants que soient ces raisonnements, il se trouve des personnes qui les débitent, et d'autres qui s'en laissent persuader [3].

1. « C'est, dit Bailly, la maladie la plus longue qui ait affligé la raison humaine; on lui connaît une durée de près de cinquante siècles. » (*Hist. de l'astronomie.*)

2. Louis XIII a été surnommé le Juste, non pas par la reconnaissance de son peuple, mais le jour même de sa naissance, parce qu'il est né sous le signe de la Balance!

3. La Fontaine a protesté contre cette erreur populaire dans la fable de l'*Horoscope* :

> Je ne crois point que la Nature
> Se soit lié les mains, et nous les lie encor
> Jusqu'au point de marquer dans les cieux notre sort :
> Il dépend d'une conjoncture
> De lieux, de personnes, de temps;
> Non des conjonctions de tous ces charlatans.
> Ce berger et ce roi sont sous même planète;
> L'un d'eux porte le sceptre, et l'autre la houlette.
> Jupiter le voulait ainsi.
> Qu'est-ce que Jupiter? Un corps sans connaissance.

Cette fausseté d'esprit n'est pas seulement cause des erreurs que l'on mêle dans les sciences, mais aussi de la plupart des fautes que l'on commet dans la vie civile, des querelles injustes, des procès mal fondés, des avis téméraires, des entreprises mal concertées. Il y en a peu qui n'aient leur source dans quelque erreur et dans quelque faute de jugement, de sorte qu'il n'y a point de défaut dont on ait plus d'intérêt de se corriger.

Mais autant cette correction est souhaitable, autant est-il difficile d'y réussir, parce qu'elle dépend beaucoup de la mesure d'intelligence que nous apportons en naissant. Le sens commun n'est pas une qualité si commune que l'on pense [1]. Il y a une infinité d'esprits grossiers et stupides [2], que l'on ne peut réformer en leur donnant l'intelligence de la vérité, mais en les retenant dans les choses qui sont à leur portée, et en les empêchant de juger de ce qu'ils ne sont pas capables de connaitre. Il est vrai néanmoins qu'une grande partie des faux jugements des hommes ne vient pas de ce principe, et qu'elle n'est causée que par la précipitation de l'esprit et par le défaut d'attention, qui fait que l'on juge témérairement de ce que l'on ne connaît que confusément et obscurément. Le peu d'amour que les hommes ont pour la vérité, fait qu'ils ne se mettent pas en peine, la plupart du temps, de distinguer ce qui est vrai de ce qui est faux. Ils laissent entrer dans leur âme toutes sortes de discours et de maximes; ils aiment mieux les supposer pour véritable que de les examiner;

> D'où vient donc que son influence
> Agit différemment sur ces deux hommes-ci?
> Puis comment pénétrer jusques à notre monde?
> Comment percer des airs la campagne profonde,
> Percer Mars, le Soleil et des vides sans fin?
> Un atome la peut détourner en chemin:
> Où l'iront retrouver les faiseurs d'horoscopes?...
>
> (La Fontaine, *Fables*, VIII, 16.)

1. En dépit de son nom, le sens commun est rare. (Andrieux.)

2. On reconnaît là Nicole, l'auteur du *Traité de la faiblesse de l'homme*, qui se complait un peu trop à dépeindre la masse de ses semblables comme « plongée dans la stupidité » (chap. **x**).

s'ils ne les entendent pas, ils veulent croire que d'autres les entendent bien; et ainsi, ils se remplissent la mémoire d'une infinité de choses fausses, obscures et non entendues, et raisonnent ensuite sur ces principes, sans presque considérer ni ce qu'ils disent, ni ce qu'ils pensent.

La vanité et la présomption contribuent encore beaucoup à ce défaut. On croit qu'il y a de la honte à douter et à ignorer; et l'on aime mieux parler et décider au hasard que de reconnaitre qu'on n'est pas assez informé des choses pour en porter jugement. Nous sommes tous pleins d'ignorance et d'erreurs; et, cependant, on a toutes les peines du monde de tirer de la bouche des hommes cette confession si juste et si conforme à leur condition naturelle : Je me trompe, et je n'en sais rien.

Il s'en trouve d'autres, au contraire, qui, ayant assez de lumières pour connaître qu'il y a quantité de choses obscures et incertaines, et voulant, par une autre sorte de vanité, témoigner qu'ils ne se laissent pas aller à la crédulité populaire, mettent leur gloire à soutenir qu'il n'y a rien de certain; ils se déchargent ainsi de la peine de les examiner; et, sur ce mauvais principe, ils mettent en doute les vérités les plus constantes, et la religion même. C'est la source du pyrrhonisme, qui est une autre extravagance de l'esprit humain; qui, paraissant contraire à la témérité de ceux qui croient tout et décident de tout, vient néanmoins de la même source, qui est le défaut d'attention; car, comme les uns ne veulent pas se donner la peine de discerner les erreurs, les autres ne veulent pas prendre celle d'envisager la vérité avec le soin nécessaire pour en apercevoir l'évidence. La moindre lueur suffit aux uns pour les faire douter des choses les plus certaines; mais, dans les uns et dans les autres, c'est le même défaut d'application qui produit des effets si différents.

La vraie raison place toutes choses dans le rang qui leur convient; elle fait douter de celles qui sont douteuses, rejeter celles qui sont fausses, et reconnaître de bonne foi celles qui sont évidentes, sans s'arrêter aux vaines raisons des pyrrhoniens, qui ne détruisent pas l'assurance raisonnable que l'on a des choses certaines, non pas même dans l'esprit de ceux qui les proposent. Personne ne douta jamais sérieusement s'il y a une terre, un soleil et une lune, ni si le tout est plus grand que sa partie. On peut bien faire dire extérieurement à sa bouche qu'on en doute, parce que l'on peut mentir; mais on ne peut pas le faire dire à son esprit. Ainsi, le pyrrhonisme n'est pas une secte de gens qui soient persuadés de ce qu'ils disent, mais c'est une secte de menteurs [1]. Aussi se contredisent-ils souvent en partant de leur opinion, leur cœur ne pouvant s'accorder avec leur langue, comme on le peut voir dans Montaigne, qui a tâché de le renouveler au dernier siècle....

Second discours, contenant la réponse aux principales objections qu'on a faites contre cette logique.

..... Il s'est trouvé des personnes qui ont été choquées du titre d'*Art de penser*, au lieu duquel ils voulaient qu'on mît l'*Art de bien raisonner*; mais on les prie de considérer que la logique ayant pour but de donner des règles pour toutes les actions de l'esprit, et aussi bien pour les idées simples que pour les jugements et les

1. Voilà, dans un ouvrage d'enseignement sur l'art de penser, un bien mauvais exemple de discussion. Les injures ne sont jamais des raisons, et l'on ne doit pas soupçonner la bonne foi de ses adversaires. Nicole donnera quelques années plus tard le sage conseil « de mettre notre esprit en état de supporter sans émotion les opinions des autres qui nous paraissent fausses, afin de ne les combattre que dans le désir de leur être utiles ». Voir p. 226.

raisonnements, il n'y avait guère d'autre mot qui enfermât toutes ces différentes actions; et certainement celui de pensée les comprend toutes; car les simples idées sont des pensées, les jugements sont des pensées, et les raisonnemets sont des pensées. Il est vrai que l'on eût pu dire l'*Art de bien penser*; mais cette addition n'était pas nécessaire, étant assez marquée par le mot d'*art*, qui signifie de soi-même une méthode de bien faire quelque chose, comme Aristote même le remarque; et c'est pourquoi on se contente de dire l'art de peindre, l'art de compter, parce qu'on suppose qu'il ne faut point d'art pour mal peindre, ni pour mal compter.

On a fait une objection beaucoup plus considérable contre cette multitude de choses tirées de différentes sciences, que l'on trouve dans cette logique; et, parce qu'elle en attaque tout le dessein, et nous donne ainsi lieu de l'expliquer, il est nécessaire de l'examiner avec plus de soin. A quoi bon, disent-ils, toute cette bigarrure de rhétorique, de morale, de physique, de métaphysique, de géométrie? Lorsque nous pensons trouver des préceptes de logique, on nous transporte tout d'un coup dans les plus hautes sciences, sans s'être informé si nous les avions apprises. Ne devait-on pas supposer, au contraire, que si nous avions déjà toutes ces connaissances, nous n'aurions pas besoin de cette logique? Et n'eût-il pas mieux valu nous en donner une toute simple et toute nue, où les règles fussent expliquées par des exemples tirés des choses communes, que de les embarrasser de tant de matières qui les étouffent?

Mais ceux qui raisonnent de cette sorte n'ont pas assez considéré qu'un livre ne saurait guère avoir de plus grand défaut que de n'être pas lu, puisqu'il ne sert qu'à ceux qui le lisent; et qu'ainsi tout ce qui contribue à faire lire un livre, contribue aussi à le rendre utile. Or il est certain que, si on avait suivi leur pensée, et que l'on eût fait une logique toute sèche, avec les exemples ordinaires d'animal et de cheval, quelque exacte et quelque méthodique qu'elle eût pu être, elle n'eût fait qu'augmenter le nombre de tant d'autres, dont le monde est plein, et qui ne se lisent point. Au lieu que c'est justement cet amas de différentes choses qui a donné quelque cours à celle-ci, et qui la fait lire avec un peu moins de chagrin qu'on ne fait des autres.

Mais ce n'est pas là néanmoins la principale vue qu'on a eue dans ce mélange, que d'attirer le monde à la lire, en la rendant plus divertissante que ne le sont les logiques ordinaires. On prétend, de plus, avoir suivi la voie la plus naturelle et la plus avantageuse de traiter cet art, en remédiant, autant qu'il se pouvait, à un inconvénient qui en rend l'étude presque inutile.

Car l'expérience fait voir que, sur mille jeunes gens qui apprennent la logique, il n'y en a pas dix qui en sachent quelque chose six mois après qu'ils ont achevé leurs cours. Or il semble que la véritable cause de cet oubli ou de cette négligence si commune soit que, toutes les matières que l'on traite dans la logique étant d'elles-mêmes très abstraites et très éloignées de l'usage, on les joint encore à des exemples peu agréables, et dont on ne parle jamais ailleurs; et ainsi l'esprit, qui ne s'y attache qu'avec peine, n'a rien qui l'y retienne attaché, et perd aisément toutes les idées qu'il en avait conçues, parce qu'elles ne sont jamais renouvelées par la pratique.

De plus, comme ces exemples communs ne font pas assez comprendre que cet art puisse être appliqué à quelque chose d'utile, ils s'accoutument à renfermer la logique dans la logique [1], sans l'étendre plus loin; au lieu qu'elle n'est faite que pour servir d'instrument aux autres sciences; de sorte que, comme ils n'en ont jamais vu de vrai usage, ils ne la mettent jamais aussi en usage,

---

1. Ramus s'était déjà plaint du peu de portée pratique des exercices : « Ils n'ont jamais regardé leurs règles qu'à l'ombre des disputes de l'école; ils n'ont jamais amené la logique à la poussière, au grand soleil de l'usage de chaque jour; ils ne l'ont jamais appelée à la bataille des exemples humains. »

et ils sont bien aises même de s'en décharger comme
d'une connaissance basse et inutile.

On a donc cru que le meilleur remède de cet inconvénient était de ne pas tant séparer qu'on fait d'ordinaire
la logique des autres sciences auxquelles elle est destinée, et de la joindre tellement, par le moyen des exemples, à des connaissances solides, que l'on vit en même
temps les règles et la pratique, afin que l'on apprît à
juger des sciences par la logique, et que l'on retînt la
logique par le moyen de ces sciences.

Ainsi, tant s'en faut que cette diversité puisse étouffer
les préceptes, que rien ne peut plus contribuer à les
faire bien entendre, et à les faire mieux retenir que cette
diversité, parce qu'ils sont d'eux-mêmes trop subtils
pour faire impression sur l'esprit, si on ne les attache à
quelque chose de plus agréable et de plus sensible.

Pour rendre ce mélange plus utile, on n'a pas emprunté au hasard des exemples de ces sciences; mais
on en a choisi les points les plus importants, et qui pouvaient le plus servir de règles et de principes pour trouver la vérité dans les autres matières que l'on n'a pu
traiter....

Il ne reste plus qu'à satisfaire à une plainte plus
odieuse que quelques personnes font, de ce qu'on a tiré
d'Aristote des exemples de définitions défectueuses et
de mauvais raisonnements; ce qui leur parait naître
d'un désir secret de rabaisser ce philosophe.

Mais ils n'auraient jamais formé un jugement si peu
équitable, s'ils avaient assez considéré les vraies règles
que l'on doit garder en citant des exemples de fautes,
qui sont celles qu'on a eues en vue en citant Aristote.

Premièrement, l'expérience fait voir que la plupart de
ceux qu'on propose d'ordinaire sont peu utiles et demeurent peu dans l'esprit, parce qu'ils sont formés à plaisir,
et qu'ils sont si visibles et si grossiers, que l'on juge
comme impossible d'y tomber. Il est donc avantageux,
pour faire retenir ce qu'on dit de ces défauts, et pour
les faire éviter, de choisir des exemples réels, tirés de

quelque auteur considérable, dont la réputation excite davantage à se garder de ces sortes de surprises, dont on voit que les plus grands hommes sont capables.

De plus, comme on doit avoir pour but de rendre tout ce qu'on écrit aussi utile qu'il peut l'être, il faut tâcher de choisir des exemples de fautes qu'il soit bon de ne pas ignorer; car ce serait fort inutilement qu'on se chargerait la mémoire de toutes les rêveries de Flud [1], de Van-Helmont [2] et de Paracelse [3]. Il est donc meilleur de chercher de ces exemples dans des auteurs si célèbres, qu'on soit même en quelque sorte obligé d'en connaître jusques aux défauts.

Or tout cela se rencontre parfaitement dans Aristote; car rien ne peut porter plus puissamment à éviter une faute, que de faire voir qu'un si grand esprit y est tombé, et sa philosophie est devenue si célèbre par le grand nombre de personnes de mérite qui l'ont embrassée, que c'est une nécessité de savoir même ce qu'il pourrait y avoir de défectueux. Ainsi, comme l'on jugeait très utile que ceux qui liraient ce livre apprissent, en passant, divers points de cette philosophie, et que néanmoins il n'est jamais utile de se tromper, on les a rapportés pour les faire connaître, et l'on a marqué en

1. Robert Fludd, médecin et philosophe anglais (1574-1637), a donné dans les erreurs de l'alchimie. Gassendi, Mersenne, Képler lui ont fait l'honneur de le réfuter.

2. Van Helmont (1577-1644), né à Bruxelles, chimiste et médecin. Gui Patin ne cesse de le traiter de malheureux, d'ignorant, de charlatan, d'imposteur public, de méchant pendard. « Il passe aujourd'hui, dit le docteur Réveillé-Parise, pour un des plus grands médecins qui aient existé, par la hardiesse, par la profondeur et l'originalité de ses conceptions, malgré la bizarrerie de son langage et une certaine affectation d'obscurité mystique. »

3. Paracelse (1493-1541), médecin suisse. « Ce prince des charlatans, s'écria encore l'irascible Gui Patin, et effronté imposteur. » Professeur à Bâle, il brûla publiquement les ouvrages d'Avicenne et de Galien. Les cordons de ses souliers en savaient plus que ces auteurs, assurait-il avec impudence, et toutes les universités étaient moins instruites que les poils de sa barbe. — Il se vantait de pouvoir prolonger la vie et guérir les maladies incurables.

passant le défaut qu'on y trouvait, pour empêcher qu'on ne s'y trompât.

Ce n'est donc pas pour rabaisser Aristote, mais au contraire pour l'honorer autant qu'on le peut en des choses où l'on n'est pas de son sentiment, que l'on a tiré des exemples de ses livres; et il est visible, d'ailleurs, que les points où on l'a repris sont de très peu d'importance, ne touchent point le fond de sa philosophie, que l'on n'a eu nulle intention d'attaquer.

Que si l'on n'a pas rapporté de même plusieurs choses excellentes que l'on trouve partout dans les livres d'Aristote, c'est qu'elles ne se sont pas présentées dans la suite du discours; mais, si on en eût trouvé l'occasion, on l'eût fait avec joie, et l'on n'aurait pas manqué de lui donner les justes louanges qu'il mérite; car il est certain qu'Aristote est en effet un esprit très vaste et très étendu, qui découvre dans les sujets qu'il traite un grand nombre de suites et de conséquences; et c'est pourquoi il a très bien réussi en ce qu'il a dit des passions dans le second livre de sa *Rhétorique*.

Il y a aussi plusieurs belles choses dans ses livres de politique et de morale, dans ses problèmes et dans l'*Histoire des animaux*; et, quelque confusion que l'on trouve dans ses *Analytiques*, il faut avouer néanmoins que presque tout ce que l'on sait des règles de la logique est pris de là; de sorte qu'il n'y a point en effet d'auteur dont on ait emprunté plus de choses dans cette logique, que d'Aristote, puisque le corps des préceptes lui appartient.

Il est vrai qu'il semble que le moins parfait de ses ouvrages soit sa *Physique*, comme c'est aussi celui qui a été le plus longtemps condamné et défendu dans l'Église, ainsi qu'un savant homme l'a fait voir dans un livre exprès [1]; mais encore le principal défaut qu'on peut y trouver n'est pas qu'elle soit fausse, mais c'est

1. M. de Launoi, docteur de Sorbonne (1603-1678). *De varia Aristotelis in Academia Parisiensi fortuna.*

au contraire qu'elle est trop vraie, et qu'elle ne nous apprend que des choses qu'il est impossible d'ignorer; car qui peut douter que toutes choses ne soient composées de matière et d'une certaine forme de cette matière? Qui peut douter qu'afin que la matière acquière une nouvelle manière et une nouvelle forme, il faut qu'elle ne l'eût pas auparavant, c'est-à-dire qu'elle en eût la privation? Qui peut douter enfin de ces autres principes métaphysiques, que tout dépend de la forme; que la matière seule ne fait rien, qu'il y a un lieu, des mouvements, des qualités, des facultés? Mais, après qu'on a appris toutes ces choses, il ne semble pas qu'on ait appris rien de nouveau, ni qu'on soit plus en état de rendre raison d'aucun des effets de la nature.

Que s'il se trouvait des personnes qui prétendissent qu'il n'est permis en aucune sorte de témoigner qu'on n'est pas du sentiment d'Aristote, il serait aisé de leur faire voir que cette délicatesse n'est pas raisonnable.

Car si l'on doit de la déférence à quelques philosophes, ce ne peut être que par deux raisons : ou dans la vue de la vérité qu'ils auraient suivie, ou dans la vue de l'opinion des hommes qui les approuvent.

Dans la vue de la vérité, on leur doit du respect lorsqu'ils ont raison; mais la vérité ne peut obliger de respecter la fausseté en qui que ce soit.

Pour ce qui regarde le consentement des hommes dans l'approbation d'un philosophe, il est certain qu'il mérite aussi quelque respect, et qu'il y aurait de l'imprudence à le choquer sans user de grandes précautions; et la raison en est qu'en attaquant ce qui est reçu de tout le monde, on se rend suspect de présomption en croyant avoir plus de lumière que les autres.

Mais, lorsque le monde est partagé touchant les opinions d'un auteur, et qu'il y a des personnes considérables de côté et d'autre, on n'est plus obligé à cette réserve, et l'on peut librement déclarer ce qu'on approuve, ou ce qu'on n'approuve pas dans ces livres sur lesquels les personnes de lettres sont divisées; parce que ce n'est pas tant alors préférer son sentiment à celui de cet auteur, et de ceux qui l'approuvent, que se ranger au parti de ceux qui lui sont contraires en ce point.

C'est proprement l'état où se trouve maintenant la philosophie d'Aristote. Comme elle a eu diverses fortunes, ayant été en un temps généralement rejetée et en un autre généralement approuvée, elle est réduite maintenant à un état qui tient le milieu entre ces extrémités : elle est soutenue par plusieurs personnes savantes, et elle est combattue par d'autres qui ne sont pas en moindre réputation. L'on écrit tous les jours librement en France, en Flandre, en Angleterre, en Allemagne, en Hollande, pour et contre la philosophie d'Aristote. Les conférences de Paris sont partagées aussi bien que les livres, et personne ne s'offense qu'on s'y déclare contre lui. Les plus célèbres professeurs ne s'obligent plus à cette servitude de recevoir aveuglément tout ce qu'ils trouvent dans ses livres; et il y a même de ses opinions qui sont généralement bannies : car quel est le médecin qui voudrait soutenir maintenant que les nerfs viennent du cœur, comme Aristote l'a cru, puisque l'anatomie fait voir clairement qu'ils tirent leur origine du cerveau.... Et quel est le philosophe qui s'opiniâtre à dire que la vitesse des choses pesantes croît dans la même proportion que leur pesanteur, puisqu'il n'y a personne qui ne puisse se désabuser de cette opinion d'Aristote, en laissant tomber d'un lieu élevé deux choses très inégalement pesantes, dans lesquelles on ne remarque néanmoins que très peu d'inégalité de vitesse.

Tous les états violents ne sont pas d'ordinaire de longue durée, et toutes les extrémités sont violentes. Il est trop dur de condamner généralement Aristote, comme on l'a fait autrefois; et c'est une gêne bien grande que de se croire obligé de l'approuver en tout, et de le prendre pour la règle de la vérité des opinions philosophiques, comme il semble qu'on l'ait voulu faire ensuite.

Le monde ne peut demeurer longtemps dans cette contrainte et se remet insensiblement en possession de la liberté naturelle et raisonnable, qui consiste à approuver ce qu'on juge vrai et à rejeter ce qu'on juge faux [1].

Car la raison ne trouve pas étrange qu'on la soumette à l'autorité dans les sciences qui, traitant des choses qui sont au-dessus de la raison, doivent suivre une autre lumière, qui ne peut être que celle de l'autorité divine; mais il semble qu'elle soit bien fondée à ne pas souffrir que, dans les sciences humaines, qui font profession de ne s'appuyer que sur la raison, on l'asservisse à l'autorité contre la raison [2]....

Des mauvais raisonnements que l'on commet dans la vie civile et dans les discours ordinaires.

.... En considérant généralement les causes de nos erreurs, il semble qu'on puisse les rapporter à deux principales : l'une, intérieure, qui est le dérèglement de la volonté, qui trouble et dérègle le jugement; l'autre, extérieure, qui consiste dans les objets dont on juge, et qui trompent notre esprit par une fausse apparence. Or, quoique ces causes se joignent presque toujours ensemble, il y a néanmoins certaines erreurs où l'une paraît plus que l'autre; et c'est pourquoi nous les traiterons séparément.

1. « Chez tous les peuples, écrivait déjà Louis Vivès, dans la première partie du XVIᵉ siècle, s'élèvent d'excellents et libres esprits, impatients de la servitude; ils secouent avec courage le joug de la plus sotte et de la plus violente servitude, et appellent leurs concitoyens à la liberté. »

2. Pascal a éloquemment réclamé les droits de la raison dans les matières scientifiques. Voir la préface de son *Traité du vide*.

DES SOPHISMES D'AMOUR-PROPRE, D'INTÉRÊT ET DE PASSION

1º Si on examine avec soin ce qui attache ordinairement les hommes plutôt à une opinion qu'à une autre, on trouvera que ce n'est pas la pénétration de la vérité et la force des raisons, mais quelque lien d'amour-propre, d'intérêt ou de passion. C'est le poids qui emporte la balance, et qui détermine dans la plupart de nos doutes; c'est ce qui donne le plus grand branle à nos jugements, et qui nous y arrête le plus fortement. Nous jugeons des choses, non par ce qu'elles sont en elles-mêmes, mais par ce qu'elles sont à notre égard; et la vérité et l'utilité ne sont pour nous qu'une même chose.

Il n'en faut point d'autres preuves que ce que nous voyons tous les jours, que des choses tenues partout ailleurs pour douteuses, ou même pour fausses, sont tenues pour très certaines par tous ceux d'une nation, ou d'une profession, ou d'un institut; car n'étant pas possible que ce qui est vrai en Espagne soit faux en France [1], ni que l'esprit de tous les Espagnols soit tourné si différemment de celui de tous les Français, qu'à ne juger des choses que par les règles de la raison, ce qui paraît vrai généralement aux uns paraisse faux généralement aux autres, il est visible que cette diversité de jugement ne peut venir d'autre cause, sinon qu'il plaît aux uns de tenir pour vrai ce qui leur est avantageux, et que les autres, n'y ayant point d'intérêt, en jugent d'une autre sorte.

Cependant qu'y a-t-il de moins raisonnable que de prendre notre intérêt pour motif de croire une chose? Tout ce qu'il peut faire au plus est de nous porter à considérer avec plus d'attention les raisons qui peuvent nous faire découvrir la vérité de ce que nous désirons

---

1. « Vérité en deçà des Pyrénées, erreur au delà », avait dit ironiquement Pascal dans ses *Pensées.*

être vrai ; mais il n'y a que cette vérité qui doit se trouver dans la chose, même indépendamment de nos désirs, qui doive nous persuader. Je suis d'un tel pays ; donc je dois croire qu'un tel saint y a prêché l'Évangile. Je suis d'un tel ordre ; donc je crois qu'un tel privilège est véritable. Ce ne sont pas là des raisons. De quelque pays que vous soyez, vous ne devez croire que ce qui est vrai, et que ce que vous seriez disposé à croire si vous étiez d'un autre pays, d'un autre ordre, d'une autre profession.

2º Mais cette illusion est bien plus visible lorsqu'il arrive du changement dans les passions ; car, quoique toutes choses soient demeurées dans leur place, il semble néanmoins à ceux qui sont émus de quelque passion nouvelle, que le changement qui ne s'est fait que dans leur cœur ait changé toutes les choses extérieures qui y ont quelque rapport. Combien voit-on de gens qui ne peuvent plus reconnaître aucune bonne qualité, ni naturelle, ni acquise, dans ceux contre qui ils ont conçu de l'aversion, ou qui ont été contraires en quelque sorte à leurs sentiments, à leurs désirs, à leurs intérêts ! Cela suffit pour devenir tout d'un coup à leur égard téméraire, orgueilleux, ignorant, sans foi, sans honneur, sans conscience. Leurs affections et leurs désirs ne sont ni plus justes ni plus modérés que leur haine. S'ils aiment quelqu'un, il est exempt de toute sorte de défauts ; tout ce qu'il désire est juste et facile, tout ce qu'il ne désire pas est injuste et impossible, sans qu'ils puissent alléguer aucune raison de tous ces jugements que la passion même qui les possède ; de sorte qu'encore qu'ils ne fassent pas dans leur esprit ce raisonnement formel : je l'aime ; donc c'est le plus habile homme du monde ; je le hais ; donc c'est un homme de néant, ils le font en quelque sorte dans leur cœur ; et c'est pourquoi on peut appeler ces sortes d'égarements des sophismes et des illusions du cœur, qui consistent à transporter nos passions dans les objets de nos passions, et à juger qu'ils sont ce que nous voulons ou désirons qu'ils soient :

ce qui est sans doute très déraisonnable, puisque nos désirs ne changent rien dans l'être de ce qui est hors de nous, et qu'il n'y a que Dieu dont la volonté soit tellement efficace, que les choses sont tout ce qu'il veut qu'elles soient.

3° On peut rapporter à la même illusion de l'amour-propre celle de ceux qui décident tout par un principe fort général et fort commode, qui est qu'ils ont raison, qu'ils connaissent la vérité; d'où il ne leur est pas difficile de conclure que ceux qui ne sont pas de leur sentiment se trompent; en effet, la conclusion est nécessaire.

Le défaut de ces personnes ne vient que de ce que l'opinion avantageuse qu'elles ont de leurs lumières leur fait prendre toutes leurs pensées pour tellement claires et évidentes, qu'elles s'imaginent qu'il suffit de les proposer pour obliger tout le monde à s'y soumettre; et c'est pourquoi elles se mettent peu en peine d'en apporter des preuves; elles écoutent peu les raisons des autres; elles veulent tout emporter par autorité, parce qu'elles ne distinguent jamais leur autorité de la raison; elles traitent de téméraires tous ceux qui ne sont pas de leur sentiment, sans considérer que si les autres ne sont pas de leur sentiment, elles ne sont pas aussi du sentiment des autres, et qu'il n'est pas juste de supposer sans preuve que nous avons raison, lorsqu'il s'agit de convaincre des personnes qui ne sont d'une autre opinion que nous que parce qu'elles sont persuadées que nous n'avons pas raison.

4° Il y en a de même qui n'ont point d'autre fondement, pour rejeter certaines opinions, que ce plaisant raisonnement : si cela était, je ne serais pas un habile homme; or, je suis un habile homme; donc cela n'est pas. C'est la principale raison qui a fait rejeter longtemps certains remèdes très utiles et des expériences très certaines, parce que ceux qui ne s'en étaient point encore avisés concevaient qu'ils se seraient donc trompés jusqu'alors. Quoi! si le sang, disaient-ils, avait une révolution circulaire dans le corps [1]; si l'aliment ne se portait pas au foie par les veines mésaraïques; si l'artère veineuse portait le sang au cœur; si le sang montait par la veine cave descendante; si la nature n'avait point d'horreur du vide; si l'air était pesant et avait un mouvement en bas, j'aurais ignoré des choses importantes dans l'anatomie, et dans la physique! Il faut donc que tout cela ne soit pas. Mais, pour les guérir de cette fantaisie, il ne faut que leur bien représenter que c'est un très petit inconvénient qu'un homme se trompe, et qu'ils ne laisseront pas d'être habiles en d'autres choses, quoiqu'ils ne l'aient pas été en celles qui auraient été nouvellement découvertes.

5° Il n'y a rien aussi de plus ordinaire que de voir des gens se faire mutuellement les mêmes reproches et se traiter, par exemple, d'opiniâtres, de passionnés, de chicaneurs, lorsqu'ils sont de différents sentiments. Il n'y a presque point de plaideurs qui ne s'entr'accusent d'allonger le procès et de couvrir la vérité par des adresses artificieuses; et aussi ceux qui ont raison et ceux qui ont tort parlent presque le même langage et font les mêmes plaintes, et s'attribuent les uns aux autres les mêmes défauts; ce qui est une des choses les plus incommodes qui soient dans la vie des hommes, et qui jettent la vérité et l'erreur, la justice et l'injustice dans une si grande obscurité, que le commun du monde est incapable d'en faire le discernement; et il arrive de là que plusieurs s'attachent, au hasard et sans lumière, à l'un des partis, et que d'autres les condamnent tous deux comme ayant également tort.

Toute cette bizarrerie naît encore de la même maladie qui fait prendre à chacun pour principe qu'il a raison; car de là il n'est pas difficile de conclure que tous ceux qui nous résistent sont opiniâtres, puisque être opiniâtre, c'est ne se rendre pas à la raison.

1. La découverte de la circulation du sang est due à Harvey, médecin anglais, en 1628.

Mais encore qu'il soit vrai que ces reproches de passion, d'aveuglement, de chicanerie, qui sont très injustes de la part de ceux qui se trompent, soient justes et légitimes de la part de ceux qui ne se trompent pas, néanmoins, parce qu'ils supposent que la vérité est du côté de celui qui les fait, les personnes sages et judicieuses qui traitent quelque matière contestée, doivent éviter de s'en servir, avant que d'avoir suffisamment établi la vérité et la justice de la cause qu'ils soutiennent. Ils n'accuseront donc jamais leurs adversaires d'opiniâtreté, de témérité, de manque de sens commun, avant que de l'avoir bien prouvé. Ils ne diront point, s'ils ne l'ont fait voir auparavant, qu'ils tombent en des absurdités et des extravagances insupportables; car les autres en diront autant de leur côté; ce qui n'est rien avancer... et ils se contenteront de défendre la vérité par les armes qui lui sont propres et que le mensonge ne peut emprunter, qui sont les raisons claires et solides....

DES FAUX RAISONNEMENTS QUI NAISSENT DES OBJETS MÊMES

.... C'est une opinion fausse et impie, que la vérité soit tellement semblable au mensonge, et la vertu au vice, qu'il soit impossible de les discerner; mais il est vrai que, dans la plupart des choses, il y a un mélange d'erreur et de vérité, de vice et de vertu, de perfection et d'imperfection, et que ce mélange est une des plus ordinaires sources des faux jugements des hommes.

La raison en est que les hommes ne considèrent guère les choses en détail; ils ne jugent que selon leur plus forte impression et ne sentent que ce qui les frappe davantage : ainsi, lorsqu'ils aperçoivent dans un discours beaucoup de vérités, ils ne remarquent pas les erreurs qui y sont mêlées; et, au contraire, s'il y a des vérités mêlées parmi beaucoup d'erreurs, ils ne font attention qu'aux erreurs; le fort emportant le faible, et l'impression la plus vive étouffant celle qui est plus obscure.

Cependant il y a une injustice manifeste à juger de cette sorte : il ne peut y avoir de juste raison de rejeter la raison, et la vérité n'en est pas moins vérité pour être mêlée avec le mensonge....

C'est pourquoi la justice et la raison demandent que, dans toutes les choses qui sont ainsi mêlées de bien et de mal, on en fasse le discernement, et c'est particu-lièrement dans cette séparation judicieuse que paraît l'exactitude de l'esprit....

C'est à quoi la raison nous oblige lorsque l'on peut faire cette distinction; mais parce que l'on n'a pas tou-jours le temps d'examiner en détail ce qu'il y a de bien et de mal dans chaque chose, il est juste en ces ren-contres de leur donner le nom qu'elles méritent selon leur plus considérable partie : ainsi l'on doit dire qu'un homme est bon philosophe lorsqu'il raisonne ordinaire-ment bien, et qu'un livre est bon lorsqu'il y a notable-ment plus de bien que de mal.

Et c'est encore en quoi les hommes se trompent beau-coup, car ils n'estiment et ne blâment souvent les choses que selon ce qu'elles ont de moins considérable, leur peu de lumière faisant qu'ils ne pénètrent pas ce qui est le principal, lorsque ce n'est pas le plus sensible.

Ainsi, quoique ceux qui sont intelligents dans la peinture estiment infiniment plus le dessin que le coloris ou la délicatesse du pinceau, néanmoins les ignorants sont plus touchés d'un tableau dont les couleurs sont vives et éclatantes que d'un autre plus sombre, qui serait admirable pour le dessin.

Il faut pourtant avouer que les faux jugements ne sont pas si ordinaires dans les arts, parce que ceux qui n'y savent rien s'en rapportent plus aisément aux senti-ments de ceux qui y sont habiles; mais ils sont bien fréquents dans les choses qui sont de la juridiction du peuple, et dont le monde prend la liberté de juger, comme l'éloquence.

On appelle, par exemple, un prédicateur éloquent, lorsque ses périodes sont bien justes, et qu'il ne dit point de mauvais mots; et, sur ce fondement, Vaugelas dit en un endroit qu'un mauvais mot fait plus de tort à un prédicateur ou à un avocat qu'un mauvais raisonnement. On doit croire que c'est une vérité de fait qu'il rapporte, et non un sentiment qu'il autorise; et il est vrai qu'il se trouve des personnes qui jugent de cette sorte, mais il est vrai aussi qu'il n'y a rien de moins raisonnable que ces jugements; car la pureté du langage, le nombre des figures sont tout au plus dans l'éloquence ce que le coloris est dans la peinture, c'est-à-dire que ce n'en est que la partie la plus basse et la plus matérielle; mais la principale consiste à concevoir fortement les choses et à les exprimer, en sorte qu'on en porte dans l'esprit des auditeurs une image vive et lumineuse [1], qui ne présente pas seulement ces choses toutes nues, mais aussi les mouvements avec lesquels on les conçoit; et c'est ce qui peut se rencontrer en des.

---

1. Fénelon, qui réduit toute l'éloquence à trois points : prouver, *peindre* et toucher, développe ainsi le second : « Peindre, c'est non seulement décrire les choses, mais en représenter les circonstances d'une manière si vive et si sensible, que l'auditeur s'imagine presque les voir. Par exemple, un froid historien qui raconterait la mort de Didon se contenterait de dire : Elle fut si accablée de douleur après le départ d'Énée qu'elle ne put supporter la vie; elle monta au haut de son palais, elle se mit sur un bûcher et se tua elle-même. En écoutant ces paroles, vous apprenez le fait, mais vous ne le voyez pas. Écoutez Virgile, il le mettra devant vos yeux. N'est-il pas vrai que quand il ramasse toutes les circonstances de ce désespoir, qu'il vous montre Didon furieuse avec un visage où la mort est déjà peinte, qu'il la fait parler à la vue de ce portrait et de cette épée, votre imagination vous transporte à Carthage; vous croyez voir la flotte des Troyens qui fuit le rivage, et la reine que rien n'est capable de consoler; vous entrez dans tous les sentiments qu'eurent alors les véritables spectateurs. Ce n'est plus Virgile que vous écoutez; vous êtes trop attentif aux dernières paroles de la malheureuse Didon pour penser à lui. Le poète disparaît; on ne voit plus que ce qu'il fait voir, on n'entend plus que ceux qu'il fait parler. Voilà la force de l'imitation et de la peinture. » (2e *Dialogue sur l'éloquence.*)

personnes peu exactes dans la langue et peu justes dans le nombre, et qui se rencontre même rarement dans ceux qui s'appliquent trop aux mots et aux embellissements, parce que cette vue les détourne des choses et affaiblit la vigueur de leurs pensées, comme les peintres remarquent que ceux qui excellent dans le coloris n'excellent pas ordinairement dans le dessin; l'esprit n'étant pas capable de cette double application, et l'une nuisant à l'autre.

On peut dire généralement que l'on n'estime dans le monde la plupart des choses que par l'extérieur, parce qu'il ne se trouve presque personne qui en pénètre l'intérieur et le fond; tout se juge sur l'étiquette, et malheur à ceux qui ne l'ont pas favorable! Il est habile, intelligent, solide, tant que vous voudrez; mais il ne parle pas facilement et ne se démêle pas bien d'un compliment : qu'il se résolve à être peu estimé toute sa vie du commun du monde, et à voir qu'on lui préfère une infinité de petits esprits. Ce n'est pas un grand mal que de n'avoir pas la réputation qu'on mérite; mais c'en est un considérable de suivre ces faux jugements et de ne regarder les choses que par l'écorce; et c'est ce qu'on doit tâcher d'éviter.

2º Entre les causes qui nous engagent dans l'erreur par un faux éclat qui nous empêche de la reconnaître, on peut mettre avec raison une certaine éloquence pompeuse et magnifique; car il est étrange combien un faux raisonnement se coule doucement dans la suite d'une période qui remplit bien l'oreille, ou d'une figure qui nous surprend, et qui nous amuse à la regarder.

Non seulement ces ornements nous dérobent la vue des faussetés qui se mêlent dans le discours, mais ils y engagent insensiblement, parce que souvent elles sont nécessaires pour la justesse de la période ou de la figure : ainsi, quand on voit un orateur commencer une longue gradation ou une antithèse à plusieurs membres, on a sujet d'être sur ses gardes, parce qu'il arrive rarement qu'il s'en tire sans donner quelque contorsion à la vérité, pour l'ajuster à la figure [1]; il en dispose ordinairement comme l'on ferait des pierres d'un bâtiment ou du métal d'une statue : il la taille, il l'étend, il l'accourcit, il la déguise selon qu'il lui est nécessaire, pour la placer dans ce vain ouvrage de paroles qu'il veut former.

Combien le désir de faire une pointe a-t-il fait produire de fausses pensées! Combien la rime a-t-elle engagé de gens à mentir! Combien l'affectation de ne se servir que des mots de Cicéron et de ce qu'on appelle la pure latinité a-t-elle fait écrire de sottises à certains auteurs italiens! Qui ne rirait d'entendre dire à Bembo [2] qu'un pape avait été élu par la faveur *des dieux immortels?* Il y a même des poètes qui s'imaginent qu'il est de l'essence de la poésie d'introduire des divinités païennes, et un poète allemand, aussi bon versificateur qu'écrivain peu judicieux, ayant été repris avec raison, par François Pic de la Mirande, d'avoir fait entrer dans un poème où il décrit des guerres de chrétiens contre chrétiens toutes les divinités du paganisme et d'avoir mêlé Apollon, Diane, Mercure, avec le pape, les électeurs et l'empereur, soutient nettement que sans cela il n'aurait pas été poète, en se servant, pour le prouver, de cette étrange raison que les vers d'Hésiode, d'Homère et de Virgile sont remplis des noms et des fables de ces dieux, d'où il conclut qu'il lui est permis de faire de même.

Ces mauvais raisonnements sont souvent imperceptibles à ceux qui les font, et les trompent les premiers; ils s'étourdissent par le son de leurs paroles : l'éclat de leurs figures les éblouit, et la magnificence de certains mots les attire, sans qu'ils s'en aperçoivent, à des pen-

---

1. Pascal compare ces antithèses forcées à « de fausses fenêtres pour la symétrie » (*Pensées*).

2. Pierre Bembo (1470-1547), secrétaire de Léon X, se passionna pour le style de Cicéron jusqu'au point de l'imiter, même dans ses expressions païennes; il fut élu cardinal et entra dans les ordres en 1539.

sées si peu solides, qu'ils les regretteraient sans doute s'ils y faisaient quelque réflexion.

Il est croyable, par exemple, que c'est le mot de Vestale qui a flatté un auteur de ce temps et qui l'a porté à dire à une demoiselle, pour l'empêcher d'avoir honte de savoir le latin, qu'elle ne devait pas rougir de parler une langue que parlaient les Vestales; car, s'il avait considéré cette pensée, il aurait vu qu'on aurait pu dire avec autant de raison à cette demoiselle, qu'elle devait rougir de parler une langue que parlaient autrefois les courtisanes de Rome, qui étaient en bien plus grand nombre que les Vestales [1], ou qu'elle devait rougir de parler une autre langue que celle de son pays, puisque les anciennes Vestales ne parlaient que leur langue naturelle. Tous ces raisonnements, qui ne valent rien, sont aussi bons que celui de cet auteur; et la vérité est que les Vestales ne peuvent servir de rien pour justifier ou pour condamner les filles qui apprennent le latin [2].

Les faux raisonnements de cette sorte, que l'on rencontre si souvent dans les écrits de ceux qui affectent le plus d'être éloquents, font voir combien la plupart des personnes qui parlent ou qui écrivent auraient besoin d'être bien persuadées de cette excellente règle, qu'*il n'y a rien de beau que ce qui est vrai* [3]; ce qui

---

1. Les Vestales étaient des jeunes filles chargées d'entretenir le feu sacré sur l'autel de la déesse Vesta; il n'y en avait que six.

2. Malebranche se raille aussi agréablement des prétendues raisons alléguées par Tertullien pour se justifier d'avoir pris le manteau du philosophe au lieu de la robe ordinaire. Ce manteau était autrefois en usage à Carthage; mais « est-il permis présentement de prendre la toque et la fraise, à cause que nos pères s'en sont servis? » Que peuvent servir à la justification de son changement les phases de la lune, la variété des saisons, le renouvellement de la peau du serpent, etc. ? (*Recherche de la vérité,* liv. II.)

3. Boileau en fera la règle de la littérature :

Rien n'est beau que le vrai ; le vrai seul est aimable.

(*Épître,* IX.)

retrancherait des discours une infinité de vains ornements et de pensées fausses. Il est vrai que cette exactitude rend le style plus sec et moins pompeux; mais
elle le rend aussi plus vif, plus sérieux, plus clair et
plus digne d'un honnête homme; l'impression en est
bien plus forte et bien plus durable; au lieu que celle
qui nait simplement de ces périodes si ajustées est tellement superficielle qu'elle s'évanouit presque aussitôt
qu'on les a entendues [1].

3o C'est un défaut très ordinaire parmi les hommes
de juger témérairement des actions et des intentions
des autres, et l'on n'y tombe guère que par un mauvais
raisonnement, par lequel, en ne connaissant pas assez
distinctement toutes les causes qui peuvent produire
quelque effet, on attribue cet effet précisément à une
cause, lorsqu'il peut avoir été produit par plusieurs
autres; ou bien l'on suppose qu'une cause qui, par
accident, a eu un certain effet en une rencontre, et
étant jointe à plusieurs circonstances, le doit avoir en
toutes rencontres.

Un homme de lettres se trouve de même sentiment
qu'un hérétique sur une matière de critique indépen-
dante des controverses de la religion; un adversaire
malicieux en conclura qu'il a de l'inclination pour les
hérétiques, mais il le conclura témérairement et mali-
cieusement, parce que c'est peut-être la raison et la
vérité qui l'engagent dans ce sentiment.

1. C'est la critique que Fénelon place si heureusement dans la
bouche d'un de ses personnages, l'admirateur du sermon pour
le jour des Cendres. Il ne peut en rendre compte : « Ce sont des
pensées si délicates et qui dépendent tellement du ton et de la
finesse de l'expression, qu'après avoir charmé dans le moment,
elles ne se retrouvent pas aisément dans la suite, quand même
vous les retrouveriez, dites-les dans d'autres termes; ce n'est
plus la même chose; elles perdent leur grâce et leur force. —
Ce sont donc, monsieur, des beautés bien fragiles; en les voulant toucher, on les fait disparaître. J'aimerais bien mieux un
discours qui eût plus de corps et moins d'esprit. » (1er *Dialogue
sur l'éloquence.*)

Un écrivain parlera avec quelque force contre une opinion qu'il croit dangereuse. On l'accusera sur cela de haine et d'animosité contre les auteurs qui l'ont avancée; mais ce sera injustement et témérairement, cette force pouvant naître de zèle pour la vérité aussi bien que de haine contre les personnes.

Un homme est ami d'un méchant; donc, conclut-on, il est lié d'intérêt avec lui, et il est participant de ses crimes; cela ne s'ensuit pas, peut-être les a-t-il ignorés, et peut-être n'y a-t-il point pris part?

On manque de rendre quelque civilité à ceux à qui on en doit; c'est, dit-on, un orgueilleux et un insolent; mais ce n'est peut-être qu'une inadvertance ou un simple oubli.

Toutes ces choses extérieures ne sont que des signes équivoques, c'est-à-dire qui peuvent signifier plusieurs choses; et c'est juger témérairement que de déterminer ce signe à une chose particulière sans en avoir de raison particulière; le silence est quelquefois signe de modestie et de jugement et quelquefois de bêtise; la lenteur marque quelquefois la prudence et quelquefois la pesanteur de l'esprit; le changement est quelquefois signe d'inconstance et quelquefois de sincérité; ainsi, c'est mal raisonner que de conclure qu'un homme est inconstant, de cela seul qu'il a changé de sentiment, car il peut avoir eu raison d'en changer....

C'est une faiblesse et une injustice que l'on condamne souvent et que l'on évite peu, de juger des conseils par les événements, et de rendre coupables ceux qui ont pris une résolution prudente, selon les circonstances qu'ils pouvaient voir, de toutes les mauvaises suites qui en sont arrivées [1], ou par un simple hasard, ou par la malice de ceux qui l'ont traversée, ou

1. A côté de cette prose un peu traînante, combien brille et frappe l'éloquence de Démosthène, foudroyant ce sophisme dans la bouche d'Eschine! Accusé d'être l'auteur du désastre de Chéronée, il en accepte fièrement la responsabilité : « Athéniens, je veux dire quelque chose d'étrange.... Si tous nous avions su clai-

par quelques autres rencontres qu'il ne leur était pas possible de prévoir. Non seulement les hommes aiment autant être heureux que sages, mais ils ne font pas de différence entre heureux et sages, ni entre malheureux et coupables. Cette distinction leur paraît trop subtile. On est ingénieux pour trouver les fautes que l'on s'imagine avoir attiré les mauvais succès; et comme les astrologues, lorsqu'ils savent un certain accident, ne manquent jamais de trouver l'aspect des astres qui l'a produit, on ne manque aussi jamais de trouver, après les disgrâces et les malheurs, que ceux qui y sont tombés les ont mérités par quelque imprudence. Il n'a pas réussi, il a donc tort. C'est ainsi que l'on raisonne dans le monde, et qu'on y a toujours raisonné, parce qu'il y a toujours eu peu d'équité dans les jugements des hommes et que, ne connaissant pas les vraies causes des choses, ils en substituent selon les événements, en louant ceux qui réussissent et en blâmant ceux qui ne réussissent pas....

Il est vrai que s'il y a des erreurs pardonnables, ce sont celles où l'on s'engage en déférant plus qu'il ne faut au sentiment de ceux qu'on estime gens de bien; mais il y a une illusion beaucoup plus absurde en soi, et qui est néanmoins très ordinaire, qui est de croire qu'un homme dit vrai parce qu'il est de condition, qu'il est riche ou élevé en dignité.

Ce n'est pas que personne fasse expressément ces sortes de raisonnements; il a cent mille livres de rente, donc il a raison; il est de grande naissance, donc on

---

rement l'avenir, si tu nous l'avais annoncé, Eschine, avec ta voix tonnante, toi qui n'as pas même ouvert la bouche, même alors Athènes n'aurait pas dû abandonner ses principes, si elle avait eu à cœur sa dignité, la gloire de ses ancêtres et le jugement de la postérité... Non, Athéniens, vous n'avez point failli, en vous jetant au milieu des hasards, pour la liberté et le salut de tous, j'en jure par vos ancêtres qui ont affronté les dangers de Marathon, par ceux qui ont combattu à Platée, à Salamine, à Artémisium, etc. »

doit croire ce qu'il avance comme véritable; c'est un homme qui n'a point de bien, il a donc tort; néanmoins il se passe quelque chose de semblable dans l'esprit de la plupart des hommes et qui emporte leur jugement sans qu'ils y pensent.

Qu'une même chose soit proposée par une personne de qualité ou par un homme de néant, on l'approuvera souvent dans la bouche de cette personne de qualité, lorsqu'on ne daignera pas même l'écouter dans celle d'un homme de basse condition. L'Écriture a voulu nous instruire de cette humeur des hommes, en la présentant parfaitement dans le livre de l'*Ecclésiastique* : Si le riche parle, dit-elle, tout le monde se tait, et on élève ses paroles jusqu'aux nues; si le pauvre parle, on demande : qui est celui-là?

Il est certain que la complaisance et la flatterie ont beaucoup de part dans l'approbation que l'on donne aux actions et aux paroles des personnes de condition, et qu'ils l'attirent souvent aussi par une certaine grâce extérieure et par une manière d'agir noble, libre et naturelle qui leur est quelquefois si particulière qu'elle est presque inimitable à ceux qui sont de basse naissance; mais il est certain aussi qu'il y en a plusieurs qui approuvent tout ce que font et disent les grands, par un abaissement intérieur de leur esprit, qui plie sous le faix de la grandeur et qui n'a pas la vue assez ferme pour en soutenir l'éclat; et que cette pompe extérieure qui les environne en impose toujours un peu et fait quelque impression sur les âmes les plus fortes.

La raison de cette tromperie vient de la corruption du cœur des hommes, qui, ayant une passion ardente pour l'honneur et les plaisirs, conçoivent nécessairement beaucoup d'amour pour les richesses et les autres qualités, par le moyen desquelles on obtient ces honneurs et ces plaisirs. Or l'amour que l'on a pour toutes ces choses que le monde estime fait que l'on juge heureux ceux qui les possèdent; et, en les jugeant heureux, on les place au-dessus de soi et on les regarde comme des personnes éminentes et élevées. Cette accoutumance de les regarder avec estime passe insensiblement de leur fortune à leur esprit. Les hommes ne font pas d'ordinaire les choses à demi. On leur donne donc une âme aussi élevée que leur rang, on se soumet à leurs opinions, et c'est la raison de la créance qu'ils trouvent ordinairement dans les affaires qu'ils traitent.

Mais cette illusion est encore bien plus forte dans les grands mêmes, qui n'ont pas eu soin de corriger l'impression que leur fortune fait naturellement dans leur esprit, qu'elle n'est dans ceux qui leur sont inférieurs. Il y en a peu qui ne fassent une raison de leur condition et de leurs richesses, et qui ne prétendent que leurs sentiments doivent prévaloir sur celui de ceux qui sont au-dessous d'eux. Ils ne peuvent souffrir que ces gens qu'ils regardent avec mépris prétendent avoir autant de jugement et de raison qu'eux; et c'est ce qui les rend si impatients à la moindre contradiction qu'on leur fait.

Tout cela vient de la même source, c'est-à-dire des fausses idées qu'ils ont de leur grandeur, de leur noblesse et de leurs richesses. Au lieu de les considérer comme des choses entièrement étrangères à leur être, qui n'empêchent pas qu'ils ne soient parfaitement égaux à tout le reste des hommes, selon l'âme et selon le corps, et qui n'empêchent pas qu'ils n'aient le jugement aussi faible et aussi capable de se tromper que celui de tous les autres, ils incorporent en quelque manière dans leur essence toutes ces qualités de grand, de noble, de riche, de maître, de seigneur, de prince; ils en grossissent leur idée et ne se représentent jamais à eux-mêmes sans tous leurs titres, tout leur attirail et tout leur train [1].

-----

1. « Tu te trompes, Philémon, si avec ce carrosse brillant, ce grand nombre de coquins qui te suivent, et ces six bêtes qui te traînent, tu penses que l'on t'en estime davantage. L'on écarte

Ils s'accoutument à se regarder dès leur enfance, comme une espèce séparée des autres hommes; leur imagination ne les mêle jamais dans la foule du genre humain; ils sont toujours comtes ou ducs à leurs yeux, et jamais simplement hommes; ainsi, ils se taillent une âme et un jugement selon la mesure de leur fortune, et ne se croient pas moins au-dessus des autres par leur esprit qu'ils ne le sont par leur condition et par leur fortune.

La sottise de l'esprit humain est telle qu'il n'y a rien qui ne lui serve à grandir l'idée qu'il a de lui-même. Une belle maison, un habit magnifique, une grande barbe font qu'il s'en croit plus habile, et, si l'on y prend garde, il s'estime davantage à cheval ou en carrosse qu'à pied. Il est facile de persuader à tout le monde qu'il n'y a rien de plus ridicule que ces jugements; mais il est très difficile de se garantir entièrement de l'impression secrète que toutes ces choses extérieures font dans l'esprit. Tout ce qu'on peut faire est de s'accoutumer, autant qu'on le peut, à ne donner autorité à toutes les qualités qui ne peuvent en rien contribuer à trouver la vérité, et de n'en donner à celles mêmes qui y contribuent qu'autant qu'elles y contribuent effectivement. L'âge, la science, l'étude, l'expérience, l'esprit, la vivacité, la retenue, l'exactitude, le travail servent pour trouver la vérité des choses cachées, et ainsi ces qualités méritent qu'on y ait égard; mais il faut pourtant les peser avec soin, et ensuite en faire comparaison avec les raisons contraires; car, de chacune de ces choses en particulier, on ne conclut rien de certain, puisqu'il y a des opinions très fausses qui ont été approuvées par des personnes de fort bon esprit et qui avaient une grande partie de ces qualités.

(Logique, IIIe part., ch. xx.)

tout cet attirail qui t'est étranger pour pénétrer jusques à toi, qui n'es qu'un fat. » (La Bruyère, Caractères, chap. II.)

Règles de la méthode dans les sciences.

L'analyse consiste plus dans le jugement et dans l'adresse de l'esprit que dans des règles particulières. Ces quatre, néanmoins, que Descartes propose dans sa *Méthode*, peuvent être utiles pour se garder de l'erreur en voulant rechercher la vérité dans les sciences humaines, quoique, à dire vrai, elles soient générales pour toutes sortes de méthodes, et non particulières pour la seule analyse.

La première est de *ne recevoir jamais aucune chose pour vraie, qu'on ne la connaisse évidemment être telle, c'est-à-dire d'éviter soigneusement la précipitation et la prévention, et de ne comprendre rien de plus en ses jugements que ce qui se présente si clairement à l'esprit, qu'on n'ait aucune occasion de le mettre en doute.*

La deuxième, de *diviser chacune des difficultés qu'on examine en autant de parcelles qu'il se peut, et qu'il est requis pour les résoudre.*

La troisième, de *conduire par ordre ses pensées, en commençant par les objets les plus simples et les plus aisés à connaître, pour monter peu à peu, comme par degrés, jusqu'à la connaissance des plus composés, et supposant même de l'ordre entre ceux qui ne se précèdent point naturellement les uns les autres.*

La quatrième, de *faire partout des dénombrements si entiers et des revues si générales, qu'on puisse s'assurer de ne rien omettre.*

Il est vrai qu'il y a beaucoup de difficulté à observer ces règles; mais il est toujours avantageux de les avoir dans l'esprit et de les garder, autant que l'on peut, lorsqu'on veut trouver la vérité par la voie de la raison, et autant que notre esprit est capable de la connaître.

La méthode des sciences réduite à huit règles principales.

DEUX RÈGLES TOUCHANT LES DÉFINITIONS.

1. Ne laisser aucun des termes un peu obscurs ou équivoques sans le définir.

2. N'employer dans les définitions que des termes parfaitement connus ou déjà expliqués.

DEUX RÈGLES POUR LES AXIOMES.

3. Ne demander en axiomes que des choses parfaitement évidentes.

4. Recevoir pour évident ce qui n'a besoin que d'un peu d'attention pour être reconnu véritable.

DEUX RÈGLES POUR LES DÉMONSTRATIONS.

5. Prouver toutes les propositions un peu obscures, en n'employant à leur preuve que les définitions qui auront précédé, et les axiomes qui auront été accordés, ou les propositions qui auront déjà été démontrées.

6. N'abuser jamais de l'équivoque des termes, en manquant de substituer mentalement les définitions qui les restreignent et qui les expliquent.

DEUX RÈGLES POUR LA MÉTHODE.

7. Traiter les choses, autant qu'il se peut, dans leur ordre naturel, en commençant par les plus générales et les plus simples, et expliquant tout ce qui appartient à la nature du genre avant que de passer aux espèces particulières.

8. Diviser, autant qu'il se peut, chaque genre en toutes ses espèces, chaque tout en toutes ses parties, et chaque difficulté en tous ses cas.

J'ai ajouté à ces deux règles, *autant qu'il se peut,* parce qu'il est vrai qu'il arrive beaucoup de rencontres où on ne peut pas les observer à la rigueur, soit à cause des bornes de l'esprit humain, soit à cause de celles qu'on a été obligé de donner à chaque science.

Ce qui fait qu'on y traite souvent d'une espèce sans qu'on puisse y traiter tout ce qui appartient au genre; comme on traite du cercle dans la géométrie commune, sans rien dire en particulier de la ligne courbe, qui en est le genre, qu'on se contente seulement de définir.

On ne peut pas aussi expliquer d'un genre tout ce qui pourrait s'en dire, parce que cela serait souvent trop long; mais il suffit d'en dire tout ce qu'on veut en dire avant que de passer aux espèces.

Mais je crois qu'une science ne peut être traitée parfaitement, qu'on n'ait grand égard à ces deux dernières règles aussi bien qu'aux autres, et qu'on ne se résolve à ne s'en dispenser que par nécessité ou pour une grande utilité.

(*Logique*, IVe part., ch. II et III.)

Enseignement de la lecture, de l'écriture; exercices de traduction, d'élocution et de composition.

« Mon cher lecteur,

« Quelques-uns de mes amis ayant désiré que je m'étendisse un peu plus touchant la manière d'enseigner le latin aux enfants, que je n'avais fait dans diverses préfaces de traductions que j'ai données au public, où je me suis contenté de représenter principalement que la conduite qu'on y garde est longue, difficile et peu naturelle, et que je croyais qu'il y en pouvait avoir une autre plus courte, plus facile et plus conforme à la nature, c'est-à-dire à la raison, je tâcherai de les satisfaire dans celle-ci le plus brèvement qu'il me sera possible, où j'ai travaillé à bâtir, après avoir travaillé dans les autres à détruire....

« Je dis donc, en premier lieu, que c'est une faute

très grande que de commencer, comme on fait d'ordinaire, à *montrer* à *lire* aux enfants par le latin, et non
par le français. Cette conduite est si longue et si pénible qu'elle ne robute pas seulement les écoliers de
toute autre instruction, en prévenant leur esprit, dès
leur plus tendre jeunesse, d'un dégoût et d'une haine
presque invincible pour les livres et l'étude; mais elle
rend aussi les maitres impatients et fâcheux, parce que
les uns et les autres s'ennuient également de la peine
et du temps qu'ils y emploient, ce qui va jusques à
trois et quatre années; mais il faut que les maitres
considèrent que, s'ils ont de la peine à montrer, les
enfants en ont incomparablement plus à apprendre; ce
qui doit être un motif pour les rendre plus doux et plus
patients envers eux, en les faisant compatir à l'infirmité
de cet âge. Car il ne faut pas qu'ils s'imaginent que
ce qu'ils savent avec plaisir, les enfants le puissent
apprendre sans peine; mais il faut plutôt qu'ils se ressouviennent de leur enfance et des difficultés qu'ils
ont eues eux-mêmes à se rendre savants. Ainsi, ils
s'accommoderont à la faiblesse de leurs écoliers, et ne
leur feront point d'autre peine que celle dont ils ne
peuvent absolument les dispenser....

« Il y aura toujours assez d'autres difficultés, soit de
la part des choses, soit de la part de leur esprit, soit
enfin de la part de leurs inclinations ou aversions
naturelles, sans que nous y ajoutions encore d'autres
de notre part, par la mauvaise manière dont nous nous
prenons à les instruire [1].

« Comment donc voudrait-on que les enfants apprissent à lire en peu de temps et avec plaisir, ou au moins
sans une extrême peine, en commençant à les faire
lire en latin, qui est une langue qu'ils ne connaissent
aucunement, et dont ils n'entendent jamais parler (car
cela leur servirait beaucoup, au moins pour la pronon-

---

1. Cette justification de la méthode est pleine de bon sens et
de netteté.

ciation) que lorsqu'on les en instruit? N'est-il pas plus naturel de se servir de ce qu'ils savent déjà, pour leur enseigner ce qu'ils ne savent pas, puisque la définition même de la méthode d'enseigner nous montre à en user de la sorte ?...

« Or les Français savent déjà le français, dont ils connaissent une infinité de mots; pourquoi donc ne leur pas faire apprendre à lire premièrement en français, puisque cette méthode serait beaucoup plus courte et moins pénible ? car ils n'auraient qu'à retenir les figures des lettres et leurs combinaisons ou assemblages; en quoi la mémoire des choses et des mots qu'ils savent déjà, avec ce qu'ils entendent dire continuellement dans le commerce du monde, les aiderait peu à peu à s'en ressouvenir; au lieu qu'en latin ils ne sont aidés de quoi que ce soit; tout leur est barbare [1] et nouveau, ils ne peuvent s'attacher qu'aux caractères et aux combinaisons qu'on leur en montre; ce qui fait qu'ils ne les retiennent qu'avec une extrême peine et un fort long temps, durant lequel il faut les leur rebattre cent et cent fois, avant qu'ils s'en puissent ressouvenir une seule fois, n'ayant rien à quoi se tenir, ni les mots, ni les choses, ni ce qu'ils entendent dire tous les jours.

« Puis donc qu'il faut se servir de ce que les enfants savent déjà pour leur apprendre ce qu'ils ne savent pas, ce qui est une règle générale et sans exception aucune pour tout ce qu'on veut leur montrer, il serait à propos de ne leur faire lire d'abord que des mots détachés de tout discours, dont ils connaissent les choses, comme ceux qui sont de leur usage, du *pain*, un *lit*, une *chambre*, etc. Mais il faudrait leur avoir fait voir auparavant les figures et les caractères de ces mots dans un alphabet, en ne leur faisant prononcer que les voyelles et les diphtongues seulement, et non les consonnes, lesquelles il ne leur faut faire prononcer

---

1. C'est-à-dire, au sens latin de ce mot, *étranger*.

que dans les diverses combinaisons qu'elles ont avec les mêmes voyelles ou diphtongues dans les syllabes et les mots.

« Car on fait encore une autre faute dans la méthode commune d'apprendre à lire aux enfants, qui est la manière dont on leur montre à *appeler les lettres séparément*, aussi bien les consonnes que les voyelles. Or les consonnes ne sont appelées consonnes que parce qu'elles n'ont point de son toutes seules, mais qu'elles doivent être jointes avec des voyelles et sonner avec elles [1]. C'est donc se contredire soi-même que de montrer à prononcer seuls des caractères qu'on ne peut prononcer que quand ils sont joints avec d'autres; car, en prononçant séparément les consonnes et les faisant appeler aux enfants, on y joint toujours une voyelle, savoir *e*, qui n'est ni de la syllabe ni du mot; ce qui fait que le son des lettres appelées est tout différent des lettres assemblées; ainsi, après que les enfants ont bien appelé l'une après l'autre toutes les lettres d'un mot, ils ne peuvent plus les prononcer assemblées dans ce même mot, parce que la confusion des sons différents trouble leurs oreilles et leur imagination. Par exemple, on fait appeler à un enfant ce mot *bon*, lequel est composé de trois lettres *b*, *o*, *n*, qu'on leur fait prononcer l'une après l'autre. Or *b*, prononcé seul, fait *bé*, *o* prononcé seul fait encore *o*, car c'est une voyelle : mais *n* prononcée seule fait *enne*. Comment donc cet enfant comprendra-t-il que tous ces sons qu'on lui a fait prononcer séparément, en appelant ces trois lettres l'une après l'autre, ne fassent que cet unique son, *bon*? On lui a fait prononcer quatre sons, dont il a les oreilles pleines, et on lui dit ensuite : assemblez ces quatre sons et faites-en un, savoir, *bon*; voilà ce qu'il ne peut jamais comprendre, et il n'apprend à les assembler que parce que

---

1. La définition n'est pas tout à fait exacte, puisqu'il y a des consonnes qui ont bien un son toutes seules, par exemple, *f*, *s*, même *r*.

son maitre fait lui-même cet assemblage et lui crie cent fois aux oreilles cet unique son, *bon.*

« De même, on fait appeler à ce pauvre enfant cet autre mot *jamais,* et on le fait en cette manière, *j-a-m-a-i-s, jamais.* Le moyen que cet enfant s'imagine que les six sons qu'on lui a fait prononcer en appelant ces six lettres ne fassent que ces deux-ci : *jamais?* Car, quand on appelle les lettres de ce mot, on prononce séparément *j-a-em-a-i-esse.* Voilà six ou sept sons dont on prétend qu'il doit former ces deux-ci : *ja-mais.* N'aurait-on pas plus tôt fait de ne lui faire prononcer que ces deux syllabes *ja-mais,* et non toutes ces consonnes et voyelles séparément ? Ce qui ne fait que brouiller son esprit par cette multitude de sons différents, dont il ne peut jamais faire l'assemblage que vous voulez qu'il fasse, si vous ne le faites vous-même et ne le prononcez plusieurs fois à ses oreilles. Il faut dire le même d'une infinité de mots plus difficiles, *aimoient, faisoient, disoient,* etc. [1].

« D'ailleurs, qu'on fasse appeler tant qu'on voudra à un enfant ses lettres, ce ne sera jamais par ce moyen qu'il apprendra à prononcer les syllabes et les mots; il n'y a que l'usage et l'accoutumance qu'il a d'entendre dire cent fois un même son lorsqu'on lui en montre les caractères qui les lui fassent apprendre. Mais c'est qu'on veut toujours raisonner avec les enfants et leur montrer par règles ce qui ne dépend que de l'usage seul, qui est la seule raison du langage. Et si l'on veut faire attention à ce que je dis, on verra qu'on leur prononce tant de fois les syllabes et les mots tout assemblés qu'enfin ils les retiennent et se ressouviennent qu'à telles

1. La prononciation de *oi* à l'imparfait n'était pas bien fixée alors. Le P. Chiflet écrit en 1677 : « Il est plus doux et plus commun, entre les grands qui parlent bien, de prononcer *je parlais.* Toutefois ce n'est pas une faute de dire *je parlois,* puisque à Paris dans le barreau et dans les chaires des prédicateurs il y a beaucoup de langues éloquentes qui ne condamnent pas cette prononciation. » (*Nouvelle et parfaite grammaire française,* p. 203.)

lettres jointes ensemble on a donné une telle prononciation, laquelle ils n'auraient jamais conçue autrement en appelant les lettres l'une après l'autre. C'est pourquoi il est fort inutile de leur faire perdre tant de temps et de peine par cette manière d'appeler, au lieu qu'ils auraient bien plus tôt appris les combinaisons des lettres que cette multitude de sons dont on veut qu'ils composent une ou deux syllabes. Ainsi, on attribue sans raison la science de lire, que les enfants acquièrent à la fin, à cette manière d'appeler les lettres, laquelle n'est qu'un effet de l'usage qu'ils ont d'entendre prononcer souvent les syllabes et les mots entiers; comme on croit que les règles de Despautère [1] sont cause de la manière correcte dont un enfant compose en latin, quoiqu'en composant il n'y ait pas seulement pensé, n'ayant suivi en cela que l'usage du latin, lequel il n'a appris qu'en lisant, en écrivant et qu'en faisant beaucoup de fautes dont on l'a corrigé.

« Après donc qu'on aura fait voir et prononcer aux enfants les cinq voyelles *a, e, i, o, u,* et les diphtongues *æ, œ, au, eu, ei* [2], et qu'on leur aura fait regarder seulement les figures des consonnes sans les leur faire prononcer que dans la combinaison des syllabes entières, dont on leur aura fait dresser et apprendre un alphabet, il sera bon de leur faire lire premièrement les mots entiers et détachés les uns des autres, dont il leur faudrait faire une liste où l'on ne mettrait que les plus communs qu'ils entendent dire le plus souvent et dont

1. Van Pauteren, en français Despautère (1460-1520), professeur à Louvain, à Bois-le-Duc. Sa grammaire latine a longtemps régné dans les écoles.

2. C'est une erreur d'appeler « diphtongue » (deux sons) *æ, œ, au, eu, ei,* puisqu'il n'y a réellement qu'un son représenté par deux lettres qui perdent leur son propre pour en former un nouveau. La *Grammaire générale* de Port-Royal n'avait pas commis cette faute : « *Eu,* comme il est dans *feu, peu,* fait encore un son simple, quoique nous l'écrivions avec deux voyelles. » (Ire part., chap. i.) Cependant, au chapitre iii, les auteurs appellent « diphtongue » le son pourtant simple de *eau.*

ils connaissent la signification. Et comme on leur apprend à prier Dieu dès l'âge de quatre et cinq ans (je suppose qu'on le fasse en français), il faudra commencer par leurs prières et par le catéchisme [1], qu'ils savent déjà par cœur, à leur faire lire un discours suivi, puis leur en rompre le fil et la suite pour voir si c'est par la connaissance des caractères qu'ils lisent, ou si ce n'est point par cœur et par routine; afin que, quand ils pourront lire indifféremment leurs prières et leur catéchisme, partout où on leur demandera, on commence ensuite à leur donner des livres français.

« Étant donc en état de pouvoir apprendre à lire dans les livres français, il faudra leur en donner qui soient proportionnés à leur intelligence pour les matières. Les petits colloques de Mathurin Cordier [2] seraient très propres à cet usage, s'ils étaient traduits en meilleur français; car il ne faut pas corrompre dès ce bas âge la pureté de leur langage naturel; mais les fables de Phèdre, les *Captifs* de Plaute, les *Bucoliques* de Virgile, les trois comédies de Térence, ces billets-ci et le recueil des lettres de Cicéron leur pourront servir très utilement; car, par ce moyen, ils apprendront tout ensemble à lire et à parler purement en leur langue, en la manière que les honnêtes gens conversent dans le monde, qui est le premier style où il faut les former, et sauront

---

1. Quand même la loi n'aurait pas ôté à l'école son caractère confessionnel, nous ne pensons pas que ce soient là des livres qui puissent intéresser les jeunes enfants. Les sujets sont trop sérieux et trop peu à leur portée.

2. Cordier Mathurin, prêtre (1479-1564), « fut un des meilleurs régents de classe que l'on eût pu souhaiter; car il entendait fort bien la langue latine, il avait beaucoup de vertu, et il s'appliquait diligemment à ses fonctions, aussi soigneux de former les écoliers à la sagesse qu'à la bonne latinité; il usa sa longue vie à enseigner *les enfants tant à Paris qu'à Nevers, Bourdeaux, Genève, Neufchâtel, Lausanne, et finalement derechef à Genève,* où il mourut le 8 septembre 1564, *en l'aage de quatre-vingt-cinq ans, instruisant la jeunesse en la sixième classe trois à quatre jours devant sa mort.* Il n'y a guère de livre qui ait plus servi que celui-là pour accoutumer les enfants à parler latin. » (Bayle.)

par avance les choses qui sont contenues dans les premiers livres latins qu'on leur fera lire ou apprendre par cœur; ce qui leur en facilitera extrêmement l'intelligence, dont les commencements sont si pénibles. Et voilà comment on pourra se servir utilement de ce qu'ils connaîtront déjà pour leur apprendre ce qu'ils ignoreront [1].

« Pour ce qui regarde l'*écriture*, il faut avoir un extrême soin de faire bien apprendre aux enfants à écrire, parce qu'outre les utilités qu'on en tire, c'est encore un très bon moyen de les occuper et désennuyer; car quand ils savent bien écrire, ils s'y plaisent, parce qu'on aime naturellement à faire ce que l'on fait bien, et même on désire d'y exceller. Il faut choisir pour cela les meilleurs maîtres, pourvu qu'ils veuillent s'en donner la peine, et qu'ils prennent garde soigneusement s'ils tiennent bien leur plume, car cela est tout à fait important. C'est pourquoi il ne faut pas les laisser écrire seuls dans les commencements, mais devant leurs maîtres, jusqu'à ce qu'ils aient pris une bonne habitude de bien tenir leur plume; et lorsque cela est, il faut la leur faire passer souvent à sec dans les traits de leur exemple, afin que les muscles, les nerfs et toute la main prennent le pli et le mouvement qui est nécessaire pour bien écrire [2]. Je souhaiterais encore qu'on ne leur donnât point de ces sortes d'exemples qui n'ont ni rime ni raison, mais quelques belles sentences en vers français ou latins, qui pussent servir au règlement de leur esprit et de leurs mœurs [3].

1. Il y a une prévoyance ingénieuse à faire lire aux enfants en français ce qu'ils auront plus tard à étudier en latin. Mais, à y regarder de près, les ouvrages proposés sont-ils tous bien choisis? Les fables de Phèdre conviennent parfaitement. Mais les comédies de Térence et de Plaute, et les lettres de Cicéron? Il s'agit d'enfants « en bas âge », qui viennent de vaincre les premières difficultés de la lecture, c'est une nourriture encore beaucoup trop forte.

2. Cette recommandation est très judicieuse et plus simple dans la pratique que l'emploi de ces tablettes où l'élève promène son crayon dans des lettres en creux.

3. A l'époque où Guyot donnait ces sages conseils, Mme de

Ils en apprendraient insensiblement un grand nombre, qui feraient autant de bonnes semences dont on verrait le fruit en son temps. Il sera bon de leur faire continuer cet exercice durant plusieurs années et de ne point souffrir qu'ils écrivent mal ou leurs thèmes ou leurs traductions; car, outre qu'il faut faire bien tout ce que l'on fait [1], autant qu'il est possible, c'est qu'ils désapprendraient bientôt ce qu'ils auraient appris avec beaucoup de peine et de temps.

« Je viens maintenant au latin, et je suppose, ce dont tout le monde demeure d'accord, que comme les langues naturelles et vivantes doivent s'apprendre principalement par l'usage et le commerce qu'on a avec les personnes qui les parlent bien, de même les langues mortes doivent s'apprendre par la lecture de ceux qui ont bien parlé autrefois et qui vivent et nous parlent encore en quelque sorte dans leurs ouvrages. Mais comme la vie et la parole de ces morts est toute mourante, pour ne pas dire toute morte, et que le ton de leur voix est si bas et si difficile à entendre qu'il ne diffère guère du silence, ce serait un avantage incomparable de ressusciter en quelque sorte ces morts et de les animer de notre esprit, de notre voix et de notre action, afin qu'ils puissent nous enseigner d'une manière toute vivante et toute naturelle [2]. Et c'est ce que l'on peut faire en traduisant

Maintenon écrivait de sa main sur les cahiers de ses élèves de Saint-Cyr, comme exemples d'écriture, ces maximes : « *Cherchez la vérité en tout. — Aimez à faire plaisir et ne mentez jamais. — Il n'y a rien de honteux que de mal faire. — Rendez-vous à la raison aussitôt que vous la voyez. — Soyez sévères pour vous et indulgentes pour les autres. — Si vous sentez de la joie quand on vous reprend, croyez que vous aurez du mérite. — Que votre conscience soit simple et sincère. — Ne vous couchez jamais sans avoir appris quelque chose* », etc., etc.

1. Excellent précepte à recommander. Qu'importe une heure d'application à la leçon d'écriture, si le reste du temps on griffonne. Les bons instituteurs ont, pour le même motif, supprimé le *cahier de brouillon.*

2. Il y a dans toute cette page un très vif sentiment de la puissance de l'enseignement oral, de la parole vivante du

leurs ouvrages de vive voix devant les enfants, ou leur en lisant la traduction, en leur servant ainsi d'un truchement vivant et animé, qui leur parle leur propre langue, comme ces morts leur parleraient en la leur, s'ils vivaient encore. Ce qui fait voir que, la traduction étant le moyen qui approche de plus près de la manière naturelle dont on apprend les langues vivantes, elle est aussi le moyen le plus naturel et le plus utile pour apprendre les langues mortes.

« Car n'est-ce pas un ordre tout renversé et tout contraire à la nature que de vouloir qu'on commence par écrire en une langue, laquelle non seulement on ne sait pas parler, mais même qu'on n'entend pas? Les enfants qui commencent à apprendre leur langue naturelle commencent par l'entendre avant que de la parler, et à la parler ensuite avant que de l'écrire. Pourquoi donc renverser cet ordre que la nature nous prescrit, pour faire commencer les enfants à écrire en une langue qu'ils n'entendent pas? Ce qui fait voir que la méthode si commune de faire écrire des thèmes latins aux enfants avant que de leur avoir appris à entendre le latin, pour ne pas dire aussi à le parler, est une méthode entièrement contraire à la nature, dont l'art doit être l'imitateur. Il est donc constant qu'il faut commencer à montrer le latin aux enfants pour le leur faire entendre avant qu'ils le parlent ou qu'ils y écrivent, et qu'il n'y a point d'autre moyen de le leur faire entendre que la traduction.

« Or il y a deux sortes de traduction, l'une qui se fait de vive voix, et l'autre par écrit. Il est sans doute que la première est incomparablement plus utile et plus naturelle que la seconde; car la voix en ce point est comme un fidèle truchement qui nous conduit vivement dans le pays des morts et qui nous fait parler et converser avec eux, ou au moins qui nous fait les entendre parler

maître. Guyot y revient encore un peu plus loin avec une insistance qu'on ne saurait trop approuver.

et converser avec nous comme il nous ferait parler et converser avec des Turcs et des Allemands, pour nous faire entendre premièrement leur langage, puis pour nous faire parler avec eux, et enfin pour leur écrire.

« Mais pour connaître mieux l'avantage qu'a cette traduction, qui se fait de vive voix, sur celle qui se fait par écrit, il faut remarquer que les paroles ont une double signification, l'une naturelle, et l'autre artificielle; car, comme les paroles sont les signes volontaires des choses ou des idées de l'esprit, elles sont aussi des signes naturels des mouvements du cœur; et cette signification naturelle se perd en quelque sorte dans les écrits, au moins pour ceux qui ne font que commencer à apprendre une langue morte, lesquels n'en entendent alors que la signification artificielle des choses, selon les idées qu'elle leur en fait naître dans l'esprit, qui sont d'ordinaire assez obscures et confuses dans les enfants, mais la traduction vivante conserve mieux cette signification des mouvements du cœur; car la voix a été donnée aux hommes, non seulement pour faire connaître les choses ou les idées qu'ils ont des choses, mais aussi pour faire connaître les diverses affections de leur cœur; à l'égard de ces mêmes choses, ou des idées qu'ils en ont : ce qu'ils font encore en une infinité d'autres manières, par le geste et l'action, par le mouvement des mains, des yeux, de la tête, des épaules, enfin par le langage muet de tout le corps : c'est aussi ce langage du cœur qu'il faut entendre pour bien entendre une langue, parce qu'il en est comme l'esprit et la vie. Car ce sont les passions et les mouvements du cœur qui font presque toutes les beautés et les figures différentes du discours et qui lui donnent cette force toute-puissante qu'on attribue à l'éloquence et cet air ou caractère différent qu'on y remarque. Ce qui ne se trouve pas seulement dans le langage particulier de chaque homme, mais dans celui même des peuples et des nations entières; car les uns parlent d'une manière pleine de douceur, les autres de rudesse; les uns d'une manière modeste, les autres altière et pleine de vanteries; les uns d'un style simple et naïf, les autres d'un style figuré et orné; les uns affectent la brièveté, les autres un long tour de paroles; les uns parlent avec incivilité, les autres avec civilité; les uns d'un air amoureux et tendre, les autres d'un ton sec et dur : toutes ces différences viennent des mouvements du cœur.

« Ainsi, pour faire bien entendre cette signification naturelle des mouvements de l'âme qui accompagne la signification artificielle des pensées, il faut qu'un maître anime la leçon qu'il donne à ses écoliers du ton de la voix et de l'action de son geste, en la leur lisant premièrement en français, puis en latin, avec toutes les inflexions et les accents qui lui sont propres; car ils la comprendront et la retiendront bien plutôt, parce qu'ils en seront plus vivement touchés; au lieu qu'une lecture simple ou qu'on leur fait faire, ou qu'on leur fait soi-même, fait peu d'impression sur leur esprit. Ainsi un orateur ou un acteur nous fait bien mieux comprendre le sujet d'une pièce qu'une simple lecture, parce que, joignant sa voix et son action aux choses, il en fait passer bien plus vivement les idées dans l'esprit et les mouvements dans le cœur. Voilà comment on inspire la vie à une langue morte, et qu'on donne une double vie à une langue déjà vivante; ce qui ouvre et élève même l'esprit des enfants, en les remuant et les agitant puissamment, et les rend ainsi capables d'imiter par l'art des passions toutes naturelles, dont, ne pouvant pas encore être touchés, ils ne peuvent aussi les connaître et les imiter que par ce moyen....

« Puis donc que le français nous doit servir d'introducteur et de truchement dans le pays latin, il faut qu'il aille un pas devant lui, je veux dire qu'il faut apprendre le français avant le latin; et on doit tellement affermir les enfants dans le style familier et commun du français par la lecture des livres que j'ai marqués, en les leur faisant apprendre par cœur, que le latin qu'ils apprendront ensuite ne soit pas capable d'altérer et de corrompre la pureté de leur français. Or les petits enfants sont plus propres à apprendre de la sorte le français que les grands, parce que, concevant peu les choses, ils ne sauraient les détacher des mots avec lesquels elles sont entrées dans leur esprit, étant pour ainsi dire toutes vêtues des termes et des expressions qui les leur ont fait concevoir; au lieu que les grands, concevant les choses à leur mode, et selon les opinions dont ils sont prévenus, les expriment aussi à leur mode sans s'assujettir aux paroles de leur auteur. Il faut donc, comme j'ai dit, affermir premièrement les petits enfants dans le français commun et familier, afin que le latin qu'ils verront ensuite, lequel est si contraire au français dans son ordre et son arrangement, ne puisse altérer leur langue naturelle, comme cela arrive ordinairement. Car nous voyons que les enfants qu'on a instruits autrement ont désappris souvent le français, ou plutôt ne l'ont point appris du tout en apprenant le latin, et se sont rendus même plus incapables de l'apprendre : ce qu'on peut remarquer lorsqu'on les fait écrire en français.... C'est ce qui fait qu'en ce temps les personnes les plus savantes et qui entendent le mieux les auteurs, ayant négligé leur langue naturelle pour apprendre les étrangères, et renoncé au commerce des vivants pour ne converser qu'avec les morts, ne peuvent traduire leurs ouvrages que d'une manière toute morte et étrangère et se rendent ainsi moins capables des grands emplois de la chaire et du barreau....

« Il faut donc que les enfants apprennent, par ces traductions françaises, un médiocre usage de leur langue naturelle, qui consiste dans la pureté des mots et de leur combinaison, et dans la netteté du style et des expressions communes et familières; c'est pourquoi il ne faut pas faire lire plusieurs livres français de divers styles, et surtout ceux qui sont d'un mauvais langage; car cela les rendrait incapables de bien discerner ce qui est bon d'avec ce qui est mauvais, ainsi qu'il arrive aux personnes qui s'accoutument à toutes sortes de vins, lesquels ils ne peuvent plus bien goûter, ni connaître leurs différences ; et il ne faut nourrir leur esprit que de choses délicates et spirituelles, si l'on veut leur donner un goût délicat et spirituel. C'est pourquoi on commet une grande faute en les faisant lire indifféremment toutes sortes d'auteurs, aussi bien latins que français, et ceux qui les conduisent de la sorte font voir qu'ils ont eu eux-mêmes le malheur de n'avoir pas été bien conduits, de sorte que la faute qu'on a faite dans leur éducation se multiplie à l'infini, instruisant les autres comme ils ont été instruits eux-mêmes ; et on en trouve peu qui s'élèvent au-dessus de la coutume pour suivre la raison....

« Puis donc que notre dessein est de former les enfants au style commun et familier, il faut leur choisir des livres propres à cet usage et pour la matière et pour le style [1].... Joignez à cela pour les fêtes et les dimanches les *Vies des Pères du désert*, les dernières *Vies des saints*, écrites par M. d'Andilly, son *Histoire de Josèphe*, les *Confessions de saint Augustin*, l'*Imitation de Jésus-Christ*, les *Homélies de saint Chrysostome*, et quelques autres livres ou histoires bien écrites en français. Cela les fortifiera toujours aussi bien dans la pureté des mœurs que dans celle du français, et les remplira de plusieurs bonnes choses dont il faut leur faire faire de bonne heure de grandes provisions.... On y peut ajouter quelques poètes des plus chastes, pleins de vives descriptions, de riches comparaisons et de belles instructions morales ; car la douceur des vers plaira à leurs oreilles, et leur cadence harmonieuse les accoutumera à mieux prononcer et même élèvera leur esprit au-dessus des pensées et des expressions communes.

« Il faut faire lire les enfants peu et souvent, d'un ton haut et clair, parce que cela leur exercera la voix et la poitrine, et donnera lieu à leur apprendre à bien pro-

---

1. Il reprend ici la liste déjà donnée plus haut.

noncer, en leur donnant l'accent qu'il faut, à leur faire faire les nuances qui sont conformes aux sujets, et à corriger les fausses cadences ou inflexions de voix où ils tombent; ainsi, on les accoutumera à la délicatesse de l'oreille, à l'arrangement des mots et nombre [1] des périodes; outre qu'en les faisant lire peu et souvent on leur donnera peu d'application. Car les enfants sont ordinairement fort distraits, et une trop longue contention émousse la pointe de leur esprit et en éteint le feu. Il sera bon de lire aussi tout haut devant eux, animant ce qu'on leur lit du ton et de l'accent propres à faire entendre les choses et à les y appliquer; cela peut beaucoup les former, parce qu'ils ont une inclination naturelle à imiter, et à apprendre par imitation : ce qu'on remarque même dans les bêtes, de sorte que les tons, les gestes et les mouvements font une impression naturelle dans leur esprit et même dans les organes du corps, ce qui les tourne et les dispose à imitier ce qu'ils voient et ce qu'ils entendent, comme ceux qui bâillent font bâiller les autres, et ceux qui font des grimaces en font faire aux autres, sans qu'ils le veuillent ou qu'ils s'en aperçoivent....

« Il serait aussi fort utile d'obliger les enfants à vous reconter sur-le-champ ce qu'ils auront retenu de leur lecture [2]; car cela les rendra plus attentifs, et la réflexion qu'ils feront alors leur gravera davantage les choses dans l'esprit, où les images des paroles viennent d'être imprimées selon l'ordre et la suite de leur lecture, surtout quand les choses leur sont nouvelles et qu'ils manquent de termes et d'autres expressions pour en parler; car leur discours en retient encore tout l'arrangement des paroles, sans que l'assemblage s'en rompe, et s'ils viennent à manquer ou à hésiter, il

1. Le mot *nombre* signifie *harmonie*.
2. Très sage et très utile pratique, applicable même dans le cours élémentaire, avec des enfants qui ne savent pas encore écrire; elle fixe leur attention, développe leur intelligence, leur apprend à parler correctement et les prépare à la composition.

faut les redresser avec leur livre, même afin de ne rien changer ou troubler dans leur esprit, mais d'y imprimer davantage ce qui y est déjà; et cet arrangement des mots est extrêmement important, parce qu'on y manque plus qu'à la pureté des mots mêmes; c'est le défaut ordinaire de ceux qui parlent ou n'écrivent pas bien, soit en français, soit en latin.

« Mais il faut prendre garde, en les exerçant à parler ou à écrire, qu'ils le fassent avec clarté et netteté, et, comme ils ne le peuvent faire que selon la connaissance claire et distincte qu'ils ont des choses, et selon l'arrangement propre à chaque langue, il faut leur expliquer clairement et en peu de paroles les mêmes choses; car la multitude et la diversité des paroles, venant ordinairement du trouble et de la confusion des pensées, elle ferait le même trouble et la même confusion dans l'esprit des enfants [1]. C'est pourquoi il ne faut ordinairement les faire parler ni écrire que sur les sujets qu'ils savent le mieux, et dans le style et dans les termes où ils sont le plus exercés; autrement ils ne parlent qu'obscurément, comme sont leurs conceptions, et s'accoutument ainsi à parler et à se satisfaire de ce qu'ils n'entendent pas, ce qui est cause d'un défaut très ordinaire aux hommes, qui est de parler beaucoup de ce qu'on entend peu. Il faut donc expliquer aux enfants ce qu'ils n'entendent pas, et les interroger souvent, parce qu'on s'imagine souvent qu'ils entendent bien ce qu'ils n'entendent pas en effet, jugeant de leur suffisance par la nôtre; il faut même les obliger de demander ce qu'ils n'entendent pas, et, quand ils le demandent d'eux-mêmes, encore que la chose soit au-dessus de la portée de leur esprit, il ne faut pas laisser

1. Le seul moyen d'éviter ce défaut capital dans l'enseignement, c'est une consciencieuse préparation de chaque leçon, outre cette préparation générale que ne doit jamais cesser un instituteur en se tenant au courant des méthodes et des livres, en approfondissant et en complétant ses connaissances par des lectures variées.

de les instruire avec d'autant plus de soin qu'ils sont mieux disposés à en profiter, parce que la curiosité qui leur a fait demander a ouvert leur esprit, et les a rendus plus capables de concevoir ce qu'on leur dira alors. Il faut nourrir longtemps les enfants d'un même style; car le temps en cela fera plus d'impression que toutes les observations qu'on leur pourrait faire faire sur le langage, comme une goutte d'eau cave plus la pierre en tombant peu à peu que tombant tout d'un coup d'une grande force.

« On peut commencer à les faire écrire en français avant qu'ils écrivent en latin, en leur donnant à faire de petits dialogues, de petites narrations ou histoires, de petites descriptions, de petites lettres, et en leur en laissant même choisir les sujets parmi les lectures qu'ils ont faites, afin qu'ils ne s'accoutument pas à écrire obscurément et à se contenter de ce qu'ils n'entendent pas, ce qui leur fait perdre le discernement des ténèbres et de la lumière, prendre le faux pour le vrai, le douteux pour le certain, enfin le mal pour le bien....

Je ne dis rien touchant les synonymes et expressions semblables, touchant l'ordre et l'arrangement des mots, touchant leur signification propre ou métaphorique, touchant leurs liaisons et combinaisons, touchant les figures et les transitions, touchant le tour du discours, la manière de le rompre, de le reprendre et de continuer; il faut réserver tout cela à l'usage [1], et quand ils seront plus avancés en esprit et en jugement; il vaut mieux dire ces choses aux écoliers que les exiger d'eux, puisque, quelques règles qu'on leur donne, elles ne préviennent pas tant les fautes avant qu'on les ait faites, qu'elles ne servent à les corriger quand on les a faites.

« Il serait à souhaiter qu'on ne fît point apprendre par

---

1. C'est évidemment dans la lecture d'un passage, dans l'explication d'un texte, que tous ces détails doivent être saisis, bien plus utilement que dans une nomenclature sèche et aride.

cœur les livres entiers des auteurs, mais seulement les
plus beaux endroits ; car il ne faut charger la mémoire
des enfants, qui a sa mesure, que de ce qu'il y a de
plus excellent dans les livres ; il faut néanmoins l'exercer
beaucoup.... »

(Guyot, *Billets de Cicéron*, 1668. Préface.)

Vues générales pour bien élever un prince [1].

.... La qualité la plus essentielle à un précepteur
que l'on destine à un prince est une certaine qualité
qui n'a point de nom, et que l'on n'attache point à une
certaine profession ; ce n'est pas simplement être habile
dans l'histoire, dans les mathématiques, dans les langues, dans la politique, dans la philosophie, dans les
cérémonies, dans les intérêts des princes ; on peut suppléer à tout cela. Il n'est pas nécessaire que celui qui
est chargé de l'instruction d'un prince lui montre tout,
il suffit qu'il lui montre l'usage de tout. Il faut même
par nécessité qu'il se fasse soulager, et que, pendant
qu'il se prépare à certaines choses, il soit seulement
témoin de ce qui lui est enseigné par d'autres. Mais on
ne supplée point à cette qualité essentielle qui le rend
capable de cet emploi, on ne l'emprunte point d'autrui ;
on ne s'y prépare point. La nature la commence, on
l'acquiert par un long exercice et par une infinité de
réflexions. Et ainsi ceux qui ne l'ont pas qui sont un
peu avancés en âge sont incapables de l'avoir jamais.

1. C'est un signe des temps, et il est tout à l'honneur de notre
époque, que l'on puisse proposer sans exagération aux instituteurs du peuple les conseils donnés par Nicole pour l'éducation
d'un prince. Il y a peu à faire pour les approprier aux besoins
de l'enseignement primaire, à la préparation du personnel dans
les écoles normales, comme à la bonne direction des études
élémentaires.

— On ne peut mieux la faire comprendre, qu'en disant que c'est cette qualité qui fait qu'un homme blâme toujours ce qui est blâmable, qu'il loue ce qui est louable, qu'il rabaisse ce qui est bas, qu'il fait sentir ce qui est grand, qu'il juge sagement et équitablement de tout, qu'il propose ses jugements d'une manière agréable et proportionnée à ceux à qui il parle; et enfin qu'il tourne en toutes choses à la vérité l'esprit de celui qu'il instruit.

— Il ne faut pas s'imaginer qu'il le fasse toujours par des réflexions expresses ou qu'il s'arrête à tout moment à donner des règles du bien et du mal, du vrai et du faux; il le fait, au contraire, presque toujours d'une manière insensible, c'est un tour ingénieux qu'il donne aux choses, qui expose en vue celles qui sont grandes et qui méritent qu'on les considère, qui cache celles qu'il ne faut point voir, qui rend le vice ridicule, la vertu aimable, qui forme l'esprit insensiblement à goûter et à sentir les bonnes choses, et à avoir du dégoût et de l'aversion pour les mauvaises. De sorte qu'il arrive très souvent que la même histoire et la même maxime qui sert à former l'esprit quand elle est proposée par une personne habile et judicieuse, ne sert au contraire qu'à le gâter quand elle est proposée par une personne qui ne l'est pas.

— Les précepteurs ordinaires ne se croient obligés d'instruire les princes qu'à certaines heures et lorsqu'ils leur font expressément ce qu'ils appellent leçon; mais cet homme dont nous parlons n'a point d'heure de leçon, ou plutôt il fait à son disciple une leçon à toute heure; car il l'instruit souvent autant dans le jeu, dans les visites, dans les conversations, dans les entretiens qu'on a à table avec ceux qui y sont présents que lorsqu'il lui fait lire les livres; parce qu'ayant pour principal but de lui former le jugement, les divers objets qui se présentent y sont souvent plus avantageux que les discours étudiés, n'y ayant rien qui pénètre moins l'esprit que ce qui entre sous l'image peu agréable de leçon et d'instruction.

— Comme cette manière d'instruire est insensible, le profit que l'on en tire est aussi en quelque sorte insensible, c'est-à-dire qu'il ne s'aperçoit pas par des signes grossiers et extérieurs; et c'est ce qui trompe les personnes peu intelligentes, qui s'imaginent qu'un enfant instruit en cette manière n'est pas plus avancé qu'un autre, parce qu'il ne sait pas peut-être mieux faire une traduction de latin en français, ou qu'il ne répète pas mieux une leçon de Virgile, et ainsi ne jugeant de l'instruction de leurs enfants que par ces bagatelles, ils feront souvent moins d'état d'un homme vraiment habile que d'un autre qui n'aura qu'une science basse et un esprit sans lumière.

— Ce n'est pas que dans l'instruction des princes on doive négliger les choses communes, et qu'on ne doive leur apprendre les langues, l'histoire, la chronologie, la géographie, les mathématiques et même la jurisprudence jusqu'à un certain point. Il faut régler leurs études comme on les réglerait à d'autres personnes. Il faut tâcher de les rendre laborieux. Il faut les faire passer d'une occupation à une autre sans laisser aucun vide ni aucune inutilité. Il faut ménager avec adresse toutes les occasions de leur faire apprendre diverses choses. Il faut, s'il est possible, qu'ils n'ignorent rien de ce qui est célèbre dans le monde. Tout cela est bon, utile et nécessaire en soi, pourvu que l'on ne s'y arrête pas comme à la fin de leur instruction et que l'on s'en serve à former leurs mœurs et leur jugement.

— Former le jugement, c'est donner à un esprit le goût et le discernement du vrai; c'est le rendre délicat à reconnaître les faux raisonnements un peu cachés; c'est lui apprendre à ne pas se laisser éblouir par un vain éclat de paroles vides de sens, à ne se payer pas de mots ou de principes obscurs, à ne se satisfaire jamais qu'il n'ait pénétré jusques au fond des choses; c'est le rendre subtil à prendre le point dans les matières embarrassées, et discerner ceux qui s'en écartent, c'est le remplir de principes de vérité qui lui servent à la trouver dans toutes choses, et principalement dans celles dont il a le plus de besoin....

— Quoique l'étude de la morale doive être la principale et la plus continuelle de celles où l'on applique les princes, il faut néanmoins que cela se fasse d'une manière si proportionnée à leur âge et à la qualité de leur esprit, que non seulement ils n'en soient pas chargés, mais même qu'ils ne s'en aperçoivent pas. Il faut tâcher qu'ils sachent toute la morale, sans savoir presque qu'il y ait une morale [1], ni qu'on ait eu dessein de les en instruire, en sorte que lorsqu'ils l'étudieront dans le cours de leurs études, ils s'étonnent de savoir par avance beaucoup plus que ce qu'on y enseigne.

— Rien n'est plus difficile que de se proportionner ainsi à l'esprit des enfants ; et c'est avec raison qu'un homme du monde dit que c'est l'effet d'une âme bien élevée de se pouvoir accommoder à ces allures puériles. Il est facile de faire des discours de morale pendant une heure ; mais d'y rapporter toujours toute chose sans qu'un enfant s'en aperçoive et s'en dégoûte, c'est ce qui demande une adresse qui se trouve en peu de personnes.

— Il y a deux choses dans les vices : le dérèglement, qui les rend désagréables à Dieu ; la sottise ou le ridicule, qui les rend méprisables aux hommes. Les enfants sont, d'ordinaire, peu sensibles à la première ; mais on leur peut faire beaucoup sentir la seconde, par mille

---

1. Bain recommande également cette méthode indirecte, mais la seule efficace d'enseignement moral : « Tout homme qui sait maintenir l'ordre et la discipline indispensables à un bon enseignement intellectuel est sûr de laisser dans les esprits des impressions de vraie morale, sans même avoir cherché à le faire. Si, en outre, le maître possède assez de tact pour faire aimer le travail à ses élèves et leur faire accepter librement et avec joie la contrainte qu'impose l'étude, de sorte qu'ils n'aient, en somme, que de bons sentiments pour leurs camarades et pour lui-même, il peut être appelé un excellent maître de morale, qu'il ait voulu ou non mériter ce titre. » (*La science de l'éducation*, p. 292.)

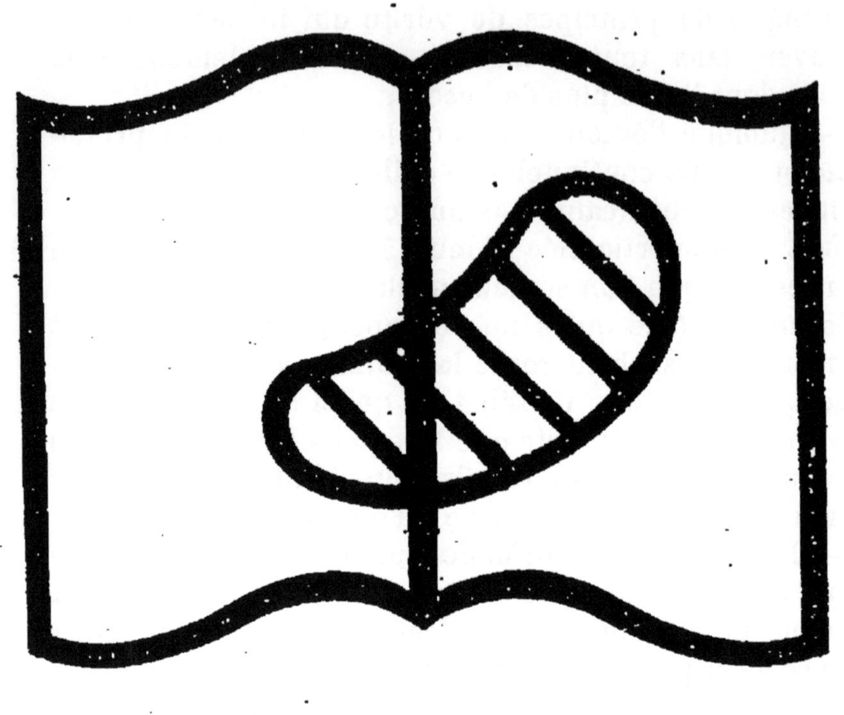

Illisibilité partielle

VALABLE POUR TOUT OU PARTIE DU
DOCUMENT REPRODUIT

manières ingénieuses que les occasons fournissent.
Ainsi en leur faisant haïr les vices comme ridicules [1], on
les préparera à les haïr comme contraires aux lois de
Dieu; et l'on diminuera cependant l'impression qu'ils
font sur leurs esprits....

— Il est nécessaire de bien connaître les défauts de
celui qu'on instruit; c'est-à-dire qu'il faut bien remarquer la pente de sa concupiscence, afin de se servir de
toutes sortes d'adresses pour la diminuer par le retranchement de tout ce qui la fortifie, en distinguant toujours avec soin les défauts passagers et que l'âge emporte
de ceux qui s'accroissent par l'âge même.

— On doit avoir pour but, non seulement de le préserver des chutes, mais de répandre dans son esprit
certaines semences qui le puissent aider à s'en relever,
s'il était si malheureux que de s'y laisser aller.....

— Il n'est pas seulement nécessaire de former autant
que l'on peut leur esprit à la vertu, mais il est même
nécessaire d'y plier leur corps, c'est-à-dire qu'il faut
tâcher qu'il ne leur serve point d'empêchement à mener
une vie réglée, et qu'il ne les entraîne point, par son
poids, au dérèglement et au désordre [2].

Car il faut savoir que, les hommes étant composés
d'esprit et de corps, le mauvais pli que l'on donne au
corps dans la jeunesse est souvent, dans la suite de la vie,
un très grand obstacle pour la piété. Il y en a qui s'accoutument à être si remuants, si impatients et si
prompts, qu'ils deviennent incapables de toutes les

---

1. C'est l'une des thèses favorites de Mme de Maintenon :
« Comptez que les meilleures de vos filles sont celles qui paraissent les plus glorieuses,... d'une certaine gloire qui fait craindre
d'être trouvée enfant, qui rend sensible à une confusion publique.... Il faudra mourir à cette délicatesse quand on sera avancé
dans la piété; mais avant que d'y mourir, il faut y avoir vécu. »

2. C'est un des bienfaits de la gymnastique, de dépenser utilement les forces de la jeunesse, d'entretenir l'équilibre du corps
et de l'esprit, d'assurer un sommeil réparateur et d'écarter ainsi
bien des tentations malsaines. Ce rôle moral des exercices physiques a besoin, je crois, d'être mieux compris qu'il ne l'est.

occupations uniformes et tranquilles ; d'autres se rendent si délicats qu'ils ne sauraient souffrir tout ce qui est tant soit peu pénible. Il y en a qui deviennent sujets à des ennuis mortels qui les tourmentent toute leur vie.

On dira que ce sont des défauts d'esprit ; mais ils ont une cause permanente dans le corps ; et c'est pourquoi ils continuent lors même que l'esprit n'y contribue rien [1]....

— L'amour de la lecture et des livres est un préservatif général contre une infinité de dérèglements, auxquels les grands sont sujets lorsqu'ils ne savent à quoi s'occuper. Et c'est pourquoi on ne saurait trop l'inspirer aux jeunes princes ; il faut les accoutumer à lire beaucoup et à entendre beaucoup lire, et leur ouvrir l'esprit, afin qu'ils s'y divertissent. Il faut même les y attirer par la qualité des livres, comme par des livres d'histoire, de voyages et de géographie, qui ne leur servent pas peu, s'ils peuvent prendre l'habitude d'y passer un temps considérable sans dégoût et sans chagrin [2].

<center>~~~~~~~~~~~</center>

Avis particuliers touchant les études.

L'instruction a pour but de porter les esprits jusqu'au point où ils sont capables d'atteindre [3].

— Elle ne donne ni la mémoire, ni l'imagination, ni l'intelligence, mais elle cultive toutes ces parties ; en les fortifiant l'une par l'autre, on aide le jugement par la

1. *Contribuer* était alors verbe actif ; il est neutre aujourd'hui, et nous disons : l'esprit n'y contribue en rien.

2. C'était un des grands chagrins de Mme de Sévigné de voir sa fille et sa petite-fille peu goûter l'étude de l'histoire : « Quel malheur, dit-elle spirituellement, si Pauline est obligée de se pincer le nez pour en prendre », comme d'une médecine ! S'ennuyer de l'histoire ! mais c'est la subsistance de tout le monde !

3. Les écrivains de Port-Royal n'ont nulle part trouvé une plus large et plus belle formule.

mémoire, et l'on soulage la mémoire par l'imagination et le jugement.

— Lorsque quelques-unes de ces parties manquent, il faut y suppléer par les autres. Ainsi l'adresse d'un maître est d'appliquer ceux qu'il instruit aux choses où ils ont plus de dispositions naturelles [1]. Il y a des enfants qu'il ne faut presque exercer que dans ce qui dépend de la mémoire, parce qu'ils ont la mémoire forte et le jugement faible ; et il y en a d'autres qu'il faut appliquer d'abord aux choses de jugement, parce qu'ils en ont plus que de mémoire.

— Ce n'est pas proprement les maîtres ni les instructions étrangères qui font comprendre les choses; elles ne font tout au plus que les exposer à la lumière intérieure de l'esprit, par laquelle seule on les comprend [2]. De sorte que, lorsqu'on ne rencontre pas cette lumière, les instructions sont aussi inutiles que si l'on voulait faire voir des tableaux durant la nuit.

— Les plus grands esprits n'ont que des lumières bornées, et ils ont toujours des endroits sombres et ténébreux; mais l'esprit des enfants est presque tout rempli de ténèbres, et il n'entrevoit que de petits rayons de lumière. Ainsi tout consiste à ménager ces rayons, à les augmenter et à y exposer ce que l'on veut qu'ils comprennent.

— C'est ce qui fait qu'il est difficile de donner des règles générales pour l'instruction de qui que ce soit, parce qu'il la faut proportionner à ce mélange de lumières et de ténèbres, qui est fort différent selon les différents esprits, principalement dans les enfants. Il faut regarder où il fait jour, et en approcher ce que l'on

---

1. Cette adresse, qui porte ses fruits dans les concours, ne mérite pas le moins du monde d'être encouragée. Il faut utiliser sans doute les dispositions naturelles, mais songer surtout rétablir l'équilibre des facultés, comme on amende les terres qui ont en excès tel ou tel élément constitutif du sol.

2. Idée juste et profonde, dans le développement de laquelle Nicole fait preuve d'une grande finesse d'analyse.

leur veut faire entendre, et pour cela il faut souvent tenter diverses voies pour entrer dans leur esprit, et s'arrêter à celles qui réussissent le mieux.

— On peut dire néanmoins généralement que, les lumières des enfants étant toujours très dépendantes des sens, il faut, autant qu'il est possible, attacher aux sens les instructions qu'on leur donne, et les faire entrer, non seulement par l'âme, mais aussi par la vue [1], n'y ayant point de sens qui fasse une impression plus vive sur l'esprit, et qui forme des idées plus nettes et plus distinctes.

— On peut conclure de cette ouverture que la géographie [2] est une étude très propre pour les enfants, parce qu'elle dépend beaucoup des sens, et qu'on leur fait voir par les sens la situation des villes et des provinces ; outre qu'elle est assez divertissante, ce qui est encore fort nécessaire pour ne les pas rebuter d'abord ; et qu'elle a peu besoin de raisonnement, ce qui leur manque le plus en cet âge.

— Mais pour leur rendre cette étude plus utile et plus agréable tout ensemble, il ne faut pas se contenter de leur montrer dans une carte les noms des villes et des provinces ; mais il faut encore se servir de diverses adresses pour les aider à les retenir.

On peut avoir des livres où les plus grandes villes soient peintes [3], et les leur y faire voir. Les enfants aiment

1. Excellente recommandation sur laquelle il faut encore insister. Deux portes permettent d'arriver à l'intelligence de l'enfant, l'ouïe et la vue. Pourquoi tant de maîtres ne songent-ils pas à les ouvrir toutes deux ? Ce serait une partie capitale de la préparation des leçons que de s'ingénier à se procurer ou à fabriquer tout ce qui pourrait rendre sensibles aux yeux les divers objets de l'enseignement.

2. Les *leçons de choses*, plus encore que la géographie, se prêteront à cet enseignement par l'aspect. On peut montrer et faire manier un grand nombre d'objets : on est réduit, pour le reste, à des images.

3. Ajoutons-y les vues des montagnes, des cours d'eau, des divers accidents géographiques. Les tableaux de M. Félix Hément

assez cette sorte de divertissement. On leur peut conter quelque histoire remarquable sur les principales villes, afin d'y rattacher leur mémoire; on peut leur marquer les batailles qui y ont été données, les conciles qui y ont été tenus, les grands hommes qui en sont sortis. On leur peut dire quelque chose, ou de l'histoire naturelle s'il s'y rencontre quelque rareté, ou de la police, de la grandeur et du trafic de ces villes....

— Il faut joindre à cette étude de la géographie que l'on fait exprès, un petit exercice qui n'est qu'un divertissement et qui ne laisse pas de contribuer beaucoup à la leur imprimer dans l'esprit. C'est que, si l'on parle devant eux de quelque histoire, il ne faut jamais manquer de leur en marquer le lieu dans la carte. Si on lit, par exemple, la gazette, il faut leur faire voir toutes les villes dont il est parlé. Enfin il faut tâcher qu'ils placent dans leurs cartes tout ce qu'ils entendront dire, et qu'elles leur servent ainsi de mémoire artificielle pour retenir les histoires, comme les histoires leur en doivent servir pour se souvenir des lieux où elles se sont passées.

— Outre la géographie, il y a encore plusieurs autres connaissances utiles que l'on peut faire entrer par les yeux dans l'esprit des enfants.

Les machines des Romains, leurs supplices, leurs habits, leurs armes et plusieurs autres choses de cette nature sont représentés dans les livres de Lipse, et on les peut montrer utilement aux enfants [1]; on peut montrer, par exemple, ce que c'était qu'un bélier, ce que c'était que faire la tortue; de quelle sorte les armées romaines étaient ordonnées; le nombre de leurs cohortes et de leurs légions; les officiers de leurs armées, et une infinité d'autres choses agréables et curieuses, en omet-

sont un commencement d'application de ce procédé d'enseignement par l'aspect.

1. Nos éditeurs n'ont pas manqué d'appliquer ces sages indications, et nos enfants ont entre les mains des livres utilement illustrés pour l'étude de l'histoire nationale, de la géographie, des connaissances usuelles, etc.

tant celles qui sont plus embarrassées. On peut à peu près tirer le même avantage d'un livre intitulé *Roma subterranea*, et des autres où on a gravé ce qui nous reste des antiquités de cette première ville du monde, et l'on y peut même joindre les figures qui se trouvent dans certains voyages des Indes et de la Chine, où les sacrifices et les pagodes de ces misérables peuples sont décrits, en leur faisant remarquer en même temps jusqu'à quel excès de folie les hommes sont capables de se porter, quand ils ne suivent que leurs fantaisies et les lumières de leur esprit.

— Le livre d'Aldrovandus [1], ou plutôt l'abrégé qui en a été fait par Jonston, peut aussi servir à les divertir utilement, pourvu que celui qui le leur montrera ait soin d'apprendre quelque chose de la nature des animaux, et de le leur dire, non par forme de leçon, mais par forme d'entretien. Il faut aussi se servir de ce livre pour leur faire voir la figure des animaux dont ils entendent parler, ou dans les livres, ou dans l'entretien.

— Un homme d'esprit a fait voir en ce temps ici, par l'essai qu'il en a fait en un de ses enfants, qu'en cet âge ils sont fort capables d'apprendre l'anatomie; et, sans doute, on leur en pourrait montrer utilement quelques principes généraux, quand ce ne serait que pour leur faire retenir en latin les noms des parties du corps humain [2], en évitant néanmoins de leur donner certaines curiosités dangereuses sur cette matière.

— Il est utile, par la même raison, de leur faire voir les portraits des rois de France, des empereurs romains,

---

1. Aldrovandus, de Bologne (1520-1605), auteur d'une grande *Histoire naturelle* qui ne comprend pas moins de 13 vol. in-fol. Nous n'avons plus aucun parti à tirer de cette immense et indigeste compilation, où la poésie, les légendes, les préjugés populaires tiennent plus de place que la véritable observation.

2. Cette considération est bien secondaire auprès de l'utilité que nous pouvons en retirer pour l'enseignement de l'hygiène et de la gymnastique; mais alors on se préoccupait plutôt d'écrire et même de parler en latin.

des sultans, des grands capitaines, des hommes illustres de diverses nations. Il est bon qu'ils se divertissent à les regarder et à y avoir recours toutes les fois que l'on en parlera devant eux. Car tout cela sert à arrêter les idées dans la mémoire.

— On doit tâcher d'inspirer aux enfants une honnête curiosité de voir des choses étrangères et curieuses, et de les porter à s'informer des raisons de toutes choses. Cette curiosité n'est pas un vice à leur âge, puisqu'elle sert à leur ouvrir l'esprit et qu'elle peut les détourner de plusieurs dérèglements.

— On peut mettre l'histoire entre les connaissances qui entrent, par les yeux, puisqu'on se peut servir, pour la faire retenir, de divers livres d'images et de figures. Mais quand même on n'en trouverait pas, elle est d'elle-même très proportionnée à l'esprit des enfants. Et quoiqu'elle ne consiste que dans la mémoire, elle sert beaucoup à former le jugement. Il faut donc user de toute sorte d'adresses pour leur en donner le goût.

— On leur peut donner d'abord une idée générale de l'histoire universelle, des diverses monarchies et des principaux changements qui sont arrivés depuis le commencement du monde, en divisant la durée des siècles en divers âges : comme depuis sa création jusqu'au déluge, depuis le déluge jusques à Abraham, depuis Abraham jusques à Moyse, depuis Moyse jusques à Salomon, depuis Salomon jusques au retour de la captivité de Babylone, depuis le retour de la captivité jusques à Jésus-Christ, depuis Jésus-Christ jusques à nous, en joignant ainsi à l'histoire générale une chronologie générale [1]....

1. Les programmes actuels de l'enseignement secondaire classique (arrêté du 2 août 1880) se sont inspirés d'idées plus justes : en huitième, histoire de la France jusqu'à Henri IV; en septième, depuis Henri IV jusqu'à nos jours; en sixième, histoire de l'Orient; en cinquième, histoire de la Grèce ancienne; en quatrième, histoire romaine; en troisième, histoire de l'Europe et particulièrement de la France de 395 à 1270; en seconde, de 1270

— Outre ces histoires, qui feront une partie de leur étude et de leurs occupations, il serait avantageux de leur en conter tous les jours une détachée, qui ne tînt point de place dans leurs exercices, et qui servît plutôt à les divertir. Elle s'appellerait *l'histoire du jour*, et on les pourrait exercer à en faire le récit pour leur apprendre à parler.

Cette histoire doit contenir quelque grand événement, quelque rencontre extraordinaire, quelque exemple remarquable de vice, de vertu, de malheur, de prospérité, de bizarrerie. On y pourrait comprendre les accidents extraordinaires, les prodiges, les tremblements de terre qui ont quelquefois absorbé des villes entières, les naufrages, les batailles, les lois et les coutumes étrangères. En ménageant bien cette petite pratique, on leur peut apprendre ce qu'il y a de plus beau dans toutes les histoires; mais il faut, pour cela, y être exact et ne passer aucun jour sans leur en compter quelqu'une en marquant chaque jour celle qu'on leur aura contée.

— Il faut leur apprendre à joindre ensemble dans leur mémoire les histoires semblables, afin que l'une serve à retenir l'autre. Par exemple, il est bon qu'ils sachent des exemples de toutes les plus grandes armées dont on parle dans les livres, des grandes batailles, des grands carnages, des grandes cruautés, des grandes mortalités, des grandes prospérités, des grandes infortunes, des grandes richesses, des grands conquérants, des grands capitaines, des favoris heureux, des favoris malheureux, des plus longues vies, des extravagances

à 1610; en rhétorique, de 1610 à 1789; en philosophie, histoire contemporaine de 1789 à 1875.

On a moins bien réussi pour l'enseignement primaire, où le peu de temps des études a forcé de trop condenser les matières dans le cours supérieur. Où sont les maîtres capables de bien donner, en un an, des notions sur l'histoire ancienne, grecque et romaine, sur l'histoire de l'Europe et de la France jusqu'en 1875? Je regrette, pour ma part, l'ancien programme, qui faisait revoir aux élèves des trois cours, avec de nouveaux développements, l'histoire de la France.

signalées des hommes, des grands vices, des grandes vertus [1]....

— La pensée de ceux qui ne veulent point du tout de grammaire [2] n'est qu'une pensée de gens paresseux, qui se veulent épargner la peine de la montrer; et, bien loin de soulager les enfants, elle les charge infiniment plus que les règles, puisqu'elle leur ôte une lumière qui leur faciliterait l'intelligence des livres, et qu'elle les oblige d'apprendre cent fois ce qu'il suffirait d'apprendre une seule fois....

— On ne doit pas nier que le livre *Janua linguarum* [3] ne puisse avoir quelque utilité; mais il est néanmoins fâcheux de charger la mémoire des enfants d'un livre où il n'y a que des mots à apprendre, puisqu'une des plus utiles règles qu'on puisse suivre dans leur instruction est de joindre toujours ensemble diverses utilités, et de faire en sorte que les livres qu'on leur fait lire pour leur apprendre les langues servent aussi à leur former l'esprit, le jugement et les mœurs, à quoi ce livre ne peut contribuer....

— C'est un avis général et qui est d'une très grande importance pour les maîtres, d'avoir extrêmement présent tout ce qu'ils doivent montrer aux enfants, et de ne se contenter pas de le trouver simplement dans leur mémoire lorsqu'on les en fait souvenir; car on prend mille occasions favorables pour montrer aux enfants ce que l'on sait bien, l'on en fait naître quand on veut, et l'on se proportionne infiniment mieux à leur portée lorsque l'esprit ne fait point d'effort pour trouver ce que l'on doit lire....

1. Ajoutons à cette liste l'histoire beaucoup plus importante des grandes inventions et découvertes. Nicole eût applaudi de tout cœur à la création de la *Bibliothèque des merveilles,* dont le plan, heureusement élargi, répond à ses indications.

2. Nicole s'occupe ici de l'enseignement du latin. Ses observations n'en conservent pas moins leur justesse et leur utilité.

3. Voir le jugement de Lancelot sur le livre de Coménius. (Introduction, p. 17.)

— Il ne faut jamais permettre que les enfants apprennent rien par cœur qui ne soit excellent. Et c'est pourquoi c'est une fort mauvaise méthode que de leur faire apprendre des livres entiers, parce que tout n'est pas également bon dans les livres....

Cet avis est de plus grande importance qu'on ne pense, et n'a pas seulement pour but de soulager la mémoire des enfants, mais aussi de leur former l'esprit et le style; car les choses qu'on apprend par cœur s'impriment davantage dans la mémoire, et sont comme des moules et des formes que les pensées prennent lorsqu'ils les veulent exprimer. De sorte que, lorsqu'ils n'en ont que de bons et d'excellents, il faut, comme par nécessité, qu'ils s'expriment d'une manière noble et élevée.

A propos des études de rhétorique, Nicole fait cette remarque :

Tous ces noms de figures, tous ces lieux des arguments, tous ces enthymèmes et ces épichérèmes ne servirent de rien jamais à personne; et si on les fait apprendre aux enfants, il faut leur apprendre au moins en même temps que ce sont des choses assez inutiles [1].

— On doit tout rapporter à la morale dans l'instruction des grands, et il est facile même de rapporter cette règle dans ce qu'on doit leur montrer de la rhétorique; car la vraie rhétorique est fondée sur la vraie morale, puisqu'elle doit toujours imprimer une idée aimable de celui qui parle, et le faire passer pour honnête homme; ce qui suppose que l'on sache en quoi consiste l'honnêteté et ce qui nous fait aimer. C'est mal parler que de se faire ou haïr ou mépriser en parlant. Et cette

---

1. Ce serait rendre un service signalé à l'enseignement que d'en convaincre bien des maîtres et des maîtresses de nos écoles normales, trop esclaves encore de cette vieille rhétorique. Tous ces noms grecs, que les élèves estropient si facilement, ne leur apprennent rien de vraiment utile. C'est dans l'explication des bons auteurs qu'il faut apprendre les secrets de l'art d'écrire.

règle oblige d'éviter tout ce qui ressent la vanité, la légèreté, la malignité, la bassesse, la brutalité, l'effronterie, et généralement tout ce qui donne l'idée de quelque vice et de quelque défaut d'esprit.

— Il y a, par exemple, dans Pline le Jeune, un air de vanité et d'un amour tendre de la réputation qui gâte ses lettres, quelque pleines d'esprit qu'elles soient, et qui fait qu'elles sont d'un mauvais genre, parce qu'on ne saurait se le représenter que comme un homme vain et léger. Le même défaut rend la personne de Cicéron méprisable en même temps qu'on admire son éloquence, parce que cet air parait presque dans tous ses ouvrages [1]. Il n'y a point d'homme d'honneur qui voulût être semblable à Horace ou à Martial dans leur malignité et leur impudence. Or, donner ces idées de soi-même, c'est pécher contre la vraie rhétorique, aussi bien que contre la vraie morale.

— Il y a deux sortes de beautés dans l'éloquence auxquelles il faut tâcher de rendre les enfants sensibles. L'une consiste dans les pensées belles et solides,

---

1. M. Legouvé a pris chaleureusement la défense de Cicéron dans sa belle réponse au discours de réception de M. G. Boissier : « Un jour, l'empereur Auguste surprit son petit-fils lisant un livre qu'il s'empressa de cacher; l'empereur prit le volume, c'était un ouvrage de Cicéron. Après en avoir lu quelques lignes, il le rendit à l'enfant et ajouta d'une voix émue, où perçait peut-être quelque remords : « Mon fils, cet homme-là aimait profon-« dément son pays! » Voilà le trait dominant de Cicéron, voilà ce qui efface tous ses défauts, voilà ce qui alimente et immortalise son génie.... Qu'importe que ce grand homme ait eu quelques pusillanimités de détail, quelques vanités de passage? Dès que l'intérêt de Rome était là, vanité, terreurs, hésitations, tout disparaissait; il ne voyait plus qu'une chose, la patrie; il n'avait plus qu'un but, le salut de Rome, et il allait droit, non pas seulement au devoir, mais à l'héroïsme, de façon qu'on peut dire que dans ces terribles tempêtes civiles il eut tous les petits effrois et tous les grands courages.... Ah! croyez-moi, monsieur, quand on rencontre dans l'histoire de pareils hommes, il faut non pas atténuer leurs grandeurs par leurs petitesses, mais noyer leurs petitesses dans leurs grandeurs!» (Académie Française, séance du 21 déc. 1876.)

mais extraordinaires et surprenantes. Lucain, Sénèque et Tacite sont remplis de ces sortes de beautés.

L'autre, au contraire, ne consiste nullement dans les pensées rares, mais dans un certain air naturel, dans une simplicité facile, élégante et délicate, qui ne bande point l'esprit, qui ne lui présente que des images communes, mais vives et agréables, et qui sait si bien le suivre dans ses mouvements qu'elle ne manque jamais de lui proposer sur chaque sujet les objets dont il peut être touché, et d'exprimer toutes les passions et les mouvements que les choses qu'elle représente y doivent produire. Cette beauté est celle de Térence et de Virgile. Et l'on voit par là qu'elle est encore plus difficile que l'autre, puisqu'il n'y a point d'auteurs dont on ait moins approché que de ces deux-là.

Cependant, c'est cette beauté qui fait l'agrément et la douceur de la conversation civile; et ainsi, il est encore plus important de la faire bien goûter à ceux que l'on instruit, que cette autre beauté de pensées qui est beaucoup moins d'usage.

— Si l'on ne sait mêler cette beauté naturelle et simple avec celle des grandes pensées, on est en danger d'écrire et de parler d'autant plus mal que l'on s'étudiera davantage à bien écrire et à bien parler; et plus on aura d'esprit, plus on tombera dans un genre vicieux. Car c'est ce qui fait qu'on se jette dans le style des pointes, qui est un très mauvais caractère. Quand même les pensées seraient solides et belles en elles-mêmes, néanmoins elles lassent et accablent l'esprit si elles sont en trop grand nombre et si on les emploie en des sujets qui ne les demandent point. Sénèque, qui est admirable étant considéré par parties, lasse l'esprit quand on le lit tout de suite, et je crois que si Quintilien a dit de lui avec raison qu'il est rempli de défauts agréables, on en pourrait dire avec autant de raison qu'il est rempli de beautés désagréables par leur multitude, et par ce dessein qu'il paraît avoir eu de ne rien dire simplement, et de tourner tout en forme de pointe.

Il n'y a point de défaut qu'il faille plus faire sentir aux enfants, lorsqu'ils sont un peu avancés, que celui-là, parce qu'il n'y en a point qui fasse plus perdre le fruit des études en ce qui regarde le langage et l'éloquence.

— Tout doit tendre à former le jugement des enfants et à leur imprimer dans l'esprit et dans le cœur les règles de la véritable morale. Il faut prendre occasion de toutes choses de les en instruire; mais on peut pratiquer néanmoins certains exercices qui y tendent plus directement. Et premièrement il faut tâcher de les affermir dans la foi et de les fortifier contre les maximes de libertinage et d'impiété, qui ne se répandent que trop dans les cours....

— Il vient de paraître un livre en public, qui peut être l'un des plus utiles que l'on puisse mettre entre les mains des princes qui ont de l'esprit. C'est le recueil des *Pensées* de M. Pascal. Outre l'avantage incomparable qu'on en peut tirer pour les affermir dans la véritable religion par des raisons qui leur paraîtront d'autant plus solides qu'ils les approfondiront davantage, et qui laissent cette impression très utile qu'il n'y a rien de plus ridicule que de faire vanité du libertinage et de l'irréligion, ce qui est plus important qu'on ne saurait croire pour les grands; il y a, de plus, un air si grand, si élevé, et en même temps si simple et si éloigné d'affectation dans tout ce qu'il écrit, que rien n'est plus capable de leur former l'esprit, et de leur donner le goût et l'idée d'une manière noble et naturelle d'écrire et de parler [1]....

— Saint Basile conseille de faire apprendre aux enfants des sentences tirées des *Proverbes* et des autres livres de Salomon, pour sanctifier leur mémoire par la parole de Dieu, et pour les instruire des principes des mœurs....

---

1. Nicole ne tient guère ce langage dans son étrange lettre au sujet des *Pensées* de Pascal. (Voir l'Introduction, p. 28.)

— A ces sentences des *Proverbes* on en pourrait joindre d'autres tirées des auteurs païens, en leur en faisant apprendre seulement une par jour [1]. Cette pratique suffirait, dans le cours de plusieurs années, pour leur faire retenir les plus belles pensées des poètes, des historiens et des philosophes, et donnerait même lieu d'en choisir de proportionnées à leurs défauts; ce qui servirait à les leur faire connaître et à les leur mettre devant les yeux d'une manière plus douce et moins choquante.

— Ce serait une trop grande rigueur que d'interdire absolument aux enfants les livres des païens, puisqu'ils contiennent un grand nombre de choses utiles; mais il faut qu'un maître sache les rendre chrétiens par la manière dont il les expliquera. Il y a, dans ces livres, des maximes exactement véritables, et celles-là même sont chrétiennes par elles-mêmes, puisque toute vérité vient de Dieu et appartient à Dieu [2]. Il n'y a donc qu'à les approuver simplement ou à faire voir que la religion chrétienne les porte encore plus loin, et qu'elle en fait mieux pénétrer la vérité. Il y en a d'autres qui sont fausses dans la bouche des païens, et qui sont très solides et très véritables dans celle des chrétiens [3]. Et

1. Sénèque, dans ses *Lettres à Lucilius*, recommande à son ami de recueillir dans ses lectures une maxime pour en faire « la nourriture de sa journée ». La proposition de Nicole est excellente et mériterait d'être prise en considération. Les maîtres y trouveraient une aide merveilleuse pour l'enseignement de la morale.

2. Ces vues, plus saines et plus larges, corrigent ce que Nicole, égaré par une piété irréfléchie, a dit ailleurs de la littérature païenne, où il ne voyait qu'une inspiration du diable. (Voir l'Introduction, p. 31.) Minutius Félix dit dans son *Octavius* : « Il me semble que par moments les anciens philosophes s'accordent si bien avec les chrétiens, qu'on pourrait prétendre, ou que les chrétiens d'aujourd'hui sont des philosophes, ou que les philosophes d'autrefois étaient des chrétiens. »

3. Prétention singulière et inadmissible ! La vérité est la vérité. Quelle différence, par exemple, peut-on trouver, sans esprit de système, entre ces paroles de Platon : « Il n'est point d'autre

c'est ce qu'un maître doit distinguer en faisant voir la vanité de la philosophie païenne, et en y opposant la solidité des principes du christianisme.

Enfin, il y en a qui sont absolument fausses, et il faut qu'il en fasse voir la fausseté par des raisons claires et solides. Par ce moyen, tout sera utile dans ces livres, et ils deviendront des livres de piété [1], puisque l'on se servira même des erreurs qu'ils enferment pour faire connaître les vérités qui y sont contraires....

(Nicole, *Traité de l'éducation d'un prince*.)

~~~~~~~~~~~~~~~~

Des moyens de conserver la paix avec les hommes.

.... Cet accord de la raison et de la foi ne paraît nulle part si bien que dans le devoir de conserver la paix avec ceux qui nous sont unis, et d'éviter toutes les occasions de la troubler. Et si la religion nous prescrit ce devoir comme un des plus essentiels à la piété chrétienne, la raison nous y porte aussi comme à un des plus importants pour notre propre intérêt.

Car on ne saurait considérer avec quelque attention la source de la plupart des inquiétudes et des traverses qui nous arrivent ou que nous voyons arriver aux autres, qu'on ne reconnaisse qu'elles viennent ordinairement de ce qu'on ne se ménage pas assez les uns les autres. Et si nous voulons nous faire justice, nous trouverons qu'il est rare qu'on médise de nous sans sujet, et que l'on prenne plaisir à nous nuire et à nous cho-

moyen de se faire aimer de Dieu que de travailler de tout son pouvoir à lui ressembler » (*Lois*, liv. IV), et ce précepte du Christ : « Soyez parfaits comme votre Père céleste est parfait ». Voir le consciencieux travail de M. Em. Havet : *Le christianisme et ses origines*.

1. Voilà bien réhabilités ces livres qu'il a dénoncés comme l'œuvre du diable. (Voir l'Introduction, p. 27.)
~~~~~~~~~~~~~~~~

quer de gaieté de cœur, nous y contribuons toujours quelque chose. S'il n'y en a pas de causes prochaines, il y en a d'éloignées. Et nous tombons, sans y penser, dans une infinité de petites fautes à l'égard de ceux avec qui nous vivons, qui les disposent à prendre en mauvaise part ce qu'ils souffriraient sans peine, s'ils n'avaient déjà un commencement d'aigreur dans l'esprit. Enfin, il est presque toujours vrai que, si l'on ne nous aime pas, c'est que nous ne savons pas nous faire aimer.

Nous contribuons donc nous-mêmes à ces inquiétudes, à ces traverses et à ces troubles que les autres nous causent; et comme c'est en partie ce qui nous rend malheureux, rien ne nous est plus important, même selon le monde, que de nous appliquer à les éviter. Et la science qui nous apprend à le faire nous est mille fois plus utile que toutes celles que les hommes apprennent avec tant de soin et tant de temps. C'est pourquoi il y a lieu de déplorer le mauvais choix que les hommes font dans l'étude des arts, des exercices et des sciences. Ils s'appliquent avec soin à connaitre la matière et à trouver les moyens de la faire servir à leurs besoins. Ils apprennent l'art de dompter les animaux et de les employer à l'usage de la vie; et ils ne songent pas seulement à celui de se rendre les hommes utiles, et d'empêcher qu'ils ne les troublent et ne rendent leur vie malheureuse, quoique les hommes contribuent infiniment plus à leur bonheur ou à leur malheur que tout le reste des créatures....

La charité, non seulement embrasse tous les hommes, mais elle les embrasse en tout temps. Ainsi, nous devons avoir la paix avec tous les hommes et en tout temps, car il n'y en a point où nous ne devions les aimer et désirer de les servir; et, par conséquent, il n'y en a point où nous ne devions ôter de notre part tous les obstacles qui s'y pourraient rencontrer, dont le plus grand est l'aversion et l'éloignement qu'ils pourraient avoir pour nous. De sorte que, lors même que l'on ne peut conserver avec eux une paix intérieure, qui consiste dans l'union de sentiments, il faut tâcher au moins d'en conserver une extérieure, qui consiste dans les devoirs de la civilité humaine, afin de ne se rendre pas incapables de les servir quelque jour, et de témoigner toujours à Dieu le désir sincère que l'on en a.

De plus, si nous ne leur servons pas actuellement, nous sommes au moins obligés de ne leur pas nuire. Or c'est leur nuire que de les porter, en les choquant, à tomber en quelque froideur à notre égard. C'est leur causer un dommage réel que de les disposer, par l'éloignement qu'ils concevront de nous, à prendre nos actions ou nos paroles en mauvaise part; à en parler d'une manière peu équitable et qui blesserait leur conscience; et enfin à mépriser même la vérité dans notre bouche et à n'aimer pas la justice, lorsque c'est nous qui la défendons.

Ce n'est donc pas seulement l'intérêt des hommes, c'est celui de la vérité même qui nous oblige à ne les pas aigrir inutilement contre nous. Si nous l'aimons, nous devons éviter de la rendre odieuse par notre imprudence, et de lui fermer l'entrée du cœur et de l'esprit des hommes en nous la fermant à nous-mêmes; et c'est aussi pour nous porter à éviter ce défaut que l'Écriture nous avertit : *Que les sages ornent la science*, c'est-à-dire qu'ils la rendent vénérable aux hommes, et que l'estime qu'ils attirent par leur modération fait paraître plus auguste la vérité qu'ils annoncent; au lieu qu'en se faisant ou mépriser ou haïr des hommes, on la déshonore, parce que le mépris et la haine passent ordinairement de la personne à la doctrine....

La peine n'est pas de se convaincre soi-même de la nécessité de conserver l'union avec le prochain, c'est de la conserver effectivement en évitant tout ce qui la peut altérer. Il est certain qu'il n'y a qu'une charité abondante qui puisse produire le grand effet. Mais, entre les moyens humains qu'il est utile d'y employer, il semble qu'il n'y en ait point de plus propre que de s'appliquer à bien connaître les causes ordinaires des divisions qui arrivent entre les hommes, afin de les pouvoir prévenir. Or, en les considérant en général, on peut dire qu'on ne se brouille avec les hommes que parce qu'en les blessant, on les porte à se séparer de nous; ou parce qu'étant blessés par leurs actions ou par leurs paroles, nous venons nous-mêmes à nous éloigner d'eux et à renoncer à leur amitié. L'un et l'autre se peut faire, ou par une rupture manifeste, ou par un refroidissement insensible; mais, de quelque manière que cela se fasse, ce sont toujours ces mécontentements réciproques qui sont les causes des divisions; et l'unique moyen de les éviter, c'est de ne faire jamais rien qui puisse blesser personne et de ne se blesser jamais de rien.

Il n'y a rien de plus facile que de prescrire cela en général. Mais il y a peu de choses plus difficiles à pratiquer en particulier; et l'on peut dire que c'est ici une de ces règles qui, étant fort courtes dans les paroles, sont d'une extrême étendue dans le sens, et renferment dans leur généralité un grand nombre de devoirs très importants. C'est pourquoi il est bon de la développer en examinant plus particulièrement par quels moyens on peut éviter de blesser les hommes, et mettre son esprit dans la disposition de ne se point blesser de ce qu'ils peuvent faire ou dire contre nous.

Le moyen de réussir dans la pratique du premier de ces devoirs est de savoir ce qui les choque et ce qui forme en eux cette impression qui produit l'aversion et l'éloignement; or il semble que toutes les causes s'en peuvent réduire à deux, qui sont de contredire leurs opinions, et de s'opposer à leurs passions....

Les hommes sont naturellement attachés à leurs opinions, parce qu'ils ne sont jamais sans quelque cupidité qui les porte à désirer de régner sur les autres en toutes les manières qui leur sont possibles. Or on y règne en quelque sorte par la créance. Car c'est une espèce d'empire que de faire recevoir ses opinions aux autres. Et ainsi l'opposition que nous y trouvons nous blesse à

proportion que nous aimons plus cette sorte de domination. *L'homme met sa joie*, dit l'Écriture, *dans les sentiments qu'il propose.* Car, en les proposant, il les rend
siens, il en fait son bien, il s'y attache d'intérêt; et les
détruire, c'est détruire quelque chose qui lui appartient.
On ne le peut faire sans lui montrer qu'il se trompe, et
il ne prend point plaisir à s'être trompé. Celui qui contredit un autre dans quelque point prétend en cela avoir
plus de lumière que lui. Et ainsi il lui présente en même
temps deux idées désagréables : l'une qu'il manque de
lumière; l'autre que lui qui le reprend, le surpasse en
intelligence. La première l'humilie; la seconde l'irrite
et excite sa jalousie. Ces effets sont plus vifs et plus sensibles à mesure que la cupidité est plus vive et plus
agissante; mais il y a peu de gens qui ne les ressentent
en quelque degré, et qui souffrent la contradiction sans
quelque sorte de dépit.

Outre cette cause générale, il y en a plusieurs autres
qui rendent les hommes attachés à leurs sens [1], ou plus
sensibles à la contradiction. Quoiqu'il semble que la
piété, en diminuant l'estime qu'on peut avoir de soi-
même et le désir de dominer sur l'esprit des autres,
doive diminuer l'attache à ses propres sentiments, elle
fait souvent un effet tout contraire. Car, comme les personnes spirituelles [2] regardent toutes choses par des vues
spirituelles et qu'il leur arrive néanmoins quelquefois
de se tromper, il leur arrive aussi quelquefois de spiri-
tualiser certaines faussetés et de revêtir des opinions
ou incertaines ou mal fondées de raisons de conscience
qui les portent à s'y attacher opiniâtrément. De sorte
qu'appliquant l'amour qu'elles ont en général pour la
vérité, pour la vertu et pour les intérêts de Dieu, à ces
opinions qu'elles n'ont pas assez examinées, leur zèle
s'excite et s'échauffe contre ceux qui les combattent ou

---

1. A leurs sentiments, à leurs idées.
2. C'est-à-dire qui vivent plus de la vie de l'esprit que de celle
du corps.

qui témoignent de n'en être pas persuadés; et ce qui leur reste même de cupidité, se mêlant et se confondant avec ces mouvements de zèle, se répand avec d'autant plus de liberté qu'elles y résistent moins et qu'elles ne distinguent point ce double mouvement qui agit dans leur cœur; parce que leur esprit n'est sensiblement occupé que de ces raisons spirituelles qui leur paraissent être l'unique source de leur zèle....

L'impatience qui porte à contredire les autres avec chaleur ne vient que de ce que nous ne souffrons qu'avec peine qu'ils aient des sentiments différents des nôtres. C'est parce que ces sentiments sont contraires à notre sens qu'ils nous blessent et non pas parce qu'ils sont contraires à la vérité. Si nous avions pour but de profiter à ceux que nous contredisons, nous prendrions d'autres mesures et d'autres voies. Nous ne voulons que les assujettir à nos opinions et nous élever au-dessus d'eux; ou plutôt nous voulons tirer d'eux en les contredisant une petite vengeance du dépit qu'ils nous ont fait en choquant notre sens. De sorte qu'il y a tout ensemble dans ce procédé, et de l'orgueil qui nous cause ce dépit, et du défaut de charité qui nous porte à nous en venger par une contradiction indiscrète, et de l'hypocrisie qui nous fait couvrir tous ces sentiments corrompus du prétexte de l'amour de la vérité et du désir charitable de désabuser les autres; au lieu que nous ne recherchons, en effet, qu'à nous satisfaire nous-mêmes. Et ainsi on nous peut appliquer ce que dit le sage, que les avertissements que donne un homme qui veut faire injure sont faux et trompeurs : *Est correptio mendax in ore contumeliosi.* Ce n'est pas qu'il dise toujours des choses fausses; mais c'est qu'en voulant paraître avoir le dessein de nous servir en nous corrigeant de quelque défaut, il n'a que le dessein de déplaire et d'insulter.

Nous devons donc regarder cette impatience qui nous porte à nous élever sans discernement contre tout ce qui nous paraît faux, comme un défaut très considérable, et qui est souvent beaucoup plus grand que l'erreur prétendue dont nous voudrions délivrer les autres. Ainsi, comme nous nous devons à nous-mêmes la première charité, notre premier soin doit être de travailler sur nous-mêmes et de tâcher de mettre notre esprit en état de supporter sans émotion les opinions des autres qui nous paraissent fausses, afin de ne les combattre jamais que dans le désir de leur être utiles....

Il ne faut pourtant pas porter les maximes que nous avons proposées jusques à faire généralement scrupule dans la conversation de témoigner que l'on n'approuve pas quelques opinions de ceux avec qui on vit. Ce serait détruire la société au lieu de la conserver, parce que cette contrainte serait trop gênante et que chacun aimerait mieux se tenir en son particulier. Il faut donc réduire cette réserve aux choses plus essentielles, et auxquelles on voit que les gens prennent plus d'intérêt; et encore y aurait-il des voies pour les contredire de telle sorte qu'il serait impossible qu'ils s'en offensassent. Et c'est à quoi il faut particulièrement s'étudier : le commerce de la vie ne pouvant même subsister, si l'on n'a la liberté de témoigner que l'on n'est pas du senti-ment des autres

Ainsi c'est une chose très utile que d'étudier avec soin comment on peut proposer ses sentiments d'une manière si douce, si retenue et si agréable que personne ne s'en puisse choquer. Les gens du monde le pratiquent admi-rablement à l'égard des grands, parce que la cupidité leur en fait trouver les moyens. Et nous les trouverions aussi bien qu'eux, si la charité était aussi agissante en nous que la cupidité l'est en eux,... et qu'elle nous fît autant appréhender de blesser nos frères... qu'ils appré-hendent de blesser ceux qu'ils ont intérêt de ménager pour leur fortune.

Cette pratique est si importante et si nécessaire dans tout le cours de la vie, qu'il faudrait avoir un soin par-ticulier de s'y exercer. Car souvent ce ne sont pas tant nos sentiments qui choquent les autres que la manière fière, présomptueuse, passionnée, méprisante, insultante, avec laquelle nous les proposons. Il faudrait donc apprendre à contredire civilement et avec humilité, et regarder les fautes que l'on y fait comme très considérables.

Il est difficile de renfermer dans des règles et des préceptes particuliers toutes les diverses manières de contredire les opinions des autres sans les blesser. Ce sont les circonstances qui les font naître, et la crainte charitable de choquer nos frères qui nous les fait trouver. Mais il y a certains défauts généraux qu'il faut avoir en vue d'éviter, et qui sont les sources ordinaires de ces mauvaises manières. Le premier est l'ascendant, c'est-à-dire une manière impérieuse de dire ses sentiments, que peu de gens peuvent souffrir, tant parce qu'elle présente l'image d'une âme fière et hautaine, dont on a naturellement de l'aversion, que parce qu'il semble que l'on veuille dominer sur les esprits et s'en rendre le maître....

C'est, par exemple, une espèce d'ascendant que de faire paraître du dépit de ce que l'on ne nous croit pas, et d'en faire des reproches; car c'est comme accuser ceux à qui l'on parle, ou d'une stupidité qui fait qu'ils ne sauraient entrer dans nos raisons, ou d'une opiniâtreté qui les empêche de s'y rendre. Nous devons être persuadés, au contraire, que ceux qui ne sont pas convaincus par nos raisons ne doivent pas être ébranlés par nos reproches, puisque ces reproches ne leur donnent aucune lumière et qu'ils marquent seulement que nous préférons notre jugement au leur, et que nous ne nous soucions pas de les blesser.

C'est encore un fort grand défaut que de parler d'un air décisif, comme si ce qu'on dit ne pouvait être raisonnablement contesté. Car l'on choque ceux à qui l'on parle de cet air, en leur faisant sentir qu'ils contestent une chose indubitable, ou en faisant paraître qu'on leur veut ôter la liberté de l'examiner et d'en juger par leur propre lumière; ce qui leur paraît une domination injuste.

C'est pour porter les religieux à éviter cette manière choquante, qu'un saint leur prescrivait d'assaisonner tous leurs discours par le sel du doute opposé à cet air dogmatique et décisif : *Omnis sermo vester dubitationis sale sit conditus*, parce qu'il croyait que l'humilité ne permettait pas de s'attribuer une connaissance si claire de la vérité, qu'elle ne laissait aucun lieu d'en douter [1].

Car ceux qui ont cet air affirmatif témoignent non seulement qu'ils ne doutent pas de ce qu'ils avancent, mais aussi qu'ils ne veulent pas qu'on en puisse douter. Or c'est trop exiger des autres et s'attribuer trop à soi-même. Chacun veut être juge de ses opinions, et ne les recevoir que parce qu'il les approuve. Tout ce que ces personnes gagnent donc par là est que l'on s'applique encore plus qu'on ne ferait aux raisons de douter de ce qu'ils disent, parce que cette manière de parler excite un désir secret de les contredire, et de trouver que ce qu'ils proposent avec tant d'assurance n'est pas certain, ou ne l'est pas au point qu'ils se l'imaginent....

C'est un défaut si visible que de s'emporter dans la dispute à des termes injurieux et méprisants, qu'il n'est pas nécessaire d'en avertir. Mais il est bon de remarquer qu'il y a de certaines rudesses et de certaines incivilités qui tiennent du mépris, quoiqu'elles puissent venir d'un autre principe. C'est bien assez qu'on persuade à ceux que l'on contredit qu'ils ont tort et qu'ils se trompent, sans leur faire encore sentir par des termes durs et humiliants qu'on ne leur trouve pas la moindre étincelle de raison. Et le changement d'opinion où on les veut réduire est assez dur à la nature, sans y ajouter encore de nouvelles duretés. Ces termes ne peuvent être bons

---

1. Il ne faudrait pas cependant, sous ce prétexte, adopter la thèse ridicule de Marphurius : « Seigneur Sganarelle, changez, s'il vous plaît, cette façon de parler. Notre philosophie ordonne de ne point énoncer de proposition décisive, de parler de tout avec incertitude, de suspendre toujours son jugement; et, par cette raison, vous ne devez pas dire : « Je suis venu »; mais : « Il me « semble que je suis venu. » (Molière, *le Mariage forcé*, acte I, s. viii.)

que dans des réfutations que l'on fait par écrit, où l'on a plus dessein de persuader ceux qui les lisent du peu de lumière de celui qu'on réfute, que de l'en persuader lui-même.

Enfin la sécheresse, qui ne consiste pas tant dans la dureté des termes que dans le défaut de certains adoucissements, choque aussi, pour l'ordinaire, parce qu'elle enferme quelque sorte d'indifférence et de mépris. Car elle laisse la plaie que la contradiction fait, sans aucun remède qui en puisse diminuer la douleur. Or ce n'est pas avoir assez d'égard pour les hommes que leur faire quelque peine sans la ressentir et sans essayer de l'adoucir ; et c'est ce que la sécheresse ne fait point, parce qu'elle consiste proprement à ne le point faire, et à dire durement les choses dures. On ménage ceux que l'on aime et que l'on estime, et ainsi on témoigne proprement à ceux que l'on ne ménage point qu'on n'a ni amitié, ni estime pour eux....

Il ne suffit pas, pour conserver la paix avec les hommes, d'éviter de les blesser ; il faut encore savoir souffrir d'eux lorsqu'ils font des fautes à notre égard. Car il est impossible de conserver la paix intérieure si l'on est si sensible à tout ce qu'ils peuvent faire et dire de contraire à nos inclinations et à nos sentiments ; et il est difficile même que le mécontentement intérieur que nous aurions conçu n'éclate au dehors et ne nous dispose à agir envers ceux qui nous auront choqués d'une manière capable de les choquer à leur tour : ce qui augmente peu à peu les différends et les porte souvent aux extrémités.

Il faut donc tâcher d'arrêter les divisions et les querelles dans leur naissance même. Et l'amour-propre ne manque jamais de nous suggérer sur ce sujet, que le moyen d'y réussir serait de corriger ceux qui nous incommodent et de les rendre raisonnables, en leur faisant connaître qu'ils ont tort d'agir avec nous comme ils font. C'est ce qui nous rend sujets à nous plaindre du procédé des autres, et à faire remarquer leurs dé-

fauts, ou pour les corriger de ce qui nous déplaît en eux,
ou pour les en punir par le dépit que nos plaintes leur
peuvent causer et par le blâme qu'elles leur attirent.

Mais si nous étions nous-mêmes vraiment raisonnables, nous verrions sans peine que ce dessein d'établir
la paix sur la réformation des autres est ridicule, par
cette raison même que le succès en est impossible. Plus
nous nous plaindrons du procédé des autres, plus nous
les aigrirons contre nous sans les corriger. Nous nous
ferons passer pour délicats, fiers, orgueilleux; et le pis
est que cette opinion qu'on aura de nous ne sera pas
tout à fait injuste, puisqu'en effet ces plaintes ne viennent que de délicatesse et d'orgueil. Ceux mêmes qui
témoigneront entrer dans nos raisons et qui croiront
qu'on nous aura fait quelque injustice ne laisseront pas
d'être mal édifiés de notre sensibilité. Et, comme les
hommes sont naturellement portés à se justifier, si ceux
dont nous nous plaindrons ont un peu d'adresse, ils
tourneront les choses de manière que l'on nous donnera
le tort. Car le même défaut de justesse d'esprit et
d'équité qui fait faire aux gens les fautes dont nous nous
plaignons les empêche aussi souvent de les reconnaître
et leur fait prendre pour vrai et pour juste tout ce qui
peut servir à les en justifier.

Que si ceux dont nous nous plaignons sont élevés au-
dessus de nous par le rang, par la créance et par l'autorité, les plaintes que nous en pourrions faire seraient
encore plus inutiles et plus dangereuses. Elles ne nous
peuvent donner que la satisfaction maligne et passagère
de les faire condamner par ceux à qui nous nous plain-
drions, et elles produisent dans la suite de mauvais effets
durables et permanents, en aigrissant ces gens-là contre
nous et en rompant toute l'union que nous pourrions
avoir avec eux.

La prudence nous oblige donc à prendre une route
toute contraire, à quitter absolument le dessein chimérique de corriger tout ce qui nous déplaît dans les
autres, et à tâcher d'établir notre paix et notre repos

sur notre propre réformation et sur la modération de nos passions, nous ne disposons ni de l'esprit ni de la langue des hommes, nous ne rendrons compte de leurs actions qu'autant que nous y aurons donné occasion, mais nous rendrons compte de nos actions, de nos paroles et de nos pensées. Nous sommes chargés de travailler sur nous-mêmes et de nous corriger de nos défauts; et si nous le faisions comme il faut, rien de ce qui viendrait du dehors ne serait capable de nous troubler....

Ce n'est pas assez, pour conserver la paix et avec soi-même et avec les autres, de ne choquer personne et de n'exiger de personne, ni amitié, ni estime, ni confiance, ni gratitude, ni civilité; il faut encore avoir une patience à l'épreuve de toutes sortes d'humeur et de caprices. Car, comme il est impossible de rendre tous ceux avec qui on vit justes, modérés et sans défauts, il faudrait désespérer de pouvoir conserver la tranquillité de son âme si on l'attachait à ce moyen.

Il faut donc s'attendre qu'en vivant avec les hommes on y trouvera des humeurs fâcheuses, des gens qui se mettront en colère sans sujet, qui prendront les choses de travers, qui raisonneront, qui auront un ascendant plein de fierté ou une complaisance basse et désagréable. Les uns seront trop passionnés, les autres trop froids. Les uns contrediront sans raison, d'autres ne pourront souffrir qu'on les contredise en rien. Les uns seront envieux et malins, d'autres insolents, pleins d'eux-mêmes et sans égards pour les autres; on en trouvera qui croient que tout leur est dû, et qui, ne faisant jamais réflexion sur la manière dont ils agissent envers les autres, ne laisseront pas d'en exiger des déférences excessives.

Quelle espérance de vivre en repos si tous ces défauts nous ébranlent, nous troublent, nous renversent, et font sortir notre âme de son assiette.

Il faut donc les souffrir avec patience et sans trembler, si nous voulons posséder nos âmes, comme parle l'Écriture, et empêcher que l'impatience ne nous fasse échapper à tous moments, et ne nous précipite dans tous les inconvénients que nous avons représentés, mais cette patience n'est pas une vertu bien commune. De sorte qu'il est bien étrange qu'étant si difficile d'une part, et si utile de l'autre, on ait si peu de soin de s'y exercer en même temps que l'on s'étudie à tant d'autres choses inutiles et de peu de fruit.

Un des principaux moyens de l'acquérir est de diminuer cette forte impression que les défauts des autres font sur nous. Et, pour cela, il est utile de considérer :

1º Que, les défauts étant aussi communs qu'ils sont, c'est une sottise d'en être surpris et de ne s'y pas attendre. Les hommes sont mêlés de bonnes et de mauvaises qualités; il les faut prendre sur ce pied-là, et quiconque veut profiter des avantages que l'on reçoit de leur société doit se résoudre à souffrir en patience les incommodités qui y sont jointes.

2º Qu'il n'y a rien de plus ridicule que d'être déraisonnable parce qu'un autre l'est; de nuire à soi-même parce qu'un autre se nuit, et de se rendre participant de toutes les sottises d'autrui, comme si nous n'avions pas assez de nos propres défauts et des misères de tous les autres. Or c'est ce que l'on fait en s'impatientant des défauts d'autrui.

3º Que, quelque grands que soient les défauts que nous trouvons dans les autres, ils ne nuisent qu'à ceux qui les ont et ne nous font aucun mal, à moins que nous n'en recevions volontairement l'impression. Ce sont des objets de piété, et non de colère, et nous avons aussi peu de sujet de nous irriter contre les maladies de l'esprit des autres que contre celles qui n'attaquent que le corps. Il y a même cette différence, que nous pouvons contracter les maladies du corps malgré que nous en ayons, au lieu qu'il n'y a que notre volonté qui puisse donner entrée dans nos âmes aux maladies de l'esprit.

4º Nous ne devons pas seulement regarder les défauts des autres comme des maladies, mais aussi comme des maladies qui nous sont communes; car nous y sommes sujets comme eux. Il n'y a point de défauts dont nous ne soyons capables; et s'il y en a que nous n'avons pas effectivement, nous en avons peut-être de plus grands. Ainsi, n'ayant aucun sujet de nous préférer à eux, nous trouverons que nous n'en avons point de nous choquer de ce qu'ils font, et que, si nous souffrons d'eux, nous les faisons souffrir à notre tour.

5° Les défauts des autres, si nous les pouvions regarder d'une vue tranquille et charitable, nous seraient des instructions d'autant plus utiles que nous en verrions bien mieux la difformité que des nôtres, dont l'amour-propre nous cache toujours une partie. Ils nous pourraient donner lieu de remarquer que les passions font, d'ordinaire, un effet tout contraire à celui que l'on prétend. On se met en colère pour se faire croire, et l'on est d'autant moins cru qu'on fait paraître plus de colère. On se pique de ce qu'on n'est pas aussi estimé qu'on croit le mériter; et on l'est d'autant moins qu'on cherche plus à l'être. On s'offense de n'être pas aimé, en le voulant être par force, et l'on attire encore plus l'aversion des gens.

Nous y pourrions voir aussi avec étonnement à quel point ces mêmes passions aveuglent ceux qui en sont possédés. Car ces effets, qui sont si sensibles aux autres, leur sont d'ordinaire inconnus. Et il arrive souvent que, se rendant odieux, incommodes, ils sont les seuls qui ne s'en aperçoivent pas.

Et tout cela nous pourrait faire ressouvenir ou des fautes où nous sommes autrefois tombés par des passions semblables, ou de celles où nous tombons encore par d'autres passions qui ne sont peut-être pas moins dangereuses et dans lesquelles nous ne sommes pas moins aveugles; et par là, toute notre application se portant à nos propres défauts, nous en deviendrons beaucoup plus disposés à supporter ceux des autres.

Enfin il faut considérer qu'il est aussi ridicule de se mettre en colère pour les fautes et les bizarreries des autres, que de s'offenser de ce qu'il fait mauvais temps ou de ce qu'il fait trop froid ou trop chaud, parce que notre colère est aussi peu capable de corriger les hommes que de faire changer les saisons [1]. Il y a même cela de plus déraisonnable en ce point qu'en se mettant en colère contre les saisons, on ne les rend ni plus ni moins incommodes; au lieu que l'aigreur que nous concevons contre les hommes les irrite contre nous et rend leurs passions plus vives et plus agissantes.

Éloge de la philosophie de Descartes.

.... Il faudrait bien mal connaître la philosophie de M. Descartes, pour en croire ce que cet auteur [2] dit : *Qu'elle consiste en quelques vérités ou vraisemblances mêlées avec plusieurs erreurs ou conjectures incertaines; qu'elle joint de mauvaises conséquences à de bons principes; qu'elle défend et explique les vérités par de faux raisonnements; que si elle rencontre parfois la vérité, c'est plus par un hasard heureux que par une méthode certaine; et qu'elle la soutient plutôt par fantaisie que par science; et qu'elle est plus féconde en*

---

1. Nicole, en insistant trop sur cet excellent précepte de l'indulgence, surtout au moyen de ces comparaisons plus piquantes que justes, compromet sa thèse. Le froid et le chaud sont des conséquences fatales de phénomènes physiques. Les vices et les défauts des hommes obéissent-ils aux mêmes lois? Alors, que deviendrait la morale? Et si l'on ne peut pas plus corriger les hommes que changer les saisons, quel est le but de l'éducation, de la prédication? Il ne faut pas vouloir trop prouver.

2. Le Moine, doyen du chapitre à Vitré, en Bretagne, avait composé un traité de l'essence du corps et de l'union de l'âme avec le corps, contre la philosophie de Descartes. Arnauld, alors à Delft, en Hollande (1680), y répondit dans une lettre adressée à sa nièce, la mère Angélique de Saint-Jean, retrouvée et publiée en 1780.

discours qu'en doctrine. On n'a qu'à prendre le contre-pied de tout cela pour se former une vraie idée de la philosophie de M. Descartes; car jamais philosophe n'a raisonné ni plus nettement ni plus juste, n'a plus évité les grands discours et n'a dit plus de choses en moins de paroles, ne s'est moins contenté de vraisemblances et de conjectures incertaines, et n'a eu plus de soin de bâtir sur le roc et non sur le sable, c'est-à-dire de ne rien établir que sur des principes clairs et certains. Il ne faut que lire le premier livre de ses *Principes*, ou ses *Méditations*, pour être persuadé de tout cela. Rien n'est donc plus mal fondé à cet égard que les parallèles que fait cet auteur entre l'hérésie et la philosophie....

L'auteur du traité reprochait ensuite à la philosophie de faire passer pour des opinions vulgaires et des préjugés de la coutume les notions les plus universelles à tous les hommes, comme les hérésies font passer pour des sentiments populaires les choses les plus universellement reçues. Arnauld accepte le parallèle, mais en concluant que, si « les hérétiques ont tort, les philosophes ont raison ».

Plusieurs des jugements que les hommes font des choses naturelles peuvent être faux, quoiqu'ils soient communs à tous les hommes, parce qu'ils ont une cause d'erreur commune à tous les hommes, qui sont les préjugés de leur enfance. Car, tant que nous sommes enfants, ne jugeant des choses que par les sens, nous sommes portés à croire que ce que nous ne pouvons apercevoir par aucun sens, n'est point. Ainsi nous jugeons tous, dans l'enfance, qu'il n'y a rien du tout dans une bouteille lorsqu'il n'y a plus de vin, parce que nous ne voyons pas l'air qui a succédé en la place du vin. Nous croyons de même que toutes les choses pesantes tombent d'elles-mêmes en bas; mais il y a cette différence entre ces deux faux jugements, que plusieurs se détrompent du premier parce que nous avons connaissance peu à peu de l'air, à cause qu'étant tantôt chaud et tantôt froid, et pouvant être poussé avec violence par

le vent ou par un éventail contre notre visage, le sens du
toucher nous fait connaître que nous nous trompions
quand nous jugions que ce n'était rien. Mais parce que
nous ne pouvons découvrir, par aucun sens, la matière
subtile qui pousse en bas les choses pesantes, ç'a été
une opinion presque universellement reçue par tous les
hommes jusqu'à M. Descartes, qu'elles ont elles-mêmes
une certaine qualité, qu'on appelle pesanteur, qui est la
cause de leur chute; or je soutiens qu'il a eu raison de
ne se point arrêter à ce sentiment, quoique universellement reçu, parce qu'il est faux et qu'il ruine une des
plus belles preuves de la Divinité, qui est que la matière
ne peut jamais se mouvoir d'elle-même; de sorte que,
puisqu'il y a du mouvement dans la nature, il faut que
la matière l'ait reçu d'une cause supérieure, qui ne peut
être que Dieu. Il y a cent autres choses où M. Descartes
a très bien fait de rejeter, comme des erreurs vulgaires,
ce que l'on croit sans raison, parce qu'on l'a cru dans
l'enfance, quelque universellement reçues que soient
ces opinions....

*Dieu ne donne pas aux philosophes d'aujourd'hui, en
les créant, une raison plus grande, plus éclairée et
moins fautive qu'à ceux qui ont vécu il y a deux mille
ans. La corruption générale de la nature humaine ne
diminue pas par le nombre des siècles : elle augmente
plutôt, et avec elle l'aveuglement de la raison naturelle.*
Rien n'est moins solide que ce discours. Il ne s'agit pas
de la raison en elle-même, si elle est plus grande et
moins fautive dans les hommes d'aujourd'hui que dans
les hommes d'autrefois. Elle est peut-être égale dans
tous les hommes, et ce n'est possible que la manière de
l'appliquer qui fait que les uns sont plus habiles que
les autres. Il n'est donc question que de l'habileté même
et non pas même de toute habileté, mais seulement de
celle qui regarde les sciences naturelles. Or c'est un
paradoxe ridicule de s'imaginer que les plus anciens
aient toujours été les plus savants, par cette raison, que
le nombre des siècles augmente la corruption générale

de la nature humaine, et avec elle l'aveuglement de la
raison naturelle. Si cela était, il faudrait qu'il y eût eu
avant le déluge de plus habiles médecins, de plus savants
géomètres et de plus grands astronomes qu'Hippocrate,
Archimède et Ptolomée. N'est-il pas visible, au contraire, que les sciences humaines se perfectionnent par
le temps? Je ne daigne pas m'étendre là-dessus. Il est
clair qu'il n'y a rien de plus mal fondé que ce qu'avance
cet auteur de l'*augmentation de l'aveuglement de la
raison naturelle* pour en conclure, comme il fait, que
M. Descartes n'est pas comparable aux philosophes de
l'antiquité. *Il ne faut pas, dit-il, flatter les hommes de ce
siècle. Si on les compare avec la seule lumière qu'ils
apportent avec eux en venant au monde, et sans celles
qu'ils reçoivent par l'instruction des vérités chrétiennes, ils ne sont point comparables, pour la vivacité de
l'esprit, pour la solidité du jugement et pour la justesse des raisonnements, à ces grands hommes de l'antiquité païenne.*

Mais ce sont plutôt ces grands hommes de l'antiquité
païenne qui ne sont nullement comparables, au regard
des sciences naturelles, desquelles seules il s'agit ici,
aux grands hommes de ces derniers temps. Car tout ce
qu'a su Ptolomée, et les plus habiles astronomes des
siècles passés, des cieux et du cours des astres n'approche point de ce qu'on en sait aujourd'hui, depuis que
Copernic et Tycho-Brahé ont poussé cette science beaucoup plus loin qu'elle n'avait été jusqu'à eux; que Galilée
l'a encore perfectionnée par l'usage des longues
lunettes, et que ceux de ce temps, comme M. Huyghens
et M. Cassini, y font encore de nouvelles découvertes [1].

1. Ptolémée, astronome grec, iie siècle après Jésus-Christ. —
Copernic, Polonais (1473-1543), a démontré la fausseté des théories
de Ptolémée et fondé le système planétaire, qui place le Soleil au
centre de l'Univers. — Tycho-Brahé, Suédois (1546-1601); on lui
doit une meilleure théorie de la Lune et de nombreuses observations d'étoiles. — Cassini, Jean-Dominique (1625-1712), Italien na-
turalisé en France, chef d'une illustre famille de savants, auteur

Gallien est celui de tous les anciens qui a mieux su l'anatomie, et qui a mieux parlé de l'usage des parties du corps humain; cependant, ce n'est presque rien, si on le compare à ce qu'Harveus, Sténon, Willis [1] et tant d'autres en ont découvert en ce temps-ci. Combien la chimie, dont les anciens n'avaient aucune connaissance, a-t-elle fait connaître de choses dans les minéraux, dans les plantes et dans les parties des animaux dont les anciens n'ont pas eu seulement le moindre soupçon, la moindre idée? L'invention des microscopes nous a donné comme de nouveaux yeux pour voir une infinité d'ouvrages de Dieu, dont les anciens n'ont eu aucune connaissance. A-ce été autrement qu'en raisonnant plus juste que les anciens qu'on a trouvé qu'une infinité d'effets qu'ils attribuaient à une chimérique horreur du vide, doivent être attribués à la pesanteur de l'air? Et enfin, quoique Archimède, Apollonius et beaucoup de grands hommes de l'antiquité nous aient laissé de très belles choses dans la géométrie et les autres parties des mathématiques, il faut ne s'y pas connaître pour ne pas avouer que M. Descartes a été incomparablement plus loin qu'eux tous dans sa *Géométrie* et sa *Dioptrique* [2]. J'en pourrais dire autant de la musique et de la mécanique : les deux petits traités qu'il en a donnés, qui ne sont presque rien, et qu'il a faits en se jouant, valent mieux

de remarquables travaux sur Jupiter, Mars, Vénus, les satellites de Saturne, la lumière zodiacale; organisateur de l'Observatoire de Paris. — Huygens, Hollandais (1629-1695), célèbre mathématicien et astronome. On lui doit notamment la découverte de l'anneau de Saturne, l'application du pendule aux horloges, etc. La funeste révocation de l'édit de Nantes lui fit quitter la France.

1. Galien, médecin grec, iiᵉ siècle après Jésus Christ, fort attaché aux idées d'Aristote, a régné dans tout le Moyen Age sur la médecine, comme son maître sur la philosophie. — Harvey, médecin anglais (1578-1658); sa plus célèbre découverte est celle de la circulation du sang (1628). — Sténon, anatomiste suédois (1638-1687). — Willis, médecin anglais (1622-1675).

2. La *Dioptrique* était la partie de l'optique qui étudiait notamment les faits de réfraction, et la *Catoptrique* ceux de la réflexion.

que tout ce qu'ont écrit les anciens sur l'une et l'autre de ces deux sciences....

DE L'UNION DE L'AME ET DU CORPS.

Je ne saurais m'empêcher de témoigner ici de l'indignation contre cet adversaire de la philosophie de M. Descartes; car qui peut souffrir avec patience qu'on choisisse pour le décrier ce que tous les philosophes éclairés, pour peu qu'ils soient équitables, doivent avouer être sa plus grande gloire, et ce que toutes les personnes pieuses doivent regarder comme un effet singulier de la Providence de Dieu, qui a voulu arrêter la pente effroyable que beaucoup de personnes de ces derniers temps semblent avoir à l'irréligion et au libertinage, par un moyen proportionné à leur disposition? Ce sont des gens qui ne veulent recevoir que ce qui se peut connaître par la lumière de la raison; qui ont un entier éloignement de commencer par croire; à qui tous ceux qui font profession de piété sont suspects de faiblesse d'esprit, et qui se ferment toute entrée à la religion par la prévention où ils sont, et qui est en la plupart une suite de la corruption de leurs mœurs, que tout ce qu'on dit d'une autre vie n'est que fable, et que tout meurt avec le corps. Il y a de ces sortes d'esprits dans toutes les religions, et encore plus maintenant parmi les hérétiques que parmi les catholiques. Et l'on voit assez que, tant qu'ils demeurent dans ces faux principes, il n'y a pas à espérer ni que les uns se rendent sincèrement catholiques, ni que les autres embrassent la piété et deviennent bons chrétiens. Il semble donc que ce qu'il y avait de plus important pour lever le plus grand obstacle au salut de tous ces gens-là et empêcher que cette contagion ne se répande de plus en plus, était de les troubler dans leur faux repos, qui n'est appuyé que sur la persuasion où ils sont qu'il y a de la faiblesse d'esprit à croire que notre âme survit à notre corps. Or Dieu, qui se sert comme il lui plaît de ses créatures, et qui cache par là les effets de sa Providence, pouvait-il mieux leur causer ce trouble, si propre à les faire rentrer en eux-mêmes, qu'en suscitant un homme qui avait toutes les qualités que ces sortes de gens pouvaient désirer pour rabattre leur présomption et les forcer au moins d'entrer dans de justes défiances de leurs prétendues lumières : une grandeur d'esprit tout à fait extraordinaire dans les sciences les plus abstraites; une application à la seule philosophie, ce qui ne leur est point suspect; une profession ouverte de se dépouiller de tous les préjugés communs, ce qui est fort à leur goût, et qui, par là même, a trouvé moyen de convaincre les plus incrédules, pourvu qu'ils veuillent seulement ouvrir les yeux à la lumière qu'on leur présente, qu'il n'y a rien de plus contraire à la raison que de vouloir que la dissolution de notre corps, qui n'est autre chose que le dérangement de quelques parties de la matière qui le compose, soit l'extinction de notre âme. Et comment a-t-il trouvé cela? En faisant justement ce que cet auteur trouve si mauvais qu'il ait fait, tant il a le goût dépravé.

En établissant, par des principes clairs et uniquement fondés sur des notions naturelles dont tout homme de bon sens doit convenir, que l'âme et le corps, c'est-à-dire ce qui pense et ce qui est étendu, sont deux substances totalement distinguées : de sorte qu'il est impossible ni que l'étendue soit une modification de la substance qui pense, ni que la pensée en soit une de la substance étendue. Car, cela seul étant bien prouvé, comme il l'est très bien dans les *Méditations* de M. Descartes, il n'y a point de libertin qui ait l'esprit juste qui puisse demeurer persuadé que nos âmes meurent avec nos corps. Car il n'y en a point qui demeure plus facilement

1. Arnauld, seul à Port-Royal, éprouve cette vive admiration pour le génie de Descartes. J'ai montré dans l'Introduction, p. 32, toute l'inconsistance de Nicole sur ce point, et p. 12 le parti pris de Saci, qui sourit de voir Aristote dépouillé par un voleur, qui aura lui-même son tour.

d'accord que rien de ce qui est ne retourne dans le néant, et qu'ainsi ce qu'on appelle la mort de notre corps est la destruction de quelques parties de la matière, qui demeure toujours dans la nature. Ils ne peuvent donc pas s'imaginer que la substance qui pense puisse être réduite à rien, puisque les corps mêmes n'y sont pas réduits. Et il faut, de plus, qu'ils avouent que ce qu'on peut appeler destruction dans les corps ne lui saurait convenir, parce qu'il ne peut y avoir ni changement ni dérangement de parties dans une substance qui n'en a point, telle qu'est une substance qui pense.

Mais, bien loin que cet auteur sache gré à M. Descartes d'avoir si bien établi la distinction de l'âme d'avec le corps, qui est le seul fondement solide de son immortalité, ce lui est un sujet de lui insulter, comme s'il avait tout gâté par là. *Si M. Descartes, dit-il, a trouvé quelque nouveau secret dans la nature, c'est celui d'avoir séparé les âmes des corps plutôt que de les unir ensemble....* Il ne pouvait louer davantage ceux qu'il entreprend de décrier. Oui, on le lui avoue, s'il y a quelque chose qui rende M. Descartes recommandable, c'est d'avoir si bien séparé notre âme d'avec notre corps et d'avoir si bien établi que ce sont deux substances totalement distinctes, dont il n'y en a qu'une matérielle, qu'on ne soit plus en peine, après cela, comment deux substances si différentes peuvent être unies pour ne faire qu'un seul homme. Il ne faut porter ses vues guère loin pour ne pas reconnaître qu'il est infiniment plus important de bien persuader aux hommes que ce qui pense en eux est entièrement différent de la partie de la matière qui fait leur corps, que de leur prouver que cette partie de la matière est jointe à leur âme. Ils sont assez convaincus de cette union, et il y a bien plutôt lieu de craindre qu'ils ne la portent trop loin, en ne concevant leur âme que comme une partie plus subtile de leur corps, ainsi que les Épicuriens et les Stoïciens, qu'il n'y en a d'appréhender qu'ils ne croient que leur âme ne soit à leur corps ce qu'est un pilote à un vais-

seau qu'il conduit. On sait que ce dernier est la pensée
qu'en avaient les Platoniciens; d'où vient que la définition qu'ils donnaient de l'homme était que c'est une
âme qui gouverne un corps. Et saint Augustin a si peu
jugé que cette erreur fût pernicieuse, qu'il rapporte le
sentiment de ces philosophes sans le condamner, dans
le livre des *Mœurs de l'Eglise catholique*, ch. IV, et en
demeurant d'accord que c'est une question assez difficile
à résoudre.... On n'a point censuré aussi M. de Pibrac [1],
pour avoir mis la même chose dans un de ses quatrains
qui ont eu un si grand cours, et qu'on a traduits en
toutes sortes de langues :

> Ce que tu vois de l'homme n'est pas l'homme;
> C'est la prison où il est enfermé,
> Le lit branlant où il dort un court somme.

C'est pourquoi il est bien étrange que cet auteur ait
ignoré une chose si commune; ce qui lui a donné sujet
de s'écrier, après avoir attribué faussement cette opération à M. Descartes : *Cette pensée est impertinente,
ridicule, fausse, hérétique dans la philosophie même,
au jugement de tous les hommes, dans tous les temps
et dans toutes les parties du monde, hors les Cartistes* [2].

1. Gui du Faur, seigneur de Pibrac, né à Toulouse en 1529,
mort en 1584, président à mortier et chancelier de la reine Mar-
guerite à Nérac. Ét. Pasquier l'appelle « une des lumières du
siècle ». De Thou, dans ses *Mémoires*, dit de lui : « Un homme
d'une probité incorruptible.... Le cœur élevé, l'âme généreuse. »
Montaigne célèbre aussi « le bon monsieur Pibrac, un esprit si
gentil, les opinions si saines, les mœurs si doulces ». (*Essais*,
III, IX.) Ses *Quatrains moraux, contenant préceptes et enseigne-
ments utiles pour la vie de l'homme public*, furent imprimés pour
la première fois en 1574. « Traduits dans toutes les langues de
l'Europe, et même en arabe, en turc et en persan, ils ont fait
plus que de séculariser l'enseignement de la vertu, ils l'ont popu-
larisé; ce tout petit livre a été véritablement le catéchisme de
plusieurs générations. » (E. Cougny, *Pibrac, sa vie et ses écrits*,
1869.)
2. Nous disons *Cartésiens*, du nom latin de Descartes, *Cartesius*.
Sa philosophie est appelée le *cartésianisme*.

Cela est doublement faux : car il n'est point vrai que ce soit là l'opération des Cartistes ; et il est vrai que ç'a été celle des plus grands philosophes de l'antiquité. Quoi qu'il en soit, quand on pourrait dire que la distinction que M. Descartes a si bien établie entre l'âme et le corps donnerait quelque lieu à penser de l'homme ce qu'en penseraient les Platoniciens, ce serait une piqûre d'épingle en comparaison de l'importante plaie qu'il guérit, en ruinant par cette distinction le sentiment impie de la mortalité de l'âme, qui n'est principalement fondé que sur ce qu'on la croit de même nature que le corps, et qui est la plus damnable de toutes les erreurs, ceux qui en sont prévenus étant portés à s'abandonner à toutes leurs passions, parce qu'étant persuadés qu'il n'y a plus rien à attendre après cette vie, ils n'ont plus de frein qui les retienne. Où est donc le jugement de ceux qui, étant obligés de reconnaitre, s'ils ont un peu d'équité, que la philosophie de M. Descartes a sans comparaison mieux renversé qu'aucune autre le fondement du libertinage, font peu d'état de cela, et ne témoignent pas lui en savoir aucun gré ; mais sont tout à fait inquiets de la peur qu'ils ont que cela ne porte les hommes à croire qu'ils ne sont pas composés de corps et d'âme? C'est comme qui querellerait un médecin qui aurait guéri un ulcère mortel, parce qu'il l'aurait fait par une petite incision que l'on craindrait qu'il ne pût pas refermer. La comparaison est juste, car ce n'est ici de même qu'une crainte imaginaire, l'union de l'âme avec le corps étant pour le moins aussi bien expliquée dans cette philosophie que dans toute autre.

(Arnauld, Œuvres, t. XXXVIII, p. 90.)

Excellentes maximes qui renferment une partie des règles qu'un précepteur doit se proposer de suivre dans cet emploi.

Il n'y a point d'art qui n'ait ses règles, ni de science qui n'ait ses principes et ses maximes particulières.

L'on ne doit donc pas douter que l'éducation chrétienne des enfants n'ait aussi les siennes, qui sont d'autant plus excellentes que la fin qu'on s'y propose est infiniment au-dessus des commodités et des avantages temporels, que les autres arts et sciences ont pour objet.

Ces maximes seraient en bien plus grand nombre si on voulait les rapporter toutes; je ne m'arrêterai ici qu'aux principales, sur lesquelles chacun pourra encore, s'il le juge à propos, s'en faire d'autres pour son particulier.

— *Être fort assidu auprès des enfants.*

Rien ne sert tant que l'assiduité pour connaître l'humeur, l'esprit et le génie des enfants [1]; car ils peuvent bien se cacher pour quelques heures; mais il leur est impossible d'user d'une continuelle dissimulation. Ainsi l'on est plus en état de remédier à leurs mauvaises inclinations en voyant de quelles sources elles naissent....

Pour juger combien cette assiduité est utile, il n'y a qu'à considérer qu'on peut dire d'un précepteur ce que Plaute dit d'un général d'armée : que lorsqu'il est absent, il y arrive toujours des désordres que sa présence aurait sans doute empêchés....

— *Veiller beaucoup sur soi-même et sur eux.*

Ce n'est pas assez qu'un précepteur soit assidu auprès

---

1. Ces raisons pédagogiques ont une toute autre valeur que le motif donné souvent par les maîtres de Port-Royal : la nécessité de veiller pour empêcher le diable de dévorer sa proie. (Voir Saint-Cyran, p. 89.)

des enfants dont on lui a confié le soin; mais il faut, outre cela, qu'il veille beaucoup sur lui-même et sur eux.

Sur lui-même, parce que les enfants ont des yeux de lynx pour observer jusqu'aux moindres actions, paroles et gestes de leurs maîtres, pour en faire le sujet de leurs entretiens et souvent de leurs railleries, si elles ne sont pas bien réglées; c'est pourquoi il doit toujours être sur ses gardes, comme s'il était dans un pays ennemi[1].

Il doit aussi veiller beaucoup sur ses enfants; de quoi l'on peut apporter trois raisons.

La première est qu'il est bien plus aisé de prévenir leurs défauts que de les en corriger quand ils se sont une fois fortifiés dans leurs cœurs. C'est pourquoi il ne faut cesser de les reprendre. Ce qui a été une fois taillé, comme parle saint Bernard, ne tarde guère à repousser dans eux; ce qui a été chassé retourne; ce qui a été éteint se rallume, et ce qui n'a été qu'assoupi se réveille bientôt.

La seconde raison est que les défauts des enfants sont ordinairement imputés aux maîtres et attribués à leur peu de soin et à leur négligence.

Enfin, la troisième et la plus importante est l'obligation indispensable où ils sont d'en répondre à Dieu....

Cette vigilance d'un précepteur regarde non seulement ceux qui sont debout, qu'il doit, s'il le peut, empêcher de tomber, mais aussi ceux qui sont déjà tombés, à qui il doit donner la main pour tâcher de les relever de leurs chutes.

Elle doit aller à observer les humeurs et les inclinations dominantes des enfants, pour y apporter de bonne

---

1. « Souvenez-vous, dit Mme de Maintenon aux dames de Saint-Cyr, qu'il faut, avec les enfants, paraître irréprochable. On ne saurait s'imaginer combien ils voient clair et le peu de cas qu'ils font des personnes qu'ils n'estiment point.... Il ne faut pas se persuader qu'on en imposera aux enfants : ils savent démêler la mauvaise foi des personnes qui cherchent des prétextes pour couvrir leurs défauts et leurs passions. La vérité, comme vous savez, perce les murailles, et tôt ou tard elle se découvre, quelque soin qu'on prenne de la cacher. » (*Entretien*, déc. 1706.)

heure les remèdes que la prudence leur fera juger être
les plus utiles, car on peut dire que les efforts de la
concupiscence, qui ne s'éteint dans nous qu'à la mort,
sont d'autant plus violents dans eux que la raison y est
plus faible, et qu'ils n'ont encore aucune expérience du
monde. Il faut donc travailler à l'affaiblir et à la diminuer par le retranchement de tout ce qui est capable
de la fortifier et de l'entretenir.

Pour cela, il faut observer quelles sont leurs inclinations et où va la pente de leur naturel, c'est-à-dire s'ils
sont doux, affables et obligeants, ou bien, au contraire,
s'ils sont fiers, colères et dédaigneux; s'ils sont sobres
et tempérants, ou s'ils aiment à boire et à faire bonne
chère; s'ils ont la crainte de Dieu, ou s'ils sont emportés et libertins, etc.

Mais comment connaître cela? me direz-vous. Je
réponds que leur humeur paraît bientôt dans leurs discours et dans leurs actions.

Mais ce n'est pas assez de connaître quelle est
l'humeur des enfants, il faut aussi y remédier, et c'est ce
qui est plus difficile; car, partout où il y a opposition,
il y a combat, ce qui ne plaît pas à la nature, qui ne
veut pas être gourmandée.

C'est donc en cela que doit particulièrement paraître
la vigilance, l'esprit et l'adresse d'un précepteur, qui
doit réveiller un enfant naturellement lent, et, au contraire, adoucir et modérer un naturel trop impétueux et
trop bouillant.

L'on remarque à ce sujet que ceux qui eurent soin de
l'éducation de Sébastien, roi de Portugal[1], firent une
très grande faute; c'était un esprit tout plein de feu et
d'ardeur. Comme il brûlait d'un désir excessif d'acquérir
de la gloire, il y avait de quoi en faire un Alexandre,.

---

1. Sébastien, successeur de Jean III, en 1557. Philippe II l'en-
couragea perfidement à guerroyer dans le Maroc, où il trouva la
mort à la sanglante bataille d'Alcazar-Kébir (1578). La nationalité
portugaise fut perdue jusqu'au réveil de 1640.

s'il eût eu le bonheur de trouver un Aristote; mais cela lui manqua. Au lieu de modérer cet excès d'ardeur qu'il faisait paraître en toutes choses, on lui laissa prendre son cours. Les exercices les plus violents étaient ses divertissements ordinaires. Il affectait, allant à la chasse, de courre [1] le sanglier, et il se mettait sur mer quand elle était la plus orageuse; on le louait de cela. Mais enfin, ce courage, qui n'avait pas été accoutumé de bonne heure à se soumettre à la raison et à se laisser conduire par ses lumières, lui devint funeste. Il se laissa emporter par le zèle de tourner ses armes contre les Maures; et ce zèle qui était bon, mais n'était pas assez réglé, lui fit perdre la bataille en la journée d'Alcacer : ce qui causa à ses sujets une infinité de misères et qui les fit enfin tomber sous le joug odieux de leurs plus grands ennemis.

Il faut pourtant avouer que l'on trouve bien plus de difficulté en la pratique de cette maxime qu'en la simple spéculation [2].

— *Avoir particulièrement égard à leurs bonnes mœurs.*

J'ai déjà dit ci-devant qu'il y a bien de la différence entre l'éducation que les païens donnaient à leurs enfants et celle que des chrétiens doivent donner aux leurs. Comme les premiers n'avaient que le monde en vue, ils s'appliquaient particulièrement à rendre leurs enfants recommandables par les sciences et les belles-lettres. Mais il n'en est pas ainsi des chrétiens; c'est au ciel qu'ils tendent, à quoi les sciences sont bien moins nécessaires que les bonnes mœurs.

Il faut imiter tantôt les sculpteurs, en faisant de continuels retranchements de leurs imperfections, et tantôt les peintres, qui n'achèvent leurs ouvrages qu'en leur

1. Vieille forme du verbe *courir* qui explique simplement la prétendue irrégularité du futur, *je courrai.* Elle n'est plus usitée que dans ces locutions : *La chasse à courre, courre le cerf.*
2. *Spéculation* veut dire ici *théorie*, et s'oppose à *pratique*.

donnant tous les jours quelques coups de pinceau et quelques nouveaux traits de beauté [1].

Saint Chrysostome compare l'âme des enfants à une ville toute d'or, au milieu de laquelle le roi du ciel veut établir sa demeure ; et il compare le précepteur au gouverneur qui doit veiller à sa conservation.

Il dit que les citoyens de cette ville sont les pensées qui en sortent et qui y entrent par trois principales portes, qui sont les yeux, les oreilles et la bouche.

Il veut que le gouvernement prenne toutes ses sûretés, et que, pour remplir ses devoirs, il mette de bonnes gardes à ces trois portes, par lesquelles la mort entre dans l'âme.

Pour ce qui regarde les yeux, qui sont, dit-il, très difficiles à garder, il veut qu'on empêche les enfants d'aller à la comédie et au bal [2]. Pour la bouche, il veut qu'on prenne garde qu'ils ne tiennent que des discours honnêtes, qu'ils ne chantent pas de chansons mondaines, qu'ils ne s'amusent pas à contester, à médire, à se railler de personne. Et comme il y a une grande liaison entre les oreilles et la langue, afin de pourvoir à la sûreté des oreilles, il ordonne d'empêcher soigneusement qu'on ne tienne jamais devant des enfants des discours trop libres, parce qu'ils ressemblent aux échos, qui ne font que répéter ce qu'ils ont ouï dire.

— *Les éloigner de tous ceux dont la fréquentation leur peut nuire.*

Comme les vices, soit du corps, soit de l'esprit, se communiquent aisément, et comme le jeu les fait passer

1. Ces gracieuses expressions sont empruntées à saint Chrysostome.

2. Tous les maîtres de Port-Royal sont unanimes à condamner le théâtre. Lancelot sacrifia sa place de précepteur chez la princesse de Conti plutôt que de conduire ses enfants au spectacle. Nicole traite les auteurs dramatiques d'*empoisonneurs publics*, et n'épargne pas même *le Cid*. Racine, qui se brouilla à cette occasion avec Port-Royal, réussit cependant à faire approuver *Phèdre* par Arnauld.

par une contagion imperceptible jusque dans le cœur des enfants, à cause de l'inclination qu'ils ont au mal, un des principaux effets de la vigilance d'un précepteur consiste à empêcher que les enfants dont il est chargé aient aucun commerce avec ceux de leur âge qui sont capables de les corrompre, particulièrement s'ils sont jureurs, peu honnêtes dans leurs entretiens, sujets au vin et à la friponnerie ; car les enfants sont, d'ordinaire, bien plus disposés à imiter les autres dans le mal que dans le bien....

— *Avoir le cœur tout plein de charité pour eux.*

Comme un précepteur tient la place des parents dans cet emploi, il doit tâcher d'entrer dans leur esprit, et se remplir le cœur de cette tendresse et de cet amour que la nature leur donne pour leurs enfants ; ou, pour mieux dire, de la charité qui... a toutes les tendresses de l'amour naturel, sans en avoir les défauts et les faiblesses.

Ce sera cette charité qui lui apprendra à ne les pas traiter d'une manière basse et flatteuse, en dissimulant les imperfections qu'il doit corriger ; ni aussi d'une manière dominante, qui leur deviendrait odieuse et insupportable, mais d'une manière qui soit toujours pleine de douceur et de condescendance, de sorte que les enfants le craignent comme leur maître, le respectent comme leur père et l'aiment comme leur meilleur ami.

C'est elle qui lui fera prendre toutes sortes de précautions pour leur faire éviter ce qui est capable de leur nuire.

C'est elle qui le portera à leur parler toujours, non d'un ton rude qui les rebute, mais avec une modération et une douceur qui leur donne en lui toujours la confiance qu'ils y doivent avoir....

Et en effet, comme les grosses pluies ne font que couler sur la surface de la terre sans la pénétrer et la rendre féconde, ainsi les paroles rudes ne font aucune impression sur l'esprit, dans lequel elles n'entrent pas.

Comme ce sont les études qui donnent plus de peine aux petits, elle lui fera chercher toutes sortes de moyens pour les soulager; par exemple, en leur disant des mots qu'ils ne peuvent trouver, en leur éclaircissant les difficultés qui les arrêtent, et leur facilitant ainsi l'intelligence de leurs auteurs, enfin, en encourageant ceux qui n'ont que la capacité médiocre, et leur aidant à apprendre leurs leçons, etc.

Ce sera aussi cette charité qui lui fera souffrir avec beaucoup de patience cent petits défauts que l'âge corrige; en donnant même très souvent de plus grandes marques d'affection à ceux qui ont plus d'imperfections naturelles, et pour imiter en ce point la conduite des mères qui caressent davantage, dit saint Bernard, ceux d'entre leurs enfants qui sont les plus infirmes.

Il est certain, sans doute, que rien n'est si utile et au précepteur et aux enfants que cette conduite honnête et charitable, parce que c'est un moyen infaillible au précepteur de se faire aimer et de porter, après cela, ses enfants à l'étude et à la vertu; car, comme le cœur est le principe de toutes les actions, quand on en est une fois le maitre on fait faire ensuite tout ce que l'on veut.

Aimez de tout votre cœur, dit saint Augustin, et, après cela, faites à l'égard de votre prochain tout ce qu'il vous plaira. Si vous le reprenez et vous vous mettez en colère contre lui, il ne s'en fâchera pas, parce qu'il sait que vous n'en usez de cette sorte qu'à cause que vous l'aimez; et si même vous en venez jusqu'au châtiment, il l'agrée parce qu'il est convaincu que vous ne vous proposez que son bien....

— *Tolérer leur inapplication à l'étude et tous leurs autres défauts avec beaucoup de patience.*

Il ne faut pas s'étonner de voir des défauts dans les enfants;... soit que ces défauts viennent de la corruption de la nature ou de la faiblesse de leur âge, il faut les supporter avec beaucoup de patience et de compassion, et les aider à s'en corriger peu à peu....

Mais quel moyen, me direz-vous, de souffrir tant de petites badineries, que la continuation ne laisse pas de rendre importunes, comme aussi leur inapplication à l'étude et leur peu de goût pour les meilleures choses qu'on leur dit.

J'avoue que cela est pénible et chagrinant, et que plus une personne a d'esprit et de vivacité, plus il a de peine à se rabaisser à des minuties.

Mais il faut pourtant en venir à ces rabaissements pour les élever peu à peu et imiter les nourrices, qui se contentent de donner du lait à leurs petits, en attendant qu'ils croissent et qu'ils soient en état qu'on leur puisse donner une nourriture plus solide.

Et, en effet, demander de la raison à des enfants et exiger d'eux de la fermeté et de l'attachement au bien, c'est chercher du fruit dans un arbre nouvellement planté. Il faut donc s'accommoder à leur faiblesse pour quelque temps.... Il faut se souvenir de cette belle parole de saint Chrysologue, qu'un médecin qui ne veut rien souffrir d'un malade, et qui ne devient pas infirme avec l'infirme, n'est pas en état de lui procurer la santé....

— *Les traiter, autant qu'il se peut, avec beaucoup de douceur.*

Ce n'est pas assez de tolérer les défauts des enfants avec une grande patience, mais il faut aussi que cette tolérance soit accompagnée de beaucoup de douceur....

L'expérience fait assez connaître que les enfants qu'on traite avec trop de rigueur, sous prétexte d'en faire d'honnêtes gens, s'accoutument insensiblement à dissimuler, et qu'ils cachent sous une apparence de vertu un fonds de corruption et de libertinage horrible.

Il en est de même pour ce qui regarde les études; car la trop grande sévérité d'un maître ne fait souvent qu'en donner de l'aversion. Il faut donc, autant qu'on peut, suivant le conseil de Platon, porter plutôt les enfants à la vertu et à l'étude par la douceur des persuasions que par une excessive rigueur....

Arrière donc ces visages où les marques d'une sévérité odieuse paraissent continuellement dépeintes. Ce n'est pas en donnant de la terreur aux enfants qu'on doit s'attendre de se faire respecter d'eux et de les porter à leurs devoirs, l'amour étant incomparablement plus puissant pour obtenir d'eux ce qu'on désire que la frayeur....

« Travaillez plutôt, dit saint Bernard, à vous faire aimer des enfants qu'à vous faire craindre. Et s'il est quelquefois besoin d'user de sévérité, que ce soit une sévérité de père et non pas celle d'un tyran. Faites voir que vous êtes les mères des enfants en les traitant avec beaucoup de tendresse, et les pères en les reprenant de leurs défauts. Cessez d'être fiers et cruels, et devenez doux. Laissez là les punitions et les verges.... »

Mais quand je dis qu'il faut qu'un précepteur traite ses enfants avec beaucoup de douceur, je ne prétends pas qu'elle dégénère en une mollesse qui fomente le vice et qui aille à multiplier les défauts qu'il est obligé de corriger, puisque cette douceur serait également préjudiciable et à lui et à ses enfants.

Et comme la corruption de la nature semble, à présent, être montée jusqu'à son comble, quoiqu'il fût à souhaiter de pouvoir toujours traiter avec beaucoup de douceur tous les enfants, il y en a néanmoins plusieurs à l'égard desquels il se faut contenter de l'avoir dans le cœur, étant plus avantageux, pour leur bien, de leur paraître toujours un peu sévère; et c'est ce qu'il semble que le Saint-Esprit a voulu confirmer, en combattant, comme il fait, la mollesse naturelle des parents dans une infinité d'endroits où il semble leur mettre toujours les verges à la main :

« Celui qui aime son fils le châtie sans cesse, afin qu'il se réjouisse sur la fin de ses jours. » (*Eccl.*, c. XXX, v. 1.)

« C'est le haïr que lui épargner la verge. » (*Prov.*, c. XIII, v. 24.)

« La verge de correction donne de la sagesse; et l'enfant qu'on abandonne à sa propre volonté couvre ordinairement sa mère de honte et de confusion. » (*Prov.*, c. XXXIX, v. 15 [1].)

— *Employer plutôt les exhortations que les menaces pour les porter à la piété et à la vertu.*

Ce qu'on fait malgré soi et par une espèce de contrainte, non seulement n'est pas louable, mais ne peut même être de durée; car ce qui a été forcé retourne bientôt à son premier état, comme un arbre qui a été plié par violence ne tarde guère à reprendre son premier pli; au lieu que ce qui se fait par le choix d'une volonté tout à fait libre est, d'ordinaire, stable et permanent.

Il faut donc tâcher de rendre toujours la vertu aimable par elle-même, tantôt en louant devant les enfants [2] ceux qui sont véritablement vertueux, et tantôt en leur faisant appréhender la honte et la confusion dont les mauvaises actions sont, d'ordinaire, suivies.

Il les faut aussi toujours exhorter à avoir Dieu en vue plus que les hommes dans toutes leurs actions,

---

1. Le bon Rollin s'ingéniera également à corriger des textes bien précis par une interprétation que lui inspire son tendre amour de l'enfance : « L'Écriture sainte, par ces paroles et par d'autres pareilles, désigne peut-être la punition en général, et condamne la fausse tendresse et l'aveugle indulgence des parents.... En supposant qu'il faille prendre le mot de *verge* à la lettre, il y a bien de l'apparence qu'elle conseille ce châtiment pour des caractères durs, grossiers, indociles, intraitables, insensibles à la réprimande et à l'honneur. Mais peut-on penser que l'Écriture, si remplie de charité et de douceur, si pleine de compassion pour les faiblesses, même d'un âge plus avancé, veuille qu'on traite durement des enfants dont les fautes, souvent, viennent plutôt de légèreté que de méchanceté? » (*Traité des études,* livre VIII.)

2. Ce n'était pas l'avis de M. de Saci, voir p. 110. Il conseille à Fontaine *de remercier Dieu en secret* du bien qu'il reconnaît dans les enfants. Pascal, qui se plaint que « l'admiration gâte tout dans l'enfance », constate, d'un autre côté, que « les enfants de Port-Royal, auxquels on ne donne point cet aiguillon d'envie et de gloire, tombent dans la nonchalance ». (*Pensées,* éd. Havet, p. 449.)

et à craindre bien davantage dans leurs pensées le jugement de celui qui pénètre le fond des cœurs que la
répréhension des hommes dans leurs paroles.

Quand ils font bien, il faut les exciter à faire encore
mieux, parce que c'est retourner en arrière que de
n'avancer pas continuellement dans le chemin de la
vertu; et il faut se souvenir, à ce sujet, de ce proverbe,
que, quelque bon que soit un cheval, il a toujours besoin
d'éperons.....

— *Joindre les bons exemples aux bonnes instructions.*

Ce n'est pas assez de donner aux enfants de bonnes
instructions, mais il faut aussi tâcher de leur donner de
bons exemples....

Rien n'a tant de force sur l'esprit, et particulièrement
sur ceux des enfants, qui prennent bien plus garde à ce
qu'ils voient faire à leurs maîtres qu'à ce qu'ils leur
peuvent dire, et qui ne peuvent concevoir que du mépris pour le bien qu'ils leur proposent quand leurs
actions ne sont pas conformes à leurs paroles.

Et, en effet, peut-on écouter un homme qui ne s'écoute
pas lui-même? Et a-t-on lieu de croire qu'il soit convaincu des vérités qu'il tâche de persuader aux autres,
quand il ne se met pas en peine de les pratiquer[1]?....

Un précepteur doit être à ses enfants comme une
glace pure et comme un beau miroir, où ils puissent

---

1. Mme de Maintenon met plus en lumière cette excellente
leçon dans une lettre à une dame de Saint-Cyr : « Vous ne les
rendrez raisonnables qu'en leur inspirant la raison par vos discours et par votre exemple, qui sera encore plus fort que vos
paroles. Elles seront à peu près telles que vous serez; si vous
êtes de bonne foi, elles seront de bonne foi; si vous agissez droitement, elles agiront droitement; si vous vous relâchez, elles se
relâcheront; si vous êtes extérieures, elles seront extérieures; si
vous faites autrement quand on vous voit que lorsqu'on ne vous
voit pas, elles feront de même; si vous vous donnez tout entières,
elles se donneront aux choses dont vous les chargerez; si vous
vous cachez de vos supérieures, elles se cacheront de vous. »
(A Mme de la Mairie, 1714.)

voir leurs taches et leurs imperfections, ou bien comme
une règle qui redresse, par sa rectitude, tout ce qui y
est en eux d'inégal et de défectueux. Il faut, dis-je, qu'il
leur parle bien plus par ses actions que par ses paroles,
et qu'il leur montre, plutôt en agissant qu'en parlant,
par quelle voie ils doivent marcher.

S'il fait lui-même tout ce qu'il a dessein d'enjoindre à
ceux qui sont sous sa conduite, non seulement il corri-
gera leurs défauts, mais aussi il se garantira de ce juste
reproche que l'Apôtre fait à ceux qui n'en usent pas
ainsi : « Que ne vous instruisez-vous vous-même, dit-il,
vous qui vous mêlez d'instruire les autres! »

Or rien ne sert tant à un maître pour donner bon
exemple, que de garder une grande uniformité dans
toutes ses actions.

Prescrivez-vous donc une bonne manière de vivre, et
proposez-vous une règle que vous voulez suivre, dit
Sénèque; compassez-y toutes vos actions; car l'inégalité dans la conduite est une marque d'un esprit
inconstant et qui n'a pas une assiette ferme....

DE LA CIVILITÉ ET POLITESSE DES ENFANTS

Ce n'est pas assez de faire le bien, mais il faut encore
tâcher de le faire toujours de la meilleure manière qu'on
peut.... Et, en effet, comme les viandes bonnes par
elles-mêmes, mais mal assaisonnées ne sont pas fort
agréables, ainsi une bonne action faite de mauvaise
grâce ne saurait plaire.

La manière d'agir libre, honnête et bienséante, c'est
ce que j'appelle ici politesse et civilité; et je prétends
que, pour la bien savoir, non seulement il en faut
apprendre de bonne heure les maximes, mais qu'il faut
même les mettre en pratique, suivant cet axiome des
philosophes, qu'on n'apprend bien que par la pratique
les choses qu'on apprend que pour les pratiquer. Or la
politesse des enfants doit paraître particulièrement dans

leur marcher et dans leur contenance à la table, comme aussi dans leur conversation [1].

— *De la manière dont ils doivent être et se conduire à table.*

— Il y faut toujours demeurer droit, sans remuer ses bras et ses jambes, et sans incommoder, s'il se peut, ceux qu'on a auprès de soi.

— C'est une grande incivilité de regarder continuellement les plats, et de dévorer des yeux toutes les viandes qui se servent.

— Il ne faut pas mettre la main au plat le premier, ni témoigner de l'impatience avant qu'on vous serve, ou trop d'avidité et d'empressement à manger quand on vous a servi.

— Recevez doucement sur votre assiette tout ce qu'on vous présente, en baissant un peu la tête, pour remercier celui qui vous sert, et sans ôter le chapeau [2], sinon à l'égard des personnes qui sont beaucoup au-dessus de vous, et pour qui vous êtes obligé d'avoir un respect tout particulier.

— Il ne faut jamais refuser ce qu'on présente ; car ce serait reprocher tacitement, ou qu'on n'a pas bien choisi, ou témoigner qu'il n'est pas à votre goût.

— Il est avantageux de s'accoutumer de bonne heure à trancher proprement la viande, et à la présenter

1. Coustel se justifie fort bien d'entrer dans des détails qui peuvent paraître minutieux, par cette judicieuse pensée de Quintilien : « Ce qu'il faut faire mérite d'être appris ». L'extrait ci-joint sur la manière de se conduire à table est une assez curieuse étude de mœurs.

2. *La Bienséance de la conversation entre les hommes*, publiée à Pont-à-Mousson en 1618, constate cet usage de garder son chapeau aux repas : « Quand on est à table, c'est assez de faire quelques signes de révérence avec la teste ; *car il n'est pas bienséant de se découvrir en table.* »

Le P. de la Salle recommande aux conviés de « se tenir debout et découverts jusqu'à ce qu'on ait donné aux viandes la bénédiction, et ne pas se couvrir qu'on ne soit tout à fait assis, et que les personnes les plus distinguées ne soient couvertes. » (*Les Règles de la bienséance et de la civilité chrétienne.*)

de bonne grâce, et d'apprendre même ce qui est de meilleur dans un chapon, une perdrix et un oiseau de rivière [1].

— Si vous pouvez prendre la liberté de mettre la main au plat, arrêtez-vous à celui qui est devant vous, sans aller chercher à droite et à gauche ce qui peut vous sembler de meilleur.

— S'il y a quelque bon morceau, ne le prenez jamais pour vous, mais présentez-le à ceux que vous avez invités, ou qui sont les plus considérables dans la compagnie.

— Tenez les yeux arrêtés sur votre assiette, sans les promener sans cesse sur celle des autres, pour voir ce qu'ils mangent.

— Prenez avec la fourchette, et non pas avec les doigts, ce qu'on vous sert.

— Ne mettez pas de trop gros morceaux dans votre bouche, et n'enflez pas vos joues en mangeant, comme si vous vouliez souffler le feu.

— Ne rompez pas votre pain avec la main; mais servez-vous toujours de votre couteau pour le couper.

— Mâchez doucement la viande que vous avez dans la bouche : cela contribue beaucoup à la santé, parce que la seconde coction ne corrige pas les défauts de la première.

— Ne trempez jamais dans le plat un morceau que vous aurez déjà porté à la bouche.

— Évitez autant que vous pourrez la diversité des viandes, car rien ne ruine tant l'estomac et n'est si préjudiciable à la santé.

— Ne commencez jamais votre repas par boire : cela

______

1. Le P. de la Salle entre dans des détails d'office sur les diverses viandes bouillies ou rôties, les poissons, « afin qu'on ne puisse pas prendre pour soi les meilleurs morceaux (ce qui pourrait quelquefois arriver par méprise, faute de le savoir), et qu'on puisse les servir à propos à ceux à qui il convient » (*Civilité chrétienne*, p. 107). Coustel, quelques lignes plus loin, donne la même raison.

sent trop son ivrogne, qui boit plus par accoutumance que par nécessité. Ne buvez pas aussi le premier. Essuyez bien votre bouche, et avalez entièrement ce que vous avez dans la bouche avant que de boire.

— Trempez toujours votre vin. Lorsqu'il est tout pur, il est au corps ce que l'huile est au feu ; car il l'enflamme davantage au lieu de ralentir et de diminuer l'ardeur qui le consume.

— Si l'on vous fait l'honneur de boire à votre santé, remerciez humblement ceux qui le font.

— Ne mettez pas votre gloire à boire par excès : un tonneau a bien plus de capacité qu'un des plus grands estomacs.

— La coutume de forcer les autres à boire les santés qu'on leur a portées, au préjudice même de la leur, n'est ni honnête, ni louable ; il faut être goinfre et malhonnête pour en user de la sorte.

— L'on ne présente rien entre égaux, et s'ingérer de faire cela, c'est vouloir prendre le dessus et faire le maître.

— C'est une trop grande délicatesse que de se plaindre que les viandes sont mal apprêtées ou qu'elles ne sont pas à notre goût.

— Si l'on demeure trop longtemps à table, vous pouvez vous en retirer doucement, après avoir salué la compagnie d'une manière civile et honnête.

DE LA CONVERSATION

Ce n'est pas par la bizarrerie et par la mauvaise humeur de certains mélancoliques qu'il faut juger de la conversation, mais par le sentiment général que l'Auteur de la Nature a imprimé dans l'esprit de tous les hommes. Dieu ne leur a pas donné l'usage de la parole pour leur faire passer toute leur vie dans les déserts, mais ç'a été pour converser les uns avec les autres, afin qu'ils pussent apprendre ce qu'ils ne savaient pas, et qu'ils se perfectionnassent dans l'intelligence de ce qu'ils savaient déjà. Comme donc la conversation aiguise l'esprit, forme le jugement, fait qu'on se connaît soi-même, et qu'on n'a pas un amour aveugle de ses sentiments; enfin, comme elle apprend à vivre avec tout le monde d'une manière honnête et bienséante, l'on a raison de l'appeler l'école de la sagesse et la maîtresse de la civilité. L'on peut dire qu'elle est assurément très utile et aller même encore plus avant, en soutenant qu'elle est nécessaire Et, en effet, il y a une infinité de choses que Jésus-Christ commande dans l'Évangile, qui ne se peuvent faire qu'en conversant avec les hommes : comme, par exemple, consoler les affligés, instruire les ignorants, corriger ceux qui manquent, et remettre dans le bon chemin ceux qui s'égarent.

Supposant donc la nécessité de la conversation, on peut demander ici : quelles doivent être ses qualités; — avec quelles personnes on doit converser; — de quelle manière les jeunes gens s'y doivent conduire; — quels sont les principaux défauts qu'il faut tâcher d'y éviter.

— ... Les jurements, les blasphèmes, les paroles déshonnêtes et équivoques en doivent être bannis; et, en un mot, il ne faut jamais dire aucune chose qui puisse faire peine à ceux qui écoutent, ou couvrir de confusion ceux qui les disent.

Elle doit être fort circonspecte. Ainsi, c'est mal fait de faire l'enjoué devant des personnes qui sont dans l'affliction, ou le triste devant ceux qui ne pensent qu'à se divertir....

Elle doit être respectueuse et pleine de beaucoup de déférence, surtout à l'égard des femmes et des vieillards, à qui la bienséance veut qu'on cède toujours les premières places....

En quatrième lieu, elle doit être sincère : car, dès qu'on s'accoutume aux déguisements et aux fourberies, l'on perd toute sorte de créance, et l'on se fait mille fâcheuses affaires.

Enfin, elle doit être charitable, tant envers soi-même qu'envers les autres; envers soi-même, en profitant de tout ce qu'on dit; car, si c'est un homme savant qui parle, tout ce qu'il dit instruit; et si c'est un insensé, il doit rendre plus retenus ceux qui l'écoutent, pour ne pas faire les mêmes fautes.

Il faut aussi, dans la conversation, être charitable envers les autres, en s'accommodant à leur humeur; en interprétant favorablement tout ce qu'ils disent: en excusant leurs défauts; et enfin en empêchant les mauvais discours et les médisances, si l'on a assez d'autorité pour cela, ou, du moins, en témoignant par sa froideur et par son silence qu'on n'y veut prendre aucune part.

... L'on pourrait demander ici si la conversation des femmes est avantageuse aux jeunes gens; à quoi il n'est pas difficile de répondre, si l'on veut suivre les lumières du christianisme plutôt que les maximes corrompues du siècle.... Il est sans doute qu'il y a du péril dans la conversation des femmes, qui sont appelées pour ce sujet les pièges du diable, et les filets où se prennent ceux qui ne sont pas assez sur leurs gardes [1]....

Pour faire voir ici que les jeunes gens ne pensent guère à se former l'esprit en conversant avec les femmes, et à apprendre, comme ils disent, la politesse et la civilité, c'est qu'ils n'aiment guère, pour l'ordinaire, la conversation de celles qui sont un peu âgées, quoique leur sérieux et leur grande expérience leur pussent être plus utiles; mais ils aiment bien plus la beauté du corps que celle de l'esprit; et l'éclat d'un jeune visage a pour eux bien plus de charmes que les traits d'une vertu et d'un mérite extraordinaires dans une vieille....

— Il faut bien apprendre les cérémonies qui se pratiquent dans les pays où l'on se trouve. J'appelle céré-

---

1. Nicole dit peu galamment : « avoir une femme pour conseiller, c'est avoir une double concupiscence » (*Essais de Morale*, t. VI, p. 266.) Ce n'était pas l'avis de Franklin.

monies les marques extérieures d'honneur et de respect qu'on rend à certaines personnes....

Il faut toujours user des cérémonies avec beaucoup de prudence et d'honnêteté, et n'en être ni chiche ni prodigue.

N'en point faire du tout, c'est grossièreté; en faire par intérêt, c'est déguisement et flatterie. En faire à des personnes fort occupées, c'est indiscrétion. En faire à ceux qu'on n'a pas dessein d'obliger, c'est une insulte.

*Il ne faut pas affecter des cérémonies inutiles, en refusant, par exemple, la première place, quand on la mérite sans contredit, et donner, comme l'on dit, bataille pour ne pas passer le premier à une porte.

Il ne faut pas se promener quand tous les autres sont assis, ni ronger ses ongles, ni nettoyer ses dents devant le monde; c'est témoigner que la compagnie ne plaît pas, et qu'on cherche à se désennuyer par ces petits amusements.

Il ne faut pas, quand on est assis, ou s'appuyer sur les autres, ou leur tourner le dos, ou étendre les bras, ou faire des gesticulations indécentes; de semblables libertés ne conviennent qu'à des personnes extrêmement relevées au-dessus des autres.

C'est une maxime fondamentale de notre religion, qu'il faut toujours traiter les autres de la même manière que nous voudrions être traités nous-mêmes. Excusez donc toujours les défauts du prochain, et interprétez bien ses actions et ses paroles. Ainsi, si, en entrant, quelqu'un ne vous salue pas, ne dites point qu'il vous méprise et vous dédaigne; mais croyez plutôt qu'il ne vous a pas vu, ou qu'il avait l'esprit distrait et trop occupé à quelque autre chose.

Tâchez d'être d'une humeur égale, et accommodez-vous toujours à celle des autres, quand elle ne sympathise pas avec la vôtre.

La complaisance est l'âme de la société et l'assaisonnement de la conversation. Elle doit donc être fort grande à l'égard de toutes sortes de personnes, sans nous faire néanmoins approuver jamais ce qui est manifestement injuste et mauvais....

— Soyez toujours plus aise d'écouter ce que disent les autres que de parler vous-même; et souvenez-vous à ce sujet de ce que dit Plutarque, que Numa apprit aux Romains à révérer plus qu'aucune autre une déesse à qui il donna le nom de *Tacita* (la silencieuse)....

L'avantage qu'on tire du silence, c'est qu'il fait au moins passer devant le monde pour très sages ceux qui le savent garder, quelque ignorants et stupides qu'ils soient [1].

Il y a des temps où il ne faut rien dire, il y en a où il faut dire quelque chose; mais il n'y en a aucun auquel il faille dire tout ce qu'on sait.

Soyez fort retenu quand vous vous trouverez en compagnie, où il y a des personnes de qualité, des gens de grande érudition et des vieillards, à qui l'âge a donné beaucoup d'expérience.

Quand vous vous ingérez de parler, prenez bien garde à ces trois choses : de quoi on parle; — devant qui vous avez à parler; — de quelle manière vous devez parler.

N'ouvrez pas la bouche avant que vous ayez bien conçu et digéré dans votre esprit ce que vous avez à dire [2], de peur que vos pensées ne soient semblables à ces avortons qui n'ont pas assez de temps pour se former parfaitement; car la peine qu'on a à s'énoncer ne vient, d'ordinaire, que de ce qu'on ne conçoit pas bien

---

1. Grimarest, dans la *Vie de Molière*, raconte une scène bien amusante. Molière et Chapelle, revenant par eau d'Auteuil à Paris, discutaient sur Gassendi et Descartes devant un religieux minime qui se trouvait sur le bateau; les deux interlocuteurs le prenaient pour juge. Le minime ne répondait que par des *hom!* *hom!* ou des mouvements de tête. Nos philosophes furent assez confus de s'apercevoir plus tard, à sa besace, que c'était un frère servant, fort étranger à ces questions; Molière dit alors au jeune Baron, qui les accompagnait : « Voyez, petit garçon, ce que fait le silence quand il est observé avec conduite ».

2. « Il y a des gens, dit finement La Bruyère, qui parlent un moment avant que d'avoir pensé. » (*Caractères*, ch. iv.)

ce qu'on a à dire; car l'on s'énonce toujours bien quand l'on a bien rangé dans son esprit tout ce qu'on veut dire....

Ne vous ingérez point de parler des choses qui sont au-dessus de votre portée, et ne parlez même de celles que vous pensez savoir le mieux qu'avec grande modération et retenue.

Si vous voulez passer pour habile homme, travaillez à l'être effectivement; car le temps, qui découvre tout, vous fera enfin paraître tel que vous êtes; et il se pourrait même trouver quelqu'un dans la compagnie qui ferait peut-être éclater votre ignorance, à votre confusion.

Si l'occasion se présente de raconter quelque histoire, venez-en tout d'un coup au fait, sans vous arrêter à faire de longs et d'ennuyeux préambules, et servez-vous toujours, en les racontant, d'expressions propres, naturelles et agréables....

Tâchez toujours d'excuser celui dont on dit du mal; et si vous ne pouvez excuser l'action qu'on blâme, excusez-en au moins l'intention en disant qu'il a été surpris et qu'il n'y a point fait assez de réflexion. Que si vous n'en pouvez pas excuser l'intention, attribuez ce qu'il a fait à l'infirmité humaine et à la violence de la tentation, qui en aurait bien emporté d'autres s'ils se fussent trouvés en la même occasion que lui.

Si quelqu'un dit quelque sottise, ou faites semblant que vous ne l'avez pas ouïe, ou témoignez par votre froideur ou par votre silence que vous êtes bien aise de n'y prendre aucune part.

Il ne faut pas, quand on est dans une compagnie, ni demeurer toujours dans le silence, ni aussi parler continuellement : l'un serait une marque de stupidité ou de mépris; et l'autre témoignerait une trop grande présomption de suffisance. Il est juste que chacun paye son écot, autant pour la nourriture de l'esprit que pour celle du corps.

Il faut que les entretiens soient toujours convenables aux lieux et aux personnes avec qui l'on se trouve.

Ainsi l'on a mauvaise grâce de faire le Caton [1] devant des femmes, ou le prêcheur devant des gens qui ne songent qu'à se divertir. L'on ne doit pas aussi proposer à la table des points de théologie, ou des questions difficiles à résoudre, mais seulement des choses dont chacun peut dire sa pensée, sans trop s'appliquer l'esprit....

Que si l'on a avancé une opinion extravagante et pernicieuse, il est utile et même digne de louange de la changer ; au lieu que ce serait une chose honteuse de changer un sentiment quand il est juste et véritable. Il n'appartient qu'aux personnes qui ont de la lumière et du jugement, dit saint Augustin, de se repentir des choses mal dites ; et l'on est, d'ordinaire, plus admiré quand on devient contre soi-même le censeur d'un sentiment avancé mal à propos que si l'on ne l'avait jamais eu, ou bien si l'on en avait corrigé un autre....

— L'on n'aime pas, d'ordinaire, les railleurs, les vanteurs et les grands parleurs.

Il faut pourtant bien distinguer ici la raillerie innocente d'avec celle qui est tout à fait odieuse.

Car il y a une raillerie qui non seulement est permise, mais qui fait même l'assaisonnement de toutes les conversations ; c'est pourquoi ceux qui réussissent y sont toujours très bien reçus. Or j'appelle raillerie une chose de bon sens dite à propos et qui divertit. Pour cela il faut :

1° Qu'elle soit subtile et délicate ; car l'on se moque de la raillerie et du railleur quand elle n'est pas telle.

2° Il ne faut pas que les choses dont on raille soient sérieuses ou criminelles, car il n'y a pas sujet de railler quand il n'y a pas sujet de rire.

3° Les défauts considérables du corps et de l'esprit n'y doivent pas servir de sujets. L'homme ne s'est pas formé lui-même ; c'est Dieu qui l'a fait tel qu'il est ; c'est donc sur lui que retombent ces railleries.

---

1. Caton le Censeur (233-183 avant Jésus-Christ), célèbre pour sa sévérité contre le luxe, principalement des femmes.

4° Il faut railler avec discrétion : ainsi il ne faut jamais railler les personnes puissantes.

5° Il ne faut jamais railler les misérables, parce qu'ils sont dignes de compassion.

Enfin il faut railler avec modération, car l'excès est toujours blâmable, et il n'y a pas de plaisir de pousser les gens à bout.

Je ne parle donc pas ici de ceux dont les railleries sont piquantes, et qui ne se soucient pas de faire de la peine et de la confusion aux autres, pourvu que par là ils se fassent valoir et qu'ils acquièrent la réputation d'avoir de l'esprit. Il n'y a rien qui décrie et qui fasse tant haïr un jeune homme que cela.

Ceux qui se vantent sont encore des gens fort incommodes dans la conversation; car ils ont toujours dans la bouche les noms de leurs ancêtres et de leurs terres, et ils ne parlent que de leur esprit et de leurs desseins.

Craignez de vous plaire, de peur que vous ne plaisiez qu'à vous seul. Il est des bonnes qualités de notre âme comme de la nudité de notre corps. Nous les devons toujours cacher à nos gens, et la modestie ne nous permet pas de nous y arrêter.

Il y a encore des bizarres qui ne s'aiment qu'eux-mêmes, à qui tout ce que disent les autres déplaît, et qui ne trouvent rien de bien fait que ce qu'ils font.

Les entêtés et les opiniâtres sont encore fort odieux.

Quand les choses sont de peu de conséquence, il ne faut pas les vouloir emporter de haute lutte; la victoire est toujours dangereuse en ces sortes de rencontres, puisque souvent l'on perd un bon ami pour une chose de néant. D'ailleurs on fait voir sa mauvaise humeur en bonne compagnie.

(Coustel, *Règles de l'éducation des enfants*.)

Sur les persécutions de Port-Royal[1].

.... Il faut qu'il y ait un étrange renversement dans les choses de ce monde, puisque nous voyons ceux que l'on peut dire certainement avoir rendu quelque service à l'Église, être persécutés, maltraités, calomniés, opprimés sous le faux nom d'une secte imaginaire, et osant à peine se défendre contre les plus injustes et les plus outrageuses accusations; et ceux au contraire qui déshonorent l'Église par leurs ignorances, et par leurs emportements, comme a fait M. Mallet, être en honneur et en crédit, et non seulement ne craindre pas d'être punis pour leurs excès, mais se faire craindre eux-mêmes, par le pouvoir qu'on leur donne, à tous ceux qu'ils prennent pour leurs ennemis parce qu'ils le sont de leurs erreurs, de leurs extravagances et de leurs mensonges.

Après tout, néanmoins, nous n'avons pas lieu de nous étonner si fort de cette conduite. Dieu le permet, Dieu l'ordonne pour le bien de ses élus. Et, la considérant dans cette vue, nous ne devons pas seulement nous y soumettre, mais l'adorer et baiser la main qui nous frappe. Oui, mon Dieu, j'adore l'infinie variété de vos ordres toujours justes, toujours saints dans le gouvernement de vos créatures, et anciennes et nouvelles, c'est-à-dire du monde et de l'Église.

Ce serait avoir peu de foi dans une promesse que d'être touché de ce qui se passe dans ces jours de

---

1. « Nous sommes peu capables de lire aujourd'hui ces gros volumes d'accablantes discussions. La conclusion seule s'en doit remarquer, comme ayant bien de l'éloquence et du sentiment. On rapporte que le chancelier Le Tellier ne pouvait se lasser de relire ces pages et de les faire lire à ses amis : son enthousiasme, pourtant, n'allait pas jusqu'à en rien citer au roi. Racine, dit-on, les relisait aussi avec une vivacité d'admiration dans laquelle je voudrais nous voir entrer encore, tant la beauté morale y est pour beaucoup! » (Sainte-Beuve, *Port-Royal*, t. V, p. 291.)

nuages et d'obscurité, *in diebus nubis et caliginis*, comme vous appelez dans votre Écriture ces temps de troubles et de tempêtes, où il semble que vous abandonniez l'innocence à la fureur des méchants, et que vous preniez plaisir à laisser triompher le vice, l'injustice et la violence. Que peuvent-ils faire, après tout, à ceux qui ne mettent leur confiance qu'en vous et qui n'ont d'amour que pour les biens éternels[1]?

Ils surprennent les princes, et leur font prendre pour leurs ennemis leurs plus fidèles serviteurs. Mais le cœur des rois est entre vos mains, et vous pouvez en un moment les changer, en leur découvrant ce qu'on leur cache, et les détrompant des fausses impressions qu'on leur donne, que s'il ne vous plaît pas de dissiper ces nuages, ne doit-il pas suffire à vos serviteurs que le fond de leur cœur vous soit connu, en attendant que vous fassiez la grâce aux princes, que l'on irrite contre eux, de pénétrer les artifices dont on les prévient et de n'user de leur pouvoir que pour la punition des méchants et la protection des bons, comme vos apôtres déclarent que ce n'est que pour cela que vous le leur avez donné.

Cependant on les proscrira, on les bannira, on les privera de la liberté. Un chrétien, à qui toute la terre est un lieu d'exil et une prison, peut-il être fort en peine du changement de son cachot? On vous trouve partout, mon Dieu. Au milieu des fers on est plus libre que les rois mêmes, quand on vous possède. Il n'y a de prison à craindre que celle d'une âme que ses vices et ses passions tiennent resserrée et empêchent

---

1. Ce sentiment de confiance animait aussi profondément la mère Angélique Arnauld lorsqu'elle relevait le courage de ses religieuses : « Quoi! je crois que l'on pleure ici? Allez, mes enfants, qu'est-ce que cela? N'avez-vous point de foi? Et de quoi vous étonnez-vous? Quoi! les hommes se remuent; eh bien! ce sont des mouches qui volent et qui font un peu de bruit. Vous espérez en Dieu, et vous craignez quelque chose! Croyez-moi, ne craignons que lui, et tout ira bien. »

de jouir de la liberté des enfants de Dieu; et c'est ce qui a fait dire à un de vos saints[1] que la conscience d'un méchant homme est remplie de ténèbres plus funestes et plus horribles que non seulement toutes les prisons, mais que l'enfer même.

Mais on pourra bien mourir des fatigues et des travaux d'une vie errante! L'évitera-t-on quand on serait le plus à son aise? Un peu plus tôt ou un peu plus tard, qu'est-ce que cela quand on le compare à l'éternité? Vous avez compté nos jours; on n'est entré dans ce monde que quand vous l'avez voulu, et on n'en sort que quand il vous plaît. Les maux de ce monde effrayent quand on les regarde de loin; on s'y fait quand on y est, et votre grâce rend tout supportable; outre qu'ils sont toujours moindres que ce que nous méritons pour nos péchés. Vous nous avez appris par votre apôtre que tous ceux qui vous servent doivent être disposés à dire comme lui : *Je sais vivre pauvrement; je sais vivre dans l'abondance. Ayant éprouvé de tout, je suis fait à tout, au bon traitement et à la faim, à l'abondance et à l'indigence. Je puis tout en celui qui me fortifie.*

Mais combien est-on encore éloigné de l'état de ceux dont ce même apôtre dit qu'*ils étaient abandonnés, affligés, persécutés, eux dont le monde n'était pas digne, errants dans les déserts et dans les montagnes, et se retirant dans les antres et dans les cavernes de la terre!*

Nous n'avons donc, Seigneur, qu'à reconnaître votre bonté, qui avez la condescendance de traiter en faibles ceux que vous connaissez n'avoir pas encore beaucoup de force. Vous accomplissez en leur faveur les promesses de votre Évangile, et vous leur faites trouver, en la place de ce qu'ils ont pu quitter pour l'amour de vous, des pères, des mères, des frères, des sœurs, à qui vous inspirez une charité si tendre envers ceux qu'ils regardent comme souffrant quelque chose pour la vérité,

---

1. Saint Augustin.

et une si grande application à suppléer à tous leurs besoins, que, par une bonté singulière, vous changez les croix mêmes que vous leur imposez en douceur et en consolation. Mais ils espèrent de votre miséricorde que si vous les préparez à de plus rudes épreuves, vous leur donnerez aussi plus de grâce et une plus grande abondance de votre esprit pour les leur faire supporter en vrais chrétiens. C'est l'unique fondement de leur confiance; car ils savent assez que nous ne pouvons rien sans vous, et que, quelque persuadé que l'on soit des vérités que vous nous faites connaître, on ne les pratique que quand vous nous les faites passer de l'esprit dans le cœur, et que vous accomplissez ce qu'a dit un de vos saints, que c'est vous seul qui appliquez la volonté à la bonne œuvre, et qui en aplanissez les difficultés pour le rendre facile à la volonté.... Je suis donc prêt, ô mon Dieu, de vous suivre partout où il vous plaira de me mener; et, quand je marcherais parmi les ombres de la mort, je ne craindrai rien, tant que vous me tiendrez par la main. C'est dans cette espérance que je me reposerai. Et j'attendrai sans impatience qu'étant fléchi par les prières de tant de bonnes âmes, vous rendiez à votre Église la tranquillité dont elle ne saurait jouir, si vous ne faites taire, par l'autorité de vos ministres, les vents impétueux des opinions humaines qui se veulent élever au-dessus des vérités de votre Évangile, et que vous n'apaisiez par votre parole les tempêtes qu'excitent les hommes charnels, quand on les trouble dans la possession où ils pensent être de vivre en païens, et de n'en attendre pas moins les récompenses de l'autre vie, que vous n'avez promises qu'aux vrais chrétiens [1].

(Arnauld, Œuvres, t. VII, p. 902.)

---

[1]. « Bien des hommes ont parlé de leurs infortunes, de leurs disgrâces imméritées, de leur pauvreté fière, et en ont même tiré parti pour se draper avec faste. Ce qui rend les paroles qu'on vient de lire vraiment mémorables, c'est qu'il n'y a pas une syllabe qui ne soit sincère, qu'Arnauld n'en dit pas plus qu'il ne le sent et qu'il ne soit prêt à faire à l'instant même : le caractère

Les Constitutions du monastère de Port-Royal du Saint-Sacrement [1].

DE L'INSTRUCTION DES PETITES FILLES [2].

L'on pourra recevoir au monastère des petites filles pour les instruire en la crainte de Dieu durant plusieurs années, et non pour un an seulement, parce que cela ne suffit pas pour les former dans les bonnes mœurs, selon les règles du christianisme.

On n'en prendra point que de celles que leurs parents auront intention qu'on instruise de la sorte, et qu'ils offriront à Dieu dans l'indifférence pour être religieuses, ou du monde, selon qu'il plaira à Dieu d'en disposer.

Les petites filles seront dans un département séparé des religieuses, avec une maîtresse pour les instruire en la vertu, à laquelle on donnera des aides pour leur apprendre à lire, à écrire, à travailler en linge et à d'autres ouvrages utiles, et non de ceux qui ne servent qu'à la vanité.

Elles porteront le petit habit, à quoi néanmoins on ne les obligera pas d'abord si elles y ont de la répugnance, attendant que l'accoutumance et la vue de leurs compagnes leur fasse désirer; que, si quelqu'une demeure arrêtée à ne le vouloir point, on la fera habiller à la façon du monde, mais non pas de soie et sans aucun passement, afin que les autres ne lui portent pas envie.

de celui qui écrit confirme et achève l'éloquence. J'ai dû citer tout ce morceau, autrefois célèbre. Il est classique dans l'histoire d'Arnauld exilé. » (Sainte-Beuve, *Port-Royal*, t. V, p. 300.)

1. « Les Constitutions du monastère de Port-Royal du Saint-Sacrement, qui sont le fruit des instructions de M. de Saint-Cyran, furent écrites par la mère Agnès (lors de la fondation de l'Institut du Saint-Sacrement, en 1647), après avoir été longtemps pratiquées. Elles ont été imprimées pour la première fois en 1666. (*Mémoires* de Lancelot, t. I, p. 423.)

2. Voir l'Introduction, p. 54.

Elles iront chanter au chœur à quelques heures quand elles seront en âge de le pouvoir faire et qu'elles le demanderont; comme aussi au réfectoire, où elles seront à une table à part avec leur maîtresse.

L'on ne prendra point plus de douze petites filles au-dessous de dix ans, de peur que la charité que les sœurs font en cela ne leur soit préjudiciable, leur apportant trop d'occupation et de distraction; comme aussi pour s'en acquitter plus parfaitement, sans manquer à aucun soin nécessaire pour les bien élever.

On les pourra garder jusqu'à seize ans, encore qu'elles ne veulent point être religieuses, pourvu qu'elles soient dociles et modestes; qu'elles ne prennent aucune licence et profitent de l'instruction qu'on leur donne, s'affermissant de plus en plus dans la vertu chrétienne. Que si, au contraire, elles avaient l'esprit ou l'humeur vaine et mondaine, on les renvoyera promptement, à quelque âge que ce soit, de peur qu'elles ne gâtent les autres.

Si quelqu'une n'avait plus de mère, et qu'il lui fût utile de demeurer même après seize ans, on demandera permission au supérieur de la garder encore, et on le fera selon qu'il trouvera bon.

Le nombre des petites filles ne sera que de douze au plus, selon que nous avons dit; néanmoins, quand elles auront passé dix ans, elles ne seront plus comptées pour petites, et on en pourra prendre de plus jeunes à la place de celles-ci, bien qu'elles demeurent dans le monastère, parce qu'il y a beaucoup moins de soin et d'occupation à celles-là qu'aux plus petites.

Les religieuses ne désireront point de recevoir de petites filles, et n'useront d'aucune induction envers les parents pour faire qu'ils les donnent, non pas même celles qui leur sont parentes; cela doit venir de leur propre mouvement, et d'un désir sincère de la bonne éducation de leurs enfants.

On recevra plus facilement et plus volontiers les petites filles de trois ou quatre ans qui n'ont plus de mère, et on leur rendra avec affection toutes les assistances nécessaires à leur infirmité, considérant que la charité en est d'autant plus grande que ces petites orphelines sont souvent fort mal élevées, n'ayant point de mère qui veille sur elles.

Et que les sœurs n'estiment pas que ce soit une occupation peu convenable à leur état de prendre soin d'élever des enfants qui ne sont pas encore capables de recevoir aucune instruction pour leur salut, puisqu'en cela elles imitent Dieu même, qui forma premièrement le corps du premier homme, dans lequel il inspira ensuite l'esprit de vie.

Qu'elles prennent donc pour leur partage de faire subsister leur petit corps par tous les soins qui leur sont nécessaires, jusqu'à ce que leur âge soit capable des infusions de la grâce, devenant par ce moyen comme les mères de ces enfants, ce qui rendra leur virginité féconde devant Dieu, de qui elles sont les épouses, comme il est le père des âmes et des esprits, selon saint Paul.

Les sœurs qui seront employées à cet office s'étant proposé, comme il a été dit, que c'est un emploi de charité, elles doivent penser qu'il est tout ensemble un exercice de patience, y ayant beaucoup à souffrir de ces petites créatures, et un grand assujettissement à leur rendre.

Qu'elles ne se plaignent point ni de l'un ni de l'autre, mais qu'elles se rendent, pour l'amour de Jésus-Christ, qui s'est fait enfant pour nous, les servantes de ces enfants, dans lesquels il réside lui-même, se rabaissant dans leurs infirmités. Qu'elles souffrent aussi leurs petites humeurs, qui sont quelquefois bien fâcheuses. Qu'elles ne les reprennent jamais par un mouvement de colère, mais qu'elles suspendent le châtiment jusqu'à ce que leur émotion soit passée, et que les enfants même puissent juger qu'elles ne les aiment pas moins lorsqu'elles les châtient que lorsqu'elles les caressent.

Les maîtresses prendront bien garde de n'être point

partiales envers les enfants, n'aimant point davantage celles qui sont les plus agréables et les plus jolies, afin de ne point donner de jalousie aux autres. Qu'elles ne s'amusent point à jouer avec elles qu'autant qu'il sera nécessaire pour leur divertissement, quand elles ne sont pas encore capables d'en prendre avec les autres petites filles, et qu'elles ne permettent point que les enfants les caressent trop, et qu'elles s'attachent trop à elles, ce qui les rendrait de mauvaise humeur envers les autres qu'on leur pourrait donner. Ce n'est pas qu'elles doivent se faire aimer d'elles, mais en sorte que ce soit parce qu'elles sont leurs maîtresses, et non comme des personnes particulières. Et, quoique les enfants ne soient pas capables de faire ce discernement, les maîtresses le doivent faire et obliger les enfants à rendre autant à l'une des maîtresses qu'à l'autre; par exemple, si un enfant n'avait pas voulu obéir à une de ses maîtresses, parce qu'elle l'aime moins, l'autre maîtresse, au lieu de se tenir gratifiée de ce que cet enfant l'aime mieux, lui témoignera de la sévérité et la fera rendre à sa compagne l'obéissance qu'elle lui doit [1]. Et pour preuve que les sœurs ne désirent point d'être aimées des enfants, sinon pour le bien des enfants mêmes, quand on les ôtera de cet office, elles ne leur feront plus du tout de caresses lorsqu'elles les rencontreront, non plus que le reste des sœurs, qui ne doivent jamais s'y amuser, quand même elles seraient leurs parentes, sinon en tant que la mère le trouverait bon, pour accoutumer les enfants d'abord qu'elles sont en-

---

1. Mme de Maintenon adresse la même recommandation aux dames de Saint-Cyr, mais avec moins de mesure et de justesse : « Si les filles portent la flatterie jusqu'à vous faire entendre qu'elles vous goûtent bien plus qu'elles ne goûtent les autres, témoignez un si *profond mépris de ces bassesses,* et un si grand désir que vos sœurs ne soient ni moins estimées, ni moins aimées que vous, qu'elles connaissent que vous êtes bien éloignées de prendre plaisir à leurs discours. Il serait très mal de leur faire apercevoir qu'on a cette faiblesse. » (*Entretiens,* 1703.)

trées, ou en quelques rencontres particulières; hors cela, elles ne donneront point lieu aux tendresses qu'elles pourraient avoir pour elles, et elles en feront un sacrifice à Dieu, pour obtenir de sa bonté que ces enfants puissent profiter de la bonne éducation qu'on leur donnera.

Les maîtresses menant les enfants au parloir ne témoigneront point aux parents une trop grande affection pour elles; mais seulement qu'elles les aiment autant qu'elles y sont obligées, et qu'elles en ont tout le soin qui leur est possible. Elles ne loueront point les enfants avec exagération, s'il y en avait de fort jolies, mais diront simplement qu'elles sont bien dociles, ou choses semblables. Elles ne les blâmeront non plus de leurs défauts, et ne les accuseront de rien, si la mère ne leur a dit expressément de le faire; que si on les interroge, savoir si elles ne sont point mauvaises ou fâcheuses, elles pourront dire qu'il y a encore beaucoup à travailler, sans témoigner qu'elles en soient bien ennuyées ou rebutées, pour ne pas contrister les parents. Elles ne leur demanderont rien pour les enfants mêmes, sans la permission de la mère, non pas même des jouets ni des livres, ni autre chose, tant pour ne pas importuner les parents que pour ne pas donner sujet d'envie aux autres enfants à qui l'on ne donnerait rien. Et il serait à désirer, pour cette raison, qu'elles fussent toutes égales [1]; c'est pourquoi l'on continuera, comme l'on a fait jusques ici, de se charger de leur entretènement, pour éviter l'inégalité qui se trouve dans les parents, dont les uns donneraient avec libéralité, et d'autres leur

---

[1]. Il était inévitable de faire quelque exception dans un siècle où les conditions étaient si distinctes. On voit dans Leclerc que Mlle d'Elbœuf, entrée à Port-Royal à l'âge de neuf ans, y était l'objet de soins particuliers dans la chambre des pensionnaires; la mère Angélique lui avait fait faire un retranchement où elle couchait. « Quant à la nourriture, on la servait la première, et son ordinaire était aussi distingué.... A treize ans on lui donna une chambre seule, et une sœur pour la servir.... » (*Vies intéressantes*, t. III, p. 183.)

épargneraient ce qui leur serait nécessaire; ce qui élèverait les premières et contristerait les autres; à quoi l'on remédie en les traitant presque toutes également, autant que la discrétion le peut permettre.

On ne laissera point les petites filles au parloir seules, ni quand elles sont fort jeunes, ni quand elles sont plus grandes, sinon à leur père et mère, s'ils le désirent, et cela fort peu de temps.

On ne doit jamais perdre les petites filles de vue, de peur qu'elles ne tombent et ne se blessent; on ne permettra pas seulement qu'elles jouent ensemble en un endroit écarté de leur chambre; mais on les veillera incessamment pour les redresser dans tous les petits dérèglements qu'elles peuvent faire.

Les plus grandes ne seront point exemptes de cette garde; au contraire, les inconvénients en peuvent être plus grands; on y apportera un pareil ou plus grand soin, en sorte qu'on ne les quitte point sans qu'il y ait une personne à y prendre garde. Qu'on ne permette point qu'elles parlent ensemble tout bas, pour peu que ce soit. Qu'une des maîtresses couche en leur chambre, et qu'en allant par le monastère, au chœur et au réfectoire, on les conduise toujours, prenant garde qu'elles ne se joignent ensemble. Enfin qu'on ait un soin continuel pour leur ôter, autant qu'il sera possible, toutes les occasions de se faire tort les unes aux autres, qui est d'ordinaire ce qui gâte le plus la jeunesse....

Les sœurs qu'on emploiera à la conduite des enfants le feront, comme il a été dit, avec grande affection et grande fidélité, et tout ensemble un grand détachement, appréhendant beaucoup cette charge pour les grandes occasions qu'il y a d'y faire des fautes, de se dissiper trop, et de perdre l'esprit de recueillement, qu'il est malaisé de conserver dans une si grande occupation; que si, néanmoins, l'obéissance les y retient, qu'elles espèrent que Dieu les soutiendra, et que la charité qui accompagne nécessairement cette fonction, couvrira leurs fautes. Qu'elles sachent encore, pour leur consolation, qu'en prenant soin de bien élever ces enfants, elles retracent devant Dieu les années de leur enfance et de leur jeunesse, qu'elles ont peut-être mal employées faute d'une pareille éducation.

Règlement pour les enfants de Port-Royal.

AVERTISSEMENT.

Quoique ce règlement des enfants ne soit pas une idée, mais qu'il ait été dressé sur ce qui s'est pratiqué à Port-Royal des Champs pendant plusieurs années, il faut néanmoins avouer que, pour l'extérieur, il ne serait pas toujours facile ni même utile de le mettre en usage dans toute cette exactitude. Car il se peut faire, et que tous les enfants ne soient pas capables d'un si grand silence et d'une vie si tendue sans tomber dans l'abattement et dans l'ennui, ce qu'il faut éviter sur toutes choses, et que toutes les maîtresses ne puissent pas les entretenir dans une si exacte discipline, en gagnant en même temps leur affection et leur cœur, ce qui est tout à fait nécessaire pour réussir dans leur éducation. C'est donc à la prudence à tempérer toutes ces choses, et à allier, selon la parole d'un pape, une force qui retienne les enfants sans les rebuter, et une douceur qui les gagne sans les amollir : *Sit rigor, sed non exasperans; sit amor, sed non emolliens.*

RÈGLEMENT POUR LES ENFANTS.

A Monsieur Singlin, ce 15 avril 1657.

Je vous demande très humblement pardon si j'ai différé si longtemps à vous rendre compte de la manière dont j'agis avec les enfants [1]. Ce qui m'a empêchée de le

1. Jacqueline Pascal, sœur cadette de Pascal, née en 1625, quitta le monde, où elle avait de bonne heure brillé par son

faire dès la première parole que vous m'en avez dite a été que je croyais que vous me demandiez que je misse par écrit la manière dont il les fallait conduire : ce que je ne jugeais pas pouvoir entreprendre sans une très grande témérité, ayant si peu de lumière pour un emploi si difficile. Car je vous puis assurer qu'il n'y a que la seule obéissance qui soit capable de m'y faire faire la moindre chose, et que, si je n'y gâte pas tout, cela se peut attribuer à l'efficace [1] des paroles de notre mère qui me dit, en m'en donnant le soin, que je ne me misse en peine de rien, et que Dieu seul ferait tout : ce qui apaisa tellement le trouble dans lequel mon impuissance m'avait mise que je demeurai pleine de confiance et avec un aussi grand repos que si Dieu même m'avait fait cette promesse ; et j'avoue à ma confusion que, quand je me regarde moi-même et que j'entre dans le découragement, comme vous savez que je fais assez souvent, ces seules paroles, *Dieu fera tout*, prononcées avec confiance, rendent la paix à mon âme. Mais ce qui m'a ôté de peine, c'est que vous m'avez dit depuis que vous ne me demandiez pas que j'écrivisse comme il les fallait conduire, mais seulement comme je les conduisais, afin de remarquer les fautes que j'y commets, qui ne détruisent pas seulement ce que Dieu y fait par moi, mais apportent même de grands obstacles aux grâces qu'il met dans ces âmes....

esprit et un certain talent poétique, pour entrer en 1652 à Port-Royal, où elle prit le nom de sœur Sainte-Euphémie. De 1657 à 1659 elle fut chargée de l'éducation des enfants, et c'est à ce titre qu'elle a rédigé le règlement ci-joint. On l'envoya ensuite à Port-Royal des Champs, en qualité de sous-prieure, diriger les novices. Elle mourut en 1661, de douleur et de remords d'avoir signé le formulaire, malgré sa conscience, pour obéir à l'autorité d'Arnauld. M. Cousin a consacré à cette femme distinguée un volume plein d'intérêt.

1. « Il y a des prédicateurs et des écrivains qui usent du mot *efficacité*, dit le P. Bouhours ; il n'est point français, il faut dire *efficace* ; le même mot est adjectif et substantif tout ensemble. » (*Remarques nouvelles sur la langue française*, p. 183.)

I. Dans quel esprit nous devons rendre service aux enfants. Union des maîtresses. Quelques avis généraux pour leur conduite, principalement envers les petits enfants.

1. Je crois donc que, pour servir utilement les enfants, nous ne devons jamais leur parler ni agir pour leur bien sans regarder Dieu et lui demander sa sainte grâce, désirant prendre en lui tout ce qui leur est nécessaire pour les instruire en sa crainte.

2. Nous devons avoir beaucoup de charité et de tendresse pour elles, ne les négligeant en quoi que ce soit pour l'intérieur et l'extérieur, leur faisant paraitre, en toutes sortes d'occasions, que nous n'avons aucunes bornes pour leur service, et que nous le faisons avec affection et de tout notre cœur, parce qu'elles sont enfants de Dieu, et que nous nous sentons obligées de ne rien épargner pour les rendre dignes de cette sainte qualité.

3. Il est très nécessaire que nous nous donnions toutes à elles sans aucune réserve, et que, sans une nécessité inévitable, nous ne sortions point de leur quartier, pour être toujours présentes dans la chambre où elles travaillent, si ce n'est que nous soyons occupées à leur parler ou à les visiter quand elles sont malades, ou employées à d'autres besoins qui les regardent.

4. On ne doit point avoir de peine d'y perdre tout l'office, si ce n'est quand l s plus grandes y assistent. Il est de telle importance de garder toujours les enfants que nous devons préférer cette obligation à toutes les autres [1], quand l'obéissance nous en charge, et bien plus à nos satisfactions particulières, quand elles regarderaient même les choses spirituelles. La charité avec laquelle on leur rendra tous les services qui leur seront

---

[1]. Pour plus de sûreté, Mme de Maintenon fera prononcer aux dames de Saint-Cyr, outre les vœux ordinaires de pauvreté, de chasteté et d'obéissance, un quatrième vœu, tout spécial, celui de se consacrer à l'éducation des demoiselles de Saint-Cyr.

utiles couvrira non seulement beaucoup de nos défauts, mais nous tiendra lieu de beaucoup de choses que nous croirons nous devoir être utiles pour notre perfection.

5. On aura une sœur sur qui on se reposera, sans nullement se décharger de son obligation. Il faut, s'il se peut, que cette sœur qui nous sera donnée soit attachée le plus qu'elle pourra à la chambre. C'est pourquoi il serait à souhaiter d'en avoir deux qui fussent portées d'un même zèle et d'un même esprit pour les enfants, et qui, le plus souvent, fussent ensemble dans la chambre, en présence même de la première maîtresse, afin que, voyant le respect avec lequel les enfants se tiennent devant elle, elles aient droit l'une et l'autre de leur demander en son absence le même respect que celui qu'elles ont en sa présence.

6. Nous devons faire en sorte que les enfants remarquent un grand rapport et une parfaite union et confiance avec la sœur qui nous est donnée pour compagne. C'est pourquoi il ne la faut point dédire de ce qu'elle aura fait ou ordonné quand ce qu'elle aurait ordonné ne serait pas bien, afin que les enfants ne remarquent jamais aucune contrariété, mais se réserver à l'en avertir dans le particulier. Car il est important et presque nécessaire, pour bien conduire les enfants, que la sœur qui est donnée pour aide soit en disposition de trouver bon tout ce qu'on lui dit. Que, si cela n'était pas, il en faudrait avertir la supérieure. Que, si ce qu'elle aurait de contraire à nous choquait seulement notre humeur et ne faisait point de tort aux enfants, il faudrait demander à Dieu la grâce de nous réjouir de ce que nous aurions une occasion d'être contrariées.

7. Il faut prier beaucoup Dieu qu'il donne aux enfants un grand respect pour les sœurs qui sont avec nous. Nous devons aussi leur donner une grande autorité, mais particulièrement à celle qui est après nous. C'est pourquoi il est bon de témoigner aux enfants, et même leur dire dans les occasions, qu'elle a grande charité pour elles, qu'elle les aime, et que c'est nous qui l'obli-

geons de nous rendre compte de tout ce qui se passe à la chambre, lui dire à elle-même devant les enfants qu'elle est obligée, par devoir et par charité, de nous dire non seulement toutes leurs fautes de conséquence, mais même leurs plus légers défauts, afin de les aider à s'en corriger.

8. Nous prenons quelque sorte de confiance aux sœurs qui nous aident, pour leur dire les inclinations des enfants, surtout celles des petites, et celles aussi des grandes qui pourraient causer quelque dérèglement, afin qu'elles puissent mieux les veiller. Il ne faut pas pourtant être si facile à leur dire les choses que les enfants nous disent dans le particulier, si nous n'y reconnaissons une nécessité pour leur bien, de crainte que, sans y penser, elles ne leur en fassent connaître quelque chose. Je vois qu'il est d'une grande importance que les enfants nous voient secrètes, encore que ce qu'elles nous disent ne fussent pas des choses de grande importance pour lors, parce qu'il peut arriver qu'elles en auront d'importantes dans un autre temps, surtout quand elles avancent en âge, lesquelles elles auraient peine à nous dire si elles avaient reconnu que nous ne leur eussions pas été fidèles dans les petites choses.

9. Comme il est fort important que nous ayons une grande union et parfaite intelligence avec les sœurs qui nous sont données pour aider, il l'est encore plus que ces sœurs n'agissent que par l'ordre qu'elles trouveront et verront établi, et qu'elles soient tellement conformes à tous les sentiments de la première, qu'elles ne parlent que par sa bouche et ne voient que par ses yeux, afin que les enfants ne puissent rien remarquer qui ne soit parfaitement conforme entre elles [1], que si les sœurs

1. Mme de Maintenon insiste également sur cette importante recommandation : « Il faudrait, pour réussir dans votre gouvernement, n'avoir toutes que les mêmes idées, les mêmes maximes, ou du moins, si vous en avez de différentes, être assez humbles pour renoncer à vos sentiments, et suivre ceux de vos supérieurs, soutenant ce qui est établi par eux malgré votre propre juge-

trouveraient à redire à la conduite de la première maîtresse, elles devraient lui dire, si elles avaient assez de
confiance en elle, et qu'elles en eussent permission des
supérieures. Si Dieu ne leur donne pas cette confiance,
elles doivent en avertir la mère, de peur que, sans le
vouloir, elles n'en témoignent quelque chose devant les
enfants.

10. Quand on est deux religieuses dans la chambre
aux heures que l'office sonne, on le peut dire l'une après
l'autre, afin qu'il y en ait une qui jette la vue sur les
enfants; mais elle ne dira rien des fautes qu'elle leur
verra faire, si elles n'étaient importantes, jusqu'à ce
que sa compagne ait fini son office, afin de leur donner
un très grand respect quand elles voient qu'on prie
Dieu. Mais, aussitôt que l'office est dit, qui est assez
court quand on le dit bas, il les faut punir selon la grandeur de la faute, et avec plus de sévérité que quand on
ne prie pas Dieu.

11. Quand on est seule, il ne faut point faire de difficulté de jeter la vue sur elles, mais il ne leur faut rien
dire que l'on n'ait entièrement achevé son office. Nous
avons vu par expérience le profit que cela leur fait, et,
quand on est exacte à ne leur point parler ni à les
reprendre pendant la prière [1], cela les rend elles-mêmes

ment.... Défaites-vous des projets particuliers que l'amour-propre
fait faire pour se dédommager de la nécessité où l'on se trouve
de s'accommoder au sentiment d'une officière. On se laisse le
plaisir de désavouer en soi-même sa conduite, de se dire : Si je
suis jamais à cette charge, je m'y prendrai bien d'une autre
façon, je ferai ceci ou cela, je serai ou plus douce ou plus ferme.
Jamais, encore une fois, votre gouvernement ne s'établira avec
cette diversité de conduite. Il vaudrait mieux ne pas faire tout
à fait si bien et qu'on fît toujours de même, que de faire sentir
ce haut et ce bas dans la manière d'élever vos demoiselles et
d'exercer vos charges. » (*Entretiens*, 1703.)

1. Aucun détail, peut-être, ne prouve mieux la sincérité et la
profondeur du sentiment religieux qui animait le monastère de
Port-Royal. Le connétable Anne de Montmorency avait moins
de scrupules : « Il ne manquoit jamais à ses dévotions, ny à ses
prières, dit Brantôme; car tous les matins il ne failloit de dire et

bien plus respectueuses lorsqu'elles prient, et bien plus craintives de nous interrompre. Nous ne saurions trop inspirer à la jeunesse le respect pour Dieu, tant par notre exemple que par nos paroles. C'est pourquoi nous serons très exactes à dire notre office aux heures que l'on le dit au chœur, en quittant tout ce que nous faisons au second coup de l'office, et ne nous laissant jamais emporter à achever quelque chose par attache. Ce n'est pas que, s'il se présentait un besoin nécessaire de rendre quelque service aux enfants, nous ne le dussions préférer à notre office; mais il est bon que les enfants et notre propre conscience soient convaincues que nous n'agissons que pour Dieu, notre exemple étant la plus grande instruction que nous leur puissions donner. Car le diable leur donne de la mémoire pour les faire ressouvenir de nos moindres défauts, et il la leur ôte pour empêcher qu'elles ne se souviennent du peu de bien que nous faisons.

12. C'est pourquoi nous ne saurions trop prier Dieu, trop nous humilier et trop veiller sur nous-mêmes pour nous acquitter de ce que nous devons aux enfants, puisque l'obéissance nous y engage; et je vois que c'est l'une des plus importantes obéissances de la maison, et nous ne saurions trop trembler [1] en nous en acquittant, quoiqu'il ne faille pas être pusillanimes, mais mettre toute notre confiance en Dieu, et le forcer, par nos

---

entretenir ses patenostres, fust qu'il ne bougeast du logis, ou fust qu'il montast à cheval et allast par les champs, aux armées; parmi lesquelles on disoit qu'il se falloit garder des patenostres de M. le Connestable; car en les disant et marmottant, lorsque les occasions se présentoient, comme force desbordements et désordres y arrivent maintenant, il disoit : « Allez-moy pendre un « tel ; attachez celuy-là à cest arbre, faites passer cestuy-là par les « piques à ceste heure ;... Brûlez-moy ce village », et ainsi tels ou semblables mots de justice et de police de guerre profféroit selon les occurrences sans desbaucher nullement de ses *pater*, jusqu'à ce qu'il les eust parachevés. »

1. On se rappelle le mot de Saint-Cyran : « une tempête de l'esprit ».

gémissements, à nous accorder ce que nous ne méritons pas par nous-mêmes, mais ce que nous lui demandons par le sang de son Fils répandu pour ces âmes innocentes qu'il nous a mises entre les mains. Car nous devons toujours regarder ces petites âmes comme de sacrés dépôts qu'il nous a confiés, et dont il nous fera rendre compte; c'est pourquoi il faut moins parler à elles qu'à Dieu pour elles.

13. Et comme nous sommes obligées d'être toujours parmi elles, il se faut comporter en sorte qu'elles ne puissent pas remarquer d'inégalité dans notre humeur [1], en les traitant quelquefois avec trop de mollesse, et d'autres fois sévèrement. Ce sont deux défauts qui se suivent, d'ordinaire; car, quand on se laisse emporter à leur faire tant de petites caresses et flatteries, leur laissant la liberté de s'épandre autant que leur humeur et inclination les y porte, il faut infailliblement que la répréhension suive, et c'est ce qui fait l'inégalité, qui est beaucoup plus pénible aux enfants que de les maintenir toujours dans leur devoir.

14. Il ne nous faut jamais trop familiariser avec elles, ni leur témoigner une trop grande confiance, encore qu'elles fussent grandes; mais il faut leur témoigner une vraie charité et une très grande douceur dans tout ce qu'elles auront besoin, et même les prévenir.

15. Il les faut traiter fort civilement et ne leur parler qu'avec respect, et leur céder en tout ce que l'on peut. Cela les gagne beaucoup, il est bon d'user quelquefois de condescendance dans des choses qui, de soi, seraient indifférentes, afin de leur gagner le cœur.

16. Quand il est nécessaire de les reprendre de leurs légèretés et mauvaise grâce, il ne faut jamais les contre-

---

1. « L'unique soin des enfants est de trouver l'endroit faible de leurs maîtres, comme de ceux à qui ils sont soumis; dès qu'ils ont pu les entamer, ils gagnent le dessus et prennent sur eux un ascendant qu'ils ne perdent plus. Ce qui nous fait déchoir une première fois de cette supériorité à leur égard est toujours ce qui nous empêche de les recouvrer. » (La Bruyère.)

faire ni les pousser en les rudoyant, quoiqu'elles fussent de maùvaise humeur; au contraire, il faut leur parler avec très grande douceur et leur dire de bonnes raisons pour les convaincre; ce qui empêchera qu'elles ne s'aigrissent, et fera qu'elles recevront bien ce qu'on leur dit.

17. Il faut beaucoup prier Dieu qu'il rende les enfants simples, et y travailler de son côté en les éloignant de tous détours et finesses; mais il faut faire cela même si simplement, qu'on ne les rende pas fines en les exhortant à être simples[1]. C'est pourquoi je crois qu'il ne faut pas leur faire paraître qu'elles ont tant de finesse. Car quelquefois, à force de leur dire qu'il ne faut pas qu'elles soient fines, on fait qu'elles le deviennent, et qu'elles se servent de tout ce qui leur a été dit dans le temps qu'elles ne l'étaient pas, dans un autre temps où elles ont besoin d'user de finesse pour cacher quelques fautes qu'elles ne veulent pas que l'on sache.

18. C'est pourquoi il faut veiller parfaitement les enfants, ne les laissant jamais seules en quelque lieu que ce soit, saines ni malades, sans leur montrer que l'on le fait si exactement, afin de ne pas les nourrir dans un esprit défiant et qui soit continuellement sur ses gardes. Car cela les accoutume à faire de petites malices en cachette, particulièrement les petites. Ainsi je crois qu'il faut que notre garde continuelle soit faite avec

1. Ce sage conseil rappelle ce piquant passage d'une lettre de Mme de Maintenon à Mme de Fontaine, 20 septembre 1691, lors de la réforme de Saint-Cyr : « Priez Dieu et faites prier pour qu'il change leurs cœurs (des demoiselles), et qu'il nous donne à toutes l'humilité; mais, madame, il ne faut pas beaucoup en discourir avec elles. Tout, à Saint-Cyr, se tourne en discours; on y parle souvent de la simplicité, on cherche à la bien définir, à la bien comprendre, à discerner ce qui est simple et ce qui ne l'est pas; puis dans la pratique on se divertit à dire : Par simplicité je prends la meilleure place; par simplicité je vais me louer; par simplicité je veux ce qu'il y a de plus loin de moi sur la table. En vérité, c'est se jouer de tout, et tourner en raillerie ce qu'il y a de plus sérieux. »

douceur et une certaine confiance qui leur fasse plutôt croire qu'on les aime, et que ce n'est que pour les accompagner qu'on est avec elles. Cela fait qu'elles aiment cette veille plutôt qu'elles ne la craignent.

19. Pour les petites enfants, il faut encore plus que toutes les autres les accoutumer et nourrir[1], s'il se peut, comme de petites colombes. Il leur faut dire peu de paroles quand elles ont fait une faute notable et qui mérite châtiment; mais, quand on est parfaitement assuré, il les faut châtier sans leur dire une seule parole, ni pourquoi on les châtie, qu'après l'avoir fait. Encore est-il bon de leur demander, avant que de leur rien dire, si elles ne savent pas pourquoi elles ont été châtiées; car d'ordinaire elles ne manquent pas de l'avoir reconnu. Ce châtiment, fait promptement et sans paroles, les empêche de faire des mensonges pour trouver des excuses sur leurs fautes, à quoi les petites enfants sont fort sujettes; et je trouve qu'elles se corrigent bien mieux de leurs défauts, parce qu'elles craignent d'être surprises.

20. Je crois aussi que dans tous les défauts plus légers on les doit peu avertir; car insensiblement elles s'accoutument à toujours entendre parler. C'est pourquoi, de trois ou quatre fautes l'une, il ne faut pas faire semblant de les voir; mais, après les avoir considérées quelque temps, il faut les surprendre, et leur en faire faire satisfaction tout sur l'heure. Cela les corrige bien plus que beaucoup de paroles.

21. Quand il y en a de petites entièrement obstinées et rebelles, il faut trois ou quatre fois les obliger aux mêmes petites satisfactions. Cela les dompte entièrement, quand elles voient qu'on ne se lasse pas. Mais, quand on le fait un jour et qu'on leur pardonne l'autre, ou qu'on les néglige, cela ne fait aucune impression sur leur esprit, et il se trouve qu'il faut en venir à des moyens plus forts que ceux que l'on aurait employés avec quelque sorte de continuation.

---

1. C'est-à-dire élever.

22. Le mensonge est fort ordinaire aux petits enfants. C'est pourquoi il faut faire tout ce que l'on peut pour les accoutumer à ne prendre pas cette mauvaise habitude; et pour cela il me semble qu'il faut les prévenir avec une grande douceur pour leur faire confesser leurs fautes, disant que l'on voit bien tout ce qu'elles ont fait, et, quand elles confessent d'elles-mêmes, il leur faut pardonner, ou leur amoindrir leur pénitence.

23. Encore que les enfants soient fort jeunes, comme de quatre ou cinq ans, il ne faut pas les laisser sans rien faire tout le jour, mais partager leurs petits temps, les faisant lire un quart d'heure et puis jouer un autre, et puis travailler un autre petit temps. Ces changements les divertissent et les empêchent de prendre une mauvaise habitude, à quoi les enfants sont fort sujets, qui est de tenir leur livre et jouer avec, ou avec leur ouvrage, se tenir de travers, et toujours tourner la tête. Mais, quand on leur demande de bien employer un quart d'heure ou une demi-heure, et qu'on leur promet que, si elles sont fidèles à leur leçon ou à leur travail, on les laissera jouer, elles font vite et bien ce petit temps, pour être récompensées après. Et, quand on leur a fait cette promesse avant le travail, quoiqu'elles jouent cependant, il ne leur faut rien dire; mais à la fin, quand le temps est passé et qu'elles pensent aller jouer, il leur faut faire reprendre un autre temps pour le travail, leur remontrant que l'on ne désire pas toujours parler, mais que, puisqu'elles n'ont fait que badiner, il faut qu'elles recommencent. Cela les surprend et fait qu'elles se tiennent une autre fois sur leurs gardes [1].

II. *A quoi nous les portons dans les entretiens généraux et dans les rencontres où elles donnent sujet qu'on leur parle et les avertisse.*

On leur fait comprendre que la perfection ne consiste

____

1. Voilà une application de la sanction naturelle, si chère à Rousseau et à Spencer. Cela vaut mieux que toutes les punitions arbitraires et les réprimandes. L'enfant en sent la justice et se corrige de lui-même.

pas à faire beaucoup de choses qui soient particulières, mais à bien faire ce qu'elles font en commun, c'est-à-dire de bon cœur, et pour l'amour de Dieu, avec un grand désir de lui plaire, et de faire toujours sa sainte volonté avec joie.

On leur donne estime des petites occasions que Dieu leur envoie de souffrir quelque chose pour l'amour de lui, comme quelques petits mépris de leurs sœurs, quelques accusations que l'on fera contre elles sans raison, quelques privations de leurs désirs et inclinations, quelque sujet de renoncer à leur propre volonté qui leur sera donné par leurs maîtresses ou par quelque autre rencontre. On les prie de recevoir cela comme des dons de Dieu et un témoignage de son plus grand amour et du soin qu'il a de leur envoyer des occasions de se perfectionner tous les jours [1].

On leur doit parler souvent du plaisir et de la satisfaction qu'il y a d'être tout à Dieu et de le servir en vérité et simplicité, sans vouloir avoir aucune réserve pour lui;... que les uns gagneront le ciel, et les autres ne mériteront que châtiment par une même action, selon le mouvement de leur cœur et la pureté ou l'impureté de leur intention. Il est bon de leur faire comprendre cela par quelques petites comparaisons, comme, par exemple, qu'une bonne action qui serait faite avec amour de Dieu, désir de lui plaire et d'accomplir sa sainte volonté, nous conduit au ciel, et que, tout au contraire, si l'on faisait la même action par esprit d'hypocrisie, de vanité, et seulement avec désir d'être estimé des créatures, cela ne mériterait que punition [2]; car

1. Cette morale est bien peu proportionnée à l'intelligence et au caractère des enfants. Il est plus simple et plus pratique de leur dire que nous devons, pour rendre possible la vie sociale, nous supporter mutuellement avec nos imperfections, éviter de blesser notre prochain et nous armer de patience. Ce sont les raisons que développe Nicole dans un traité célèbre sur les *Moyens de vivre en paix avec les hommes.*

2. Mme de Maintenon sera moins rigoriste : « Vous ne sauriez

n'ayant rien fait pour Dieu, nous n'en devons point attendre de récompense, mais seulement des châtiments pour payement de notre hypocrisie.

On doit fort exhorter les enfants à se connaître elles-mêmes, leurs inclinations, leurs vices et leurs passions, et sonder jusques à la racine de leurs défauts. Il est bon aussi qu'elles connaissent à quoi leur naturel les porte, afin de retrancher en elles ce qui peut déplaire à Dieu, et changer leurs inclinations naturelles en spirituelles. Leur dire que, par exemple, si elles sont d'une humeur affective, elles doivent changer l'amour qu'elles ont pour elles-mêmes et pour les créatures, à aimer Dieu de tout leur cœur, et ainsi de leurs autres inclinations.

On leur peut faire voir quelquefois qu'un des plus grands défauts de la jeunesse est l'indocilité, et que cela leur est comme naturel; que, si elles n'y prennent garde, ce vice les perdra, les rendant incapables de toutes sortes d'avertissements, et que ce défaut n'est jamais que dans un esprit superbe. C'est pourquoi on leur dira souvent qu'il faut qu'elles aiment à être traitées forte-ment, et qu'elles témoignent, par la douceur avec laquelle elles recevront les avertissements qui leur seront don-nés, qu'elles agréent qu'on détruise en elles tout ce qui peut déplaire à Dieu.

Nous les exhortons à n'avoir point de honte de faire le bien. Car, quelquefois, celles qui ont été déréglées ont honte de faire le bien devant celles qui les ont vues dans leurs déréglements. Il leur faut dire qu'elles prient

trop inspirer à vos demoiselles l'amour de la réputation. Il faut qu'elles y soient délicates. Comptez que les meilleures de vos filles sont celles qui paraissent les plus glorieuses.... Il faudra mourir à cette délicatesse, quand on sera avancé dans la piété; mais, avant que d'y mourir, il faut y avoir vécu. Rien n'est si mauvais que certains naturels sans honneur et sans gloire; on ne sait pas où les prendre pour leur faire surmonter les obstacles qu'ils trouvent en leur chemin; ainsi il serait très dangereux d'étouffer ces sentiments dans les jeunes personnes, qui, pour l'ordinaire, ne sont pas encore capables d'une haute piété. » (*Entretiens,* 1703.)

Dieu qu'il les fortifie à faire le bien librement, et que, quand dans le commencement elles retomberaient fort souvent, il faut qu'elles se relèvent encore plus souvent et plus généreusement. Il faut donner ces instructions dans le général et même dans le temps où il n'y en a point de déréglées, afin que cela serve pour un autre temps, et que celles qui seraient mieux réglées se le puissent appliquer dans leurs besoins.

Nous leur disons que leurs difficultés dans la vertu viennent de ce que, tout aussitôt qu'il se présente quelque vice à combattre ou quelque vertu à acquérir, elles se retournent vers elles-mêmes pour consulter leur humeur, leur inclination, leur amour-propre, leurs faiblesses et la peine qu'elles ont à se vaincre; mais qu'au lieu de s'affaiblir par toutes ces vues humaines, il faut qu'elles se retournent vers Dieu, en qui elles trouveront toutes les forces dans leur faiblesse même;... que si on leur disait de sortir par elles-mêmes de leurs misères et de leurs faiblesses, elles auraient grand sujet de se décourager; mais, puisqu'on leur dit que Dieu lèvera lui-même toutes leurs difficultés, elles n'ont qu'à prier, espérer....

Nous ne devons pas les prévenir touchant la religion, surtout dans le général, ni leur témoigner tout ce que nous croyons du peu de personnes qui se sauvent dans le monde; c'est assez de leur témoigner qu'il y a beaucoup de difficultés à s'y sauver.... Il leur faut aussi montrer tout ce qu'elles doivent éviter, si elles retournent dans le monde....

Si elles entrent d'elles-mêmes en discours sur le sujet de la religion, pour en dire leurs sentiments, on peut bien se servir de l'occasion pour leur dire quelque chose du bonheur d'une bonne religieuse [1]....

Il est bon de leur témoigner quelquefois qu'on les aime pour Dieu et que c'est cette tendresse qui fait que

1. La recommandation était assez inutile. Tout, dans cette éducation, poussait à la vie du cloître.

leurs défauts nous sont si sensibles et si pénibles à supporter, et que c'est l'ardeur de cet amour qui fait que les paroles dont nous nous servons pour les reprendre sont quelquefois si fortes. Nous les assurerons en même temps que, de quelque manière que nous agissions, nous ne sommes poussées que par l'affection que nous leur portons et que le désir de les rendre telles que Dieu les veut; que notre cœur demeure toujours dans la douceur pour elles, que notre force n'agit que sur leurs défauts, et que nous nous faisons pour cela une extrême violence, ayant bien plus d'inclination à les traiter doucement que fortement.

III. *Comme on doit parler aux enfants dans le particulier.*

Ce qui facilite le plus la conduite des enfants est la coutume que l'on a de leur parler dans le particulier. C'est dans ces entretiens qu'on les soulage dans leurs peines, qu'on entre dans leur esprit pour leur faire entreprendre la guerre à leurs défauts, qu'on leur fait voir leurs vices et leurs passions jusque dans la racine, et je puis dire que, quand Dieu leur donne une parfaite confiance en leur maîtresse, on doit beaucoup espérer; car je n'en ai point vu qui l'ait eue parfaite qui n'ait réussi.

Il faut que les entretiens qu'on a avec elles soient fort sérieux, et qu'on leur y témoigne grande charité, mais nulle familiarité; et s'il y en avait quelqu'une en qui on reconnût qu'elle recherchât de parler par amusement, il la faudrait traiter plus froidement que les autres. C'est pourquoi on a besoin d'user de beaucoup de discrétion, non seulement dans l'entretien même, mais aussi dans les temps qu'on prend pour le faire. Je crois que c'est assez d'environ tous les quinze jours, à moins de quelques besoins particuliers, à quoi on ne peut donner de règle.

Il faut beaucoup prendre garde de ne pas se laisser tromper; et c'est un grand bien quand elles sont prévenues qu'on connait toutes les finesses des enfants.

Cela fait qu'elles s'en déportent, et entrent insensiblement dans la simplicité et sincérité sans laquelle il est impossible de les servir utilement.

Il est donc extrêmement nécessaire de ne pas se laisser surprendre, et c'est ce que nous ne pouvons éviter sans une continuelle assistance de Dieu. C'est pourquoi nous ne leur parlerons jamais sans avoir prié Dieu et prévu même en sa présence ce que nous croyons qu'elles nous doivent dire, et ce que nous croyons qu'il veut que nous leur répondions [1]... et si en leur parlant elles nous disent quelque chose, et que nous ne soyons pas parfaitement instruites de la vérité, nous leur dirons que nous prendrons du temps pour prier Dieu, avant que de leur répondre, et que, de leur côté, elles prieront Dieu, afin qu'il les dispose à recevoir avec un cœur entièrement dégagé de tout intérêt humain tout ce que nous leur dirons de sa part pour leur bien. Nous userons encore de ce retardement aussitôt que nous reconnaîtrons qu'elles auront l'esprit aigri de ce que nous pourrions leur dire, ou qu'elles ne recevraient pas bien quelque avertissement que nous leur donnerions. Nous leur pourrons dire que nous voyons qu'elles ne sont pas bien disposées pour nous écouter, où que peut-être nous ne sommes pas bien éclairées, et qu'en priant Dieu l'une et l'autre, si nous le faisons avec humilité, il aura sans doute pitié de nous. Cette petite condescendance et toutes ces choses ne doivent pas être dites à toutes, mais cela sert beaucoup aux plus grandes et à celles qui ont de l'esprit. Il est besoin d'une grande discrétion pour leur parler en temps et lieu. C'est pourquoi je répète ici ce que je ne puis trop dire, et que je ne fais pas assez, qui est de plus prier que parler, et je crois qu'il faut avoir continuellement le cœur et l'esprit élevés au ciel pour recevoir de Dieu toutes les paroles que nous leur devons dire [2].

1. C'est bien là l'enseignement de Saint-Cyran. (Voir p. 90.)
2. Voir le mot de Saint-Cyran. (P. 83.)

Il faut une continuelle vigilance pour les considérer, et reconnaître leur humeur et leur inclination, afin d'apprendre en les considérant ce qu'elles n'auraient pas la force de nous découvrir. Il est bon de les prévenir quand on voit qu'elles sont honteuses de dire leurs dérèglements, et pour leur donner plus de liberté de les découvrir; il est bon de leur cacher à elles-mêmes dans le commencement beaucoup de vérités que nous croirions être trop fortes pour leur état imparfait....

Si elles demandaient beaucoup de choses à faire qui fussent particulières, on ne leur en accordera que très peu ou point du tout, leur remontrant que ce n'est point par là qu'elles plairont à Dieu, si cela ne sort d'un cœur véritablement touché de son amour et d'un désir sincère de lui plaire et de faire pénitence; que pour nous nous ne les jugerons pas par ces actions, mais par la fidélité qu'elles apporteront dans les moindres règlements de la chambre, par le support qu'elles auront pour leurs sœurs, par la charité avec laquelle elles les serviront en leurs besoins, par le soin qu'elles auront de mortifier leurs défauts; que ce seront ces choses-là qui nous feront croire qu'elles veulent servir Dieu, mais non par une multiplicité de choses particulières....

Nous leur dirons ces choses, quoique quelquefois nous ne laissions pas de leur accorder en d'autres rencontres ce qu'elles nous demandent, sans faire semblant de rien, et sans en tenir aucun compte; au contraire, pendant ce temps qu'elles demandent quelque chose d'extraordinaire, nous ferons semblant de ne nous pas appliquer à elles, ne laissant pas de remarquer bien plus qu'en un autre temps toutes leurs actions, pour les leur faire voir après dans les occasions. En se conduisant ainsi envers elles, on découvrira bientôt si elles ne demandent ces choses que par hypocrisie. Car alors ne l'ayant fait que pour être considérées, si elles voient qu'on ne s'applique pas à elles, elles les laisseront là périr, et n'en demanderont plus....

IV. *Des pénitences qu'on leur peut imposer dans le
général et dans le particulier.*

Il leur faut faire demander pardon à celles des sœurs
ou de leurs compagnes à qui elles auraient parlé mal
gracieusement, ou donné quelque autre mécontentement ou donné quelque mauvais exemple.

Ce pardon se peut demander en plusieurs manières
selon la grandeur de la faute, ou dans le général ou
dans le particulier, au réfectoire ou pendant les instructions. On peut aussi leur ordonner de baiser les pieds à
celle de leurs compagnes qu'elles auraient offensée.
Sur toutes choses il faut prendre garde que, si la faute
n'a été vue que de deux ou trois personnes, on ne leur
en fasse faire satisfaction que dans le particulier, à
moins que la faute fût de peu de conséquence, étant très
dangereux de mal édifier celles qui n'auraient point
vu les fautes des autres. Je dis de même des fautes de
quelques particulières qui seraient un peu notables;
quand il y en aurait une bonne partie qui y seraient
tombées, il faudrait attendre de les en reprendre chacune en particulier, ou toutes les coupables ensemble,
pour ne point mal édifier les faibles.

On leur peut faire porter un manteau gris, aller sans
voile ou sans scapulaire au réfectoire, et demeurer
même à la porte de l'église en cet état.

On les doit aussi quelquefois priver d'aller à l'église
pour un ou plusieurs jours, selon la grandeur de la
faute; ou les faire tenir à la porte de l'église, ou en
quelque endroit séparé des autres; il faut surtout
prendre garde que la privation d'aller à l'église ne leur
soit pas indifférente.

On peut faire porter aux petites et aux moyennes des
billets qui expriment leurs fautes, et que cela soit écrit
en fort gros caractères; pourvu qu'il y ait un mot ou
deux, c'est assez, comme paresseuse, négligente, men-
teuse, etc. [1].

----

1. Cette humiliation publique a le grave inconvénient d'affai-

Leur faire prier les sœurs du réfectoire qu'elles prient pour elles, exprimant la faute dans laquelle elles sont tombées, ou la vertu qui leur manque [1].

Pour les plus grandes, on les doit faire craindre pour l'amour de Dieu et par la crainte de ses jugements, et, dans les rencontres, on leur peut imposer quelqu'une des pénitences que l'on fait aux moins âgées, comme de les faire aller sans voile, ou demander les prières des sœurs au réfectoire. Mais il faut bien regarder si cela leur servira et ne leur nuira point, en ne faisant que les aigrir. Ce qui nous oblige à beaucoup prier Dieu qu'il nous éclaire et nous conduise en tout pour sa gloire et le salut de ces âmes dont il nous a donné le soin....

V. *De la confession.*

.... On ne fera point aller si tôt ni si souvent les plus jeunes à confesse; on attendra pour les moins âgées, à les y faire aller, qu'elles soient raisonnables et qu'elles témoignent vouloir se corriger de leurs petits défauts, n'y ayant rien tant à craindre que d'y faire aller les enfants si jeunes sans y voir quelque changement, et on doit au moins attendre qu'elles aient persévéré quelque temps à mieux faire....

Nous prenons bien garde si les enfants font profit de la confession avant que de leur permettre d'y retourner, et, quand elles ont fait quelques fautes considérables, nous les exhortons d'y satisfaire auparavant, et si elles ont la confiance de nous le dire, ce qui est le plus utile, nous leur proposons de faire quelques satisfactions selon la grandeur de leur faute, mais particulièrement des choses qui les mortifient et qui soient opposées à leur faute [2]. Comme, par exemple, si elles avaient

blir dans les enfants le sentiment de l'honneur; elle déprave au lieu de corriger.

1. C'était exiger des enfants bien de la perfection que de leur imposer une corvée qui risquait d'ailleurs d'être peu sincère.

2. C'est un des points importants de la réforme morale de Saint-Cyran. Il trouvait indigne qu'il parût suffisant à des chré-

blessé la charité qu'elles doivent à leurs sœurs, on fera qu'elles les servent et leur rendent tous les devoirs de charité avec plus d'onction et de douceur; et si cela avait paru, on leur fait demander pardon et à celle qui aurait été offensée et à celles qui l'ont vu : on leur fait aussi faire quelques prières pour celles qu'elles ont offensées. On fera en sorte qu'elles ne retournent point à confesse que leur cœur ne soit véritablement humilié et qu'elles n'aient regret d'avoir offensé Dieu. On fera ainsi sur tous les défauts principaux que les enfants commettent, afin qu'elles ne fassent pas leurs confessions par routine, ce qui est fort à craindre pour toutes sortes de personnes, mais particulièrement pour les enfants....

VI. *Des lectures.*

Les livres dont on se sert pour les instructions des enfants sont l'*Imitation de Jésus-Christ, Grenade*, la *Philothée, Saint Jean Climaque*, la *Tradition de l'Église*, les *Lettres* de M. de Saint-Cyran, la *Théologie familière*, les maximes chrétiennes qui sont dans les *Heures*, les *Lettres d'un Père chartreux*, traduites depuis peu, les *Méditations de sainte Thérèse sur le Pater*, et autres livres qui ont pour but de former une vie vraiment chrétienne.

Pour la lecture qu'une d'elles fait après vêpres, on peut se servir d'autres livres, comme de quelques lettres de saint Jérôme, de l'*Aumône chrétienne*, de quelques endroits du *Chemin de perfection de sainte Thérèse*, comme aussi des *Fondations* en ce qui regarde l'histoire des vies des Pères du désert et d'autres vies de saints et de saintes qui sont dans les livres particuliers.

Nous faisons nous-mêmes toutes les lectures qui se font en général, hormis celle d'après vêpres, mais nous y sommes toujours présentes pour leur expliquer ce

tiens d'aller dire à un prêtre leurs fautes, et de se croire quittes envers Dieu et envers leur conscience pour avoir récité ensuite quelques prières en guise de pénitence, sans réformer le moins du monde leur conduite. (Voir Introduction, p. 72 et 73, la violente sortie d'Arnauld contre cet abus.)

qu'on leur lit, et leur parler dessus. On doit avoir pour
but de les accoutumer à ne point entendre les lectures
dans un esprit de divertissement ni de curiosité, mais
avec désir de se les appliquer; et il faut pour cela que la
manière de les leur faire comprendre aille bien plus à
les rendre bonnes chrétiennes, et à les porter à se corriger de leurs défauts qu'à les rendre savantes....

Aux lectures que nous ne faisons pas nous-mêmes,
nous leur marquons ce qu'elles doivent lire, et il ne leur
est pas permis de changer ni d'endroit, ni de livres; car
il se rencontre peu de livres où il n'y ait quelque chose
à faire passer.

A la lecture d'après vêpres, il leur est permis et même
ordonné de faire de continuelles questions sur tout ce
qu'elles n'entendent pas, pourvu que ce soit avec respect et humilité, et on leur apprendra, en leur répon-
dant, la manière de s'appliquer cette lecture pour la
correction de leurs mœurs. Si en lisant on voyait
qu'elles ne fissent point de demande sur quelque chose
que l'on croit que la plupart n'entendent pas, on leur
demandera si elles l'entendent, et, si on voit qu'elles ne
peuvent répondre, elles seront reprises de demeurer
dans l'ignorance, puisqu'on leur a ordonné de se faire
instruire sur tout ce qu'elles ignorent.

Aussitôt que la lecture est finie, on reprend le livre.
Car nous ne leur laissons point d'autre livre dans le
particulier que leurs *Heures*, la *Théologie familière*, les
Paroles de Notre-Seigneur, une *Imitation de Jésus-
Christ* et un *Psautier* latin et français. Tous leurs autres
livres sont entre les mains de leur maîtresse, ce qu'elles
trouvent fort bon, ayant reconnu que cela leur est plus
profitable et que les lectures les p'us saintes ne leur
servent de rien quand elles se font par curiosité....

Il ne leur est jamais permis d'ouvrir un livre qui n'est
pas à elles, ni de les emprunter les unes des autres sans
une permission de leur maîtresse, qui se donne rarement, pour éviter beaucoup de petits désordres que
causent ces emprunts.

VII. *Des malades et de leurs besoins corporels.*

Il faut avoir un très grand soin de celles qui tombent malades, les faisant servir nettement et exactement aux heures précises; les faire voir au médecin si la maladie le mérite, et faire ponctuellement tout ce qu'il ordonnera pour le soulagement de leur mal....

On les accoutume à ne point faire de façons pour la prise des remèdes les plus fâcheux. Nous y sommes toujours présentes, afin de leur dire quelque parole de Dieu pour les encourager et leur faire offrir leur mal à Dieu....

On les exhorte à ne trouver jamais à redire aux ordonnances du médecin, parce qu'il tient à leur égard la place de Dieu dans leur maladie. C'est pourquoi elles lui doivent obéir comme à Dieu même, en abandonnant leur vie, leur santé ou leur maladie à l'ordre de la Providence divine, qui se sert pour notre bien du bon et du mauvais succès des remèdes. C'est pourquoi, en tout ce qui peut arriver de fâcheux, il n'en faut jamais jeter la faute ni sur le médecin ni sur les remèdes, mais adorer avec silence et humilité l'ordre que la bonté divine tient sur nous, et, pour donner plus de lieu aux malades d'entrer dans cette disposition, je présuppose que l'on aura toujours, si cela se peut, des médecins bons chrétiens et bons médecins [1].

---

1. Port-Royal compta en effet, parmi ses solitaires, des médecins distingués; d'abord *Pallu*, de 1643 à 1650, dont Fontaine nous a laissé ce charmant portrait : « Il avait tout petit, excepté l'esprit; petit corps, petit logis, petit cheval, mais tout bien pris, tout bien proportionné et bien agréable. Mon Dieu! qui n'eût pas aimé ce bon solitaire! On avait presque de la joie de tomber malade afin d'avoir le plaisir de jouir de ses entretiens. » — Puis *Hamon*, de 1650 à 1687, plus grave, plus autoritaire, d'un ardent mysticisme, qui fit de ce simple laïque, dans les années de persécution, le consolateur et le directeur des religieuses. C'est à lui que la mère Angélique écrit : « Après le grand don d'un parfait confesseur, il n'y a rien de plus important que celui d'un médecin vraiment chrétien, qui exprime par toutes ses actions et ses paroles les saintes maximes du christianisme. Racine,

Il y aura toujours une chambre destinée pour mettre les malades, où on ne permettra pas que les autres enfants entrent, si ce n'est pour une très grande nécessité, et avec permission de leur maîtresse. Durant les heures de récréation on pourra y envoyer quelqu'une des plus sages pour les divertir. Il faut que celle des sœurs qui les assiste ne les quitte point, si ce n'est qu'on eût de grands enfants, comme de celles qui sont prêtes d'entrer au noviciat, sur qui on se fierait entièrement, qui pourraient les garder et même les servir, si la maladie n'était pas considérable.

Quand il y a beaucoup de malades, on y met une sœur, outre celle qui les soigne en santé, et il faut que les sœurs soient sages et douces : sages pour les tenir dans leur devoir, de peur que dans la maladie elles ne perdent tout ce qu'elles auraient acquis avec beaucoup de travail dans la santé, et aussi pour ne les pas flatter dans leurs inclinations ou la répugnance qu'elles auraient à prendre les remèdes qu'on leur ordonne, et à l'abstinence qu'elles doivent garder de certaines nourritures qui leur seraient nuisibles; mais il faut aussi qu'elles soient douces, afin d'adoucir, par la manière charitable dont elles agiront avec elles et par de bonnes paroles, tout ce qu'il leur faut refuser pour leur santé [1].

Nous nous assujettissons beaucoup aux malades,

---

son élève, demanda à être enterré au pied de sa fosse. — Enfin *Hecquet*, de 1688 à 1693.

1. Pascal disait, au milieu de ses souffrances : « Ne me plaignez point; la maladie est l'état naturel des chrétiens ». Suivant la belle expression de Saint-Cyran, « les malades doivent regarder leur lit comme un autel où ils offrent continuellement à Dieu le sacrifice de leur vie, pour la lui rendre quand il lui plaira! » Pline le Jeune a écrit sur cette pensée une de ses meilleures lettres : « Nous sommes tous gens de bien quand nous devenons malades; car quel est le malade que l'avarice ou l'ambition tourmente?... Je puis donc nous faire ici à tous deux, en peu de mots, une leçon dont les philosophes font des volumes entiers. Persévérons à être tels, pendant la santé, que nous nous proposons de devenir quand nous sommes malades. »

quittant plutôt même les saines, tant pour les faire traiter comme il faut, que pour les tenir dans l'ordre et leur apprendre à être malades en chrétiennes....

Aussitôt que les enfants sont guéries, on les fera revenir avec les autres, de peur qu'elles ne se dérèglent, ce qui est à craindre dans la jeunesse, qui ne demande le plus souvent que la liberté [1]. Mais, quoiqu'elles soient revenues dans la chambre, on aura grand soin de les nourrir et de leur donner du repos autant qu'elles en auront besoin pour le parfait recouvrement de leur santé.

Pour les légères incommodités qui leur surviennent, on leur donnera tous leurs besoins, mais on ne les flattera pas trop; car il se trouve des enfants qui font quelquefois semblant d'être malades. J'en ai vu quelques-unes de cette sorte, quoique, par la grâce de Dieu, il y a longtemps que cela n'est arrivé parmi les nôtres. Mais, quand cela arrive, il ne faut pas faire semblant de croire qu'elles nous veuillent tromper, mais au contraire il faut les plaindre beaucoup et leur dire qu'il est vrai qu'elles sont mal, et aussitôt les mettre au lit dans une chambre à part avec une sœur qui les garde, mais qui ne leur parle point du tout, leur disant que cela leur ferait mal de leur parler et qu'il leur faut du repos [2]. On les met un jour ou deux aux bouillons et aux œufs. Si le mal était effectif, ce régime leur est fort bon, et, s'il ne l'est pas, il est sans doute que dès le lendemain elles diront qu'elles n'ont point de mal; et ainsi on les guérit de leur hypocrisie sans leur donner occasion de murmurer : ce qui arrive quand on leur dit qu'elles n'ont point le mal dont elles se plaignent et même les expose à faire des mensonges et à feindre encore davantage.

1. Quelle critique contre ce système monacal d'éducation!
2. Cette petite comédie, si légitimement jouée, offre encore une application de la sanction naturelle. (Voir la note de la p. 286.)

Sœur Anne-Eugénie de l'Incarnation, maîtresse des pensionnaires.

La mère Angélique fit revenir la sœur Eugénie après trois ans et demi de séjour à Maubuisson. C'était en 1631.

Son retour à Port-Royal fut un grand sujet de joie pour la maison. On l'employa auprès des petites pensionnaires, et elle s'acquitta de cet emploi avec un succès admirable. On le comprendra facilement quand on saura sur quels principes et par quelle méthode elle se conduisait dans cette fonction. D'abord elle avait un zèle tout particulier pour faire estimer aux enfants la grâce de l'innocence baptismale; elle les en entretenait souvent, et elle le faisait avec une force incroyable. Aussi ne les menait-elle au parloir pour les compagnies qui venaient les voir, qu'avec une répugnance infinie; et, lorsqu'elle y était, elle avait une attention extrême à écarter les discours qui pouvaient inspirer l'amour du monde. Elle apprenait aux enfants que la compagnie des gens du monde était contagieuse pour les âmes, comme la peste l'est pour les corps[1]. Elle savait leur imprimer un grand respect pour les mystères de la religion, pour la grandeur de Dieu, pour les vérités de l'Évangile. Elle ne disait jamais aucune de ces vérités à ces enfants, qu'après les y avoir préparées, et souvent après le leur avoir fait mériter. Elle annonçait plusieurs jours auparavant qu'elle avait une grande vérité à leur dire, et elle la faisait ainsi attendre et désirer. Elle ne leur enseignait ces vérités que les unes après les autres, craignant que l'habitude de les

---

1. C'est étrangement préparer à la vie sociale. Mme de Maintenon, malgré son désir de mieux élever que le couvent, peint aussi le monde avec des couleurs effrayantes, sans se rappeler la définition si sage de Fénelon : « Le monde n'est point un fantôme : c'est l'assemblage de toutes les familles ».

entendre ne les y accoutumât, et qu'elles n'en fussent plus touchées, les ayant sues avant qu'elles eussent assez de grâce et de lumière pour les comprendre et les sentir. Elle avait une application continuelle à tout ce qui concernait le bien spirituel des enfants; elle en était toute occupée; elle priait sans cesse pour eux; elle avait même pour pratique d'assister régulièrement elle-même à toutes les prières communes des enfants, et de les faire conjointement avec eux, se regardant comme chargée de rendre à Dieu le culte que ces enfants n'étaient pas encore capables de lui rendre, et de suppléer par son intention à celle que ces enfants n'avaient pas.

Les fautes des enfants la touchaient autant que les siennes propres : elle en faisait pénitence pour elles, et les portait à en faire elles-mêmes selon leur petite capacité. Si elle en trouvait quelqu'une qui ne fût pas disposée à reconnaitre sa faute, elle ne lui disait plus rien, priait pour elle en particulier, et la laissait avec une bonté et une tolérance qui tôt ou tard portait son fruit. Elle tenait de M. de Saint-Cyran cette maxime, aussi bien que toutes les précédentes, qu'avec la jeunesse il faut parler peu, tolérer beaucoup, et prier encore davantage. Elle avait de petites inventions de charité pour leur faire aimer le bien; elle leur composait de petits billets de dévotion sur des vertus qu'elle leur faisait tirer au sort, ce qui divertissait saintement les enfants. Elle leur représentait quelque vertu sous quelque emblème; elle en faisait un portrait énigmatique, et leur donnait à deviner quelle vertu c'était. Ordinairement les récréations commençaient par là, et ensuite elle les laissait s'amuser à leurs petits jeux. Car elle ne manquait point tous les jours de se trouver au commencement de leur récréation : ce qui étonnait les sœurs qui la connaissaient aussi spirituelle qu'elle était, et, n'ignorant pas combien elle avait de répugnance naturelle pour l'emploi des enfants, admiraient comment elle se forçait pour se faire enfant avec les enfants et pour demeurer volontairement au milieu de ce petit peuple. Aussi une grande punition qu'elle employait à leur égard, lorsqu'elle en avait quelque mécontentement, c'était de ne point assister à leur récréation. Toute la troupe alors fondait en larmes, et il fallait que les autres maîtresses allassent supplier la sœur Eugénie de revenir essuyer leurs larmes. Elle a été quinze ou seize ans dans ce poste.

Son humble simplicité fut mise, sur la fin, à une épreuve qui tourna tout à sa gloire, mais non pas au bien des enfants. Les mères qui avaient reçu et agrégé à la maison une religieuse de Gif, nommée la sœur Flavie Passart, furent lourdement trompées sur son compte. Elles la voyaient capable de bien des choses par les talents de l'esprit qu'elle avait, et elles crurent qu'elle avait aussi ceux du cœur. Elles la firent sous-maîtresse des pensionnaires sous la sœur Eugénie. Cette fille, qui était toute remplie d'ambition, se mit en devoir d'attirer à soi toute l'autorité[1]. Elle substitua une conduite despotique et haute à celle de la sœur Eugénie, qui était toute pleine de douceur. Elle réussit même à faire accroire à la sœur Eugénie que jusqu'ici elle s'y était mal pris; que c'était sa douceur qui était cause que les enfants ne se corrigeaient point; que par la rigueur on y réussirait mieux. La sœur Eugénie eut assez d'humilité et de simplicité pour adopter les vues de cette fille. Elle la laissait donc faire, croyant qu'elle faisait mieux qu'elle; elle pleurait sans cesse pour les fautes prétendues qu'elle avait faites dans sa place; enfin, elle demanda avec instance d'être déchargée de son emploi, d'autant plus qu'elle était devenue fort infirme.

(Besogne, *Histoire de l'abbaye de Port-Royal*, t. I, p. 348.)

1. La sœur Flavie, nous apprend Nicole, a été quinze ans maîtresse des pensionnaires. (*Les Visionnaires*, p. 347.)

Une récréation à Port-Royal.

« Dans le monastère de Port-Royal des Champs, raconte Desmarets [1], la maîtresse des pensionnaires avait instruit ses écolières des matières contestées entre les disciples de Jansénius et les PP. jésuites, et, leur ayant inspiré une terrible aversion pour ces Pères, leur avait fait naître la pensée de faire une poupée et de l'habiller en jésuite. Puis elles avaient fait une autre poupée, et l'avaient habillée en capucin. Elles les apportaient aux religieuses pour leur récréation; et, après plusieurs questions entre l'un et l'autre, une, qui était présidente, concluait, et condamnait le jésuite. Alors toutes les pensionnaires et les religieuses battaient des mains en signe de victoire, se levaient en tumulte, et emportaient comme triomphantes le jésuite poupée dans le jardin, où il y a un étang, et l'y plongeaient plusieurs fois, et enfin l'y noyaient. Cela se faisait avec des transports de joie, avec des éclats de rire, avec des voiles volants et des guimpes en désordre, et avec de riantes fureurs; et le pauvre jésuite contrefait était comme un misérable Orphée entre les mains des furieuses Ménades. Cela s'appelait toutefois une honnête récréation de saintes religieuses et de dévotes pensionnaires, et se passait avec une grande satisfaction et approbation de leurs mères, qui sont très saintes, si on veut croire leur apologiste. »

ÉCLAIRCISSEMENTS

C'est ici, répond Nicole, un des plus étranges exemples qu'on puisse trouver des artifices que la

---

1. Desmarets de Saint-Sorlin (1595-1676), membre de l'Académie Française, auteur de la comédie des *Visionnaires*, du poème de *Clovis*; il se distingua parmi les plus violents ennemis du jansénisme. Sa raison s'était égarée dans la folie d'un illuminisme mystique. Nicole défendit contre lui Port-Royal, comme Boileau se chargea de venger l'antiquité de ses attaques.

malice peut inspirer pour bâtir les plus noires calomnies sur les fondements les plus légers et les plus innocents. Voici tout ce qui peut avoir donné lieu à cette fable scandaleuse. Pendant qu'on ne parlait d'autre chose dans Paris et même dans toute la France que d'Escobar, il y eut des graveurs qui en firent une image ridicule. Un jeune enfant de qualité, qui n'avait alors que huit ou neuf ans, en donna une à ses sœurs, qui étaient environ de son âge, et qui étaient élevées au monastère de Port-Royal des Champs. Ces petites filles l'ayant vue et étant frappées et du nom et de la mine du personnage dont leur frère les avait quelquefois entretenues en riant, lui firent un procès et le condamnèrent à être noyé; en exécution de cet arrêt, elles firent un bateau de papier, et leur dessein était de mettre Escobar[1] dedans pour l'envoyer noyer au milieu du canal qui passe dans leur jardin. Mais ce dessein fut découvert avant qu'il fût exécuté.... De sorte qu'il en pensa coûter davantage à ces pauvres petites filles qu'à Escobar.... C'est tout ce qu'il y a de vrai dans ce récit, qui n'est propre qu'à faire voir la sagesse des religieuses de Port-Royal. » (*Les Visionnaires*, p. 350.)

---

1. Escobar y Mendoza (1589-1669), casuiste espagnol de la Compagnie de Jésus, dont Pascal a flétri d'un ridicule immortel la morale relâchée.

APPENDICE

Étude du **P. Bouhours** [1] sur les écrivains de Port=Royal.

... Que pensez-vous, dit Ariste, de ces solitaires qui ont tant écrit depuis vingt ans ? — Je leur fais justice, répliqua Eugène, et j'avoue de bonne foi qu'ils ont beaucoup contribué à la perfection de notre langue.

— Avez-vous vu, dit Ariste, la traduction qu'ils ont faite de l'*Imitation de Jésus-Christ*? J'ai ouï dire que c'est un de leurs chefs-d'œuvre, et qu'ils la proposent eux-mêmes pour un modèle de la pureté du langage. — Je la lis depuis quelques jours, repartit Eugène, et je l'estime pour le moins autant que les *Confessions de saint Augustin* et que la *Vie de Dom Barthélemy des martyrs*, où les longues périodes fatiguent un peu le lecteur.

— Il est vrai, réplique Ariste, que ces écrivains si meux ne peuvent pas être accusés de laconisme : ils

1. Le P. Bouhours, jésuite (1628-1702), critique de mérite, auteur es *Entretiens d'Ariste et d'Eugène*, des *Remarques sur la langue ançaise*, de la *Manière de bien penser dans les ouvrages d'esprit*. L'esprit lui sort de tous côtés », écrit de lui Mme de Sévigné. acine, en lui adressant vers 1676 les quatre premiers actes de hèdre, le « supplie de marquer les fautes qu'il peut avoir faites ntre la langue, dont vous êtes un de nos plus excellents maîtres ». Mais son caractère et sa moralité ne méritent pas les êmes éloges : « C'est un misérable dont il n'y a rien de bon à tendre », écrit Arnauld à M. du Vaucel (18 août 1690). Si ce moignage paraît suspect, pourquoi l'archevêque de Paris ne rmit-il pas à Bouhours de mettre son nom « trop peu grave » sa traduction du *Nouveau Testament*?

aiment naturellement les discours vastes; les longues parenthèses leur plaisent beaucoup; les grandes périodes, et surtout celles qui, par leur grandeur excessive, suffoquent ceux qui les prononcent, sont tout à fait de leur goût. La belle *Vie de l'archevêque de Prague* commence par une période démesurée : il faut avoir de bons poumons pour la tirer tout d'une haleine, et une grande attention pour la comprendre la première fois qu'on la lit.

— Cela s'appelle se lasser dès le commencement du voyage, dit Eugène, mais, que voulez-vous, ajouta-t-il, ces messieurs ont pris ce train-là il y a longtemps : ils y sont accoutumés, et apparemment ils auront de la peine à le quitter. Après tout, il ne faut pas les chicaner sur un défaut qui ne vient que d'abondance; si c'est un vice que de faire de grandes périodes, c'est le vice des grands orateurs; et c'est ce qui me fait croire que ces messieurs ne s'en corrigeront pas.

— Pourquoi ne se corrigeront-ils pas de leurs longues périodes? repartit Ariste : ils se sont bien corrigés, avec le temps, de leurs exagérations. Il n'y avait rien de plus commun, dans leurs premiers livres, que des expressions excessives, comme : *la plus grande et la plus punissable de toutes les hardiesses, la plus sanglante de toutes les invectives, la plus étrange témérité et la plus grossière ignorance qui fut jamais.* On y voyait, jusque dans les titres et dans les narrations qui doivent être simples et modestes, *une audace qui n'eut jamais de pareille, une ignorance insupportable, une insolence punissable, la plus insigne de toutes les fourberies, la plus lâche prévarication qui fut jamais.* C'est ce que leur a reproché autrefois un des plus judicieux critiques de notre temps.

— Ils ne se sont pas défaits entièrement de ces sortes d'expressions, dit Eugène. Ils mettent encore *le plus* en bien des endroits où il n'a que faire; ou, s'ils ne se servent pas de ce terme pour exagérer ce qu'ils disent, ils emploient de grands mots et de grandes épithètes,

qui font à peu près le même effet. Témoin *une imper-
tinence signalée, un égarement prodigieux, un atten-
tat insupportable, un emportement diabolique, un
effroyable excès de malice et de folie.* Pour ce qui
regarde l'étendue des périodes, bien loin de les accour-
cir, ils y ajoutent des queues qui rendent le discours
extrêmement long. Par exemple, après de grandes
périodes qui lassent déjà d'elles-mêmes, ils mettent
d'ordinaire quelque participe, comme : *Étant certain
que..., rien n'étant plus avantageux que...,* ce qui ne
sert pas trop à délasser les esprits et à faire reprendre
haleine aux lecteurs.

A la vérité, je ne trouve dans l'*Imitation de Jésus-
Christ* ni des expressions hyperboliques, ni des périodes démesurées; cependant, à ne vous rien déguiser,
j'y trouve je ne sais quoi qui me fait de la peine. Ce
sont peut-être des scrupules; vous en jugerez, s'il vous
plaît.... Je commence par l'épitre dédicatoire.

*Tant s'en faut que ce glorieux rabaissement soit
indigne du courage de votre naissance.* Je vous avoue
que ce *glorieux rabaissement* ne me plaît guère. — Il
ne me plaît point du tout, dit Ariste, et je doute que
rabaissement soit français. J'ai bien ouï dire le *rabais*
des monnaies; et on pourrait dire peut-être le *rabaissement* d'une personne à qui on fait perdre sa dignité
et son rang; mais je ne crois pas qu'on dise *rabaissement* pour *humilité,* et ce *glorieux* n'y revient point
trop selon mon sens.

— Il y a dans l'*Avertissement au lecteur* un mot qui
m'a surpris, continua Eugène; le voici : *Il égale la
hautesse et la magnificence des ouvrages des saints
Pères.* Que dites-vous de *hautesse?* — J'avais cru jusqu'à cette heure, dit Ariste, que la *hautesse* était affec-
tée au grand seigneur, et je ne croyais pas qu'on dût
jamais donner de la *hautesse* aux saints Pères. J'aimerais autant leur donner de l'*altesse,* et je trouverais
aussi bon l'*altesse* de leurs ouvrages que la *hautesse.*
Raillerie à part, la *hautesse* me choque encore plus que

le *rabaissement*. Mais voyons le reste. (Eugène lut alors les endroits suivants :) *L'œil est insatiable de voir; ils travaillent plus à s'acquérir de l'éclat qu'à se fonder dans l'humilité. Ceux qui sont encore nouveaux et inexpérimentés dans la voie de Dieu.*

— Je trouve vos premiers doutes assez bien fondés, dit Ariste. *Insatiable* est de ces mots qui n'ont point de queue, et qui ne régissent rien. On dit : Une avarice *insatiable*, un cœur *insatiable*; mais on ne dit point *insatiable de manger*, ni *insatiable de voir*. A la vérité, on peut dire un désir *insatiable d'apprendre*; mais alors *d'apprendre* est régi par *désir*, et non pas par *insatiable*.

Se fonder dans l'humilité ne me semble pas trop bon; mais *acquérir de l'éclat* ne me semble pas français. On dit bien *aimer l'éclat, faire de l'éclat*; mais on ne dit pas, que je sache, *acquérir de l'éclat*, en quelque sens que ce soit.

Pour *inexpérimenté*, c'est un mot de la façon de ces messieurs, aussi bien qu'*inallié, inalliable, incorrompu, inconvertible, intolérance, clairvoyance, inobservation, inattention, désoccupation, désoccuper, désaveugler, coronateur, insidiateur*; à quoi l'on peut ajouter *élèvement, abrègement, brisement, déchirement, resserrement, attiédissement*; et ces adverbes *déclarement, inexplicablement,* et *incontestablement*. Car ils ne font point de difficulté de faire des mots nouveaux, et ils prétendent même avoir ce droit-là; comme si des particuliers et des solitaires avaient une autorité que les rois mêmes n'ont pas.

— C'est apparemment en vertu de cette autorité prétendue, dit Eugène, que le traducteur de l'*Imitation* a fait un mot dont nous n'avions jamais ouï parler; c'est *indisposer*, avec une signification active : *Celui qui, après m'avoir reçu, se répand aussitôt en des satisfactions extérieures, s'indispose beaucoup pour me recevoir....*

— Cet *indisposer* est gaillard, répondit Ariste; et je suis bien trompé si ce mot-là fait fortune, car il est des mots à peu près comme des hommes; il y en a qui ont une étoile heureuse, pour parler ainsi, et qui sont reçus dès qu'ils se présentent ; mais il y en a de malheureux qu'on ne peut souffrir, et auxquels on ne s'accoutume jamais. *Indisposer* est du nombre de ces malheureux, aussi bien qu'*élèvement,* que ces messieurs mettent partout et dont personne qu'eux ne se sert.

— Que voulez-vous ? dit Eugène ; ils aiment les mots nouveaux, et ils se plaisent à en faire. Mais passons outre. Aimez-vous *se trouver dans l'obscurcissement, dans l'enivrement et dans le resserrement ?...* Aimez-vous l'*enivrement* des divertissements du monde ? *Complaire* à Dieu, au lieu de *plaire ?..*

— A ne vous rien déguiser, dit Ariste, je n'aime point tout cela.

— Je ne sais, reprit Eugène, si vous aimerez davantage ce qui me reste à vous lire.... *Vous serez sujet malgré vous à la mutabilité et au changement. Celui qui est encore assujetti au trouble de ses passions.* — Ces deux phrases ne me plaisent point. On est sujet au changement, mais on n'est point sujet à la *mutabilité* ; qui dit *mutabilité* dit une disposition au changement : être muable, c'est être sujet à changer ; de sorte qu'être sujet à la *mutabilité* vaut autant qu'être sujet à la disposition au changement et au pouvoir de changer ; ce qui ne me semble pas trop raisonnable. Je dis de même d'*assujetti au trouble de ses passions,* ou est *assujetti à ses passions* ; on est *esclave de ses passions,* mais on n'est point *assujetti au trouble,* ni *esclave du trouble de ses passions* ; cela n'est ni selon la raison, ni selon l'usage.

— *Qu'il est triste, au contraire, et pénible de voir des personnes sans ordre et sans règle !* — Il est *triste* de voir, il est *pénible* de voir, me fait de la peine.

— *Celui-là est vraiment sage qui ne prête point l'oreille aux amorces et aux enchantements de ces sirènes qui tuent en caressant.* — Je pardonnerais ce *prêter l'oreille aux amorces* à de petits écrivains qui ne sont pas obligés d'être si exacts ; mais je ne puis le pardonner à de grands auteurs qui ne se doivent rien pardonner à eux-mêmes. *Amorces* est de ces mots métaphoriques auxquels il reste toujours quelque chose de leur signification propre. On dit bien les *amorces* du vice; on dirait : Se laisser prendre *aux amorces* des sirènes; mais je doute qu'on puisse dire : *Prêter l'oreille aux amorces*. Il me semble que ces deux mots *oreille* et *amorces* ne sont pas faits l'un pour l'autre.

— *Que cette vie est malheureuse, puisqu'elle est toujours assiégée de pièges et de filets, et pleine d'une infinité d'ennemis qui l'environnent de toutes parts!* — Ce mot d'*assiégée* ne s'accorde pas trop bien avec *pièges* et *filets*; il s'accorderait mieux avec *ennemis*, et cet endroit serait plus juste de la sorte : Que cette vie est malheureuse, puisqu'elle est toujours assiégée d'ennemis, et pleine d'une infinité de pièges et de filets qui l'environnent de toutes parts !

— *Afin que vous soyez le dominateur de vos actions.* — Bon Dieu, quelle façon de parler! J'aimerais autant dire, *le seigneur et le roi de vos actions.* Ce n'est pas que *dominateur* ne soit français; mais c'est que *dominateur* et *actions* ne s'accommodent pas ensemble.

— *Il faut que vous conserviez votre âme dans une privation de toutes les douceurs. Abaissez mon cou et ma tête superbes, afin de faire plier ma volonté déréglée et inflexible sous la rectitude et la sainteté de la vôtre.* — Voilà ce qui s'appelle des phrases. Conserver son âme dans la privation de toutes les douceurs; faire plier sa volonté sous la rectitude de la volonté de Dieu; ou je ne m'y connais pas, ou cela est un peu Nervèze [1].

— *Je suis dans une défaillance générale de toutes choses.* — Ce n'est pas bien parler, pour dire : toutes

---

1. De Nervèze, auteur d'*Essais poétiques* dédiés à Henri de Bourbon (1603). — Furetière, dans ses factums, parle des métaphores outrées qui rendent ridicules ses chansons, sonnets, héroïdes, ballets, etc. Le P. Bouhours dit un peu plus haut : Le nervèze, le galimatias, le phébus.

choses me manquent; défaillance ne signifie pas *manquement* et *défaut*, en ce sens-là. On dit : *Défaillance de cœur, défaillance d'esprit, défaillance des astres*; mais on ne dit pas *défaillance d'argent, défaillance d'habits, défaillance des choses* nécessaires à la vie.

— *L'impuissance où je me trouve d'être consolé par aucun homme.* — *Être dans l'impuissance* s'accommode bien à un verbe actif, mais non pas à un verbe passif. On dit : *Je suis dans l'impuissance de vous assister, de vous servir*; mais je ne crois pas qu'on puisse dire : *Je suis dans l'impuissance d'être assisté de mes amis, d'être consolé par aucun homme.*

— *Si impuissant à vous taire; si facile pour la dissipation et le ris; si fécond à former de bonnes résolutions, et si stérile à en produire les effets.* — Ces phrases-là ne sont pas françaises. Quel langage! *Je suis impuissant à parler, je suis impuissant à me taire,* pour dire : Je ne puis parler, je ne puis me taire. Les étrangers qui commencent à apprendre le français parlent de la sorte; il fallait dire : *Si peu maître de votre langue,* au lieu de : *Si impuissant à vous taire. Facile* n'est pas bien avec *pour*, ni avec un *nom*; ou il ne veut rien après soi, ou il veut *à* et un verbe. C'est un esprit *facile*; c'est une chose *facile à faire.* Pour *fécond* et *stérile*, on ne les joint pas avec des *verbes.* La terre est *féconde*; un champ est *stérile*; mais la terre n'est point *féconde à former* des métaux dans ses entrailles; un champ n'est point *stérile à produire du blé*; tout au plus la terre est *féconde en métaux*, un champ est *stérile en blé.* Le traducteur aurait pu dire : *Si fécond en bonnes résolutions, et si stérile en bons effets.*

— *De peur que m'abstenant plus longtemps de votre sacré corps, je ne me refroidisse peu à peu de mes saints désirs.* — *Se refroidir de ses saints désirs,* c'est une phrase nouvelle que je n'ai point encore entendue. J'ai toujours ouï dire : Se refroidir dans ses exercices de piété, dans une entreprise où l'on s'est engagé avec chaleur.

— *O état sacré de la vie religieuse, qui rend l'homme chéri de Dieu! Si vous aviez soin de rendre votre âme vide de l'affection de toutes les créatures.* — Je suis sûr que les gens un peu délicats dans la langue n'aimeront pas ces façons de parler : *Rendre chéri, rendre vide. Rendre* ne s'accorde pas avec les participes, ni avec toutes sortes d'adjectifs. On ne dit point : *Il se rend aimé,* quoiqu'on dise : *Il se rend aimable.* On ne dit point aussi *rendre vide,* non plus que *rendre plein,* pour dire *vider* et *remplir.* Ces locutions sont comme *rendre connu,* que Balzac a condamné absolument dans le sonnet de *Job.*

— *Comme ils n'ont pas en moi une pleine confiance, ils s'entremettent encore du soin d'eux-mêmes.* Cela n'est pas français. On dit bien : *S'entremettre d'une affaire;* mais on ne dit pas : *S'entremettre du soin d'une affaire,* ni *du soin d'une personne.*

— *Tous mes désirs soupirent vers vous.* C'est le cœur, c'est la personne qui soupire; mais les désirs ne *soupirent* point; ce sont eux qui font soupirer. *Soupirent vers vous* n'est pas bien; il faut dire : *Soupirent après vous,* ou *pour vous.*

— *Je ne trouve du repos en aucune créature, mais en vous seul, ô mon Dieu.* — Cette construction n'est pas régulière. *Je ne trouve du repos* ne se rapporte pas bien à *mais en vous seul.* Il fallait tourner autrement la phrase, ou du moins il fallait dire : *Mais j'en trouve en vous seul.* Les verbes ne doivent point être sous-entendus en ces rencontres; ils doivent être toujours exprimés et on ne doit point craindre de répéter le même mot : la répétition ne choque point quand elle contribue à la régularité de la construction et à la netteté du style.

— *Vous vous aimez trop par un amour déréglé. Considérer tout par un œil si pur et si éclairé.* — Dès qu'on s'aime trop, on s'aime avec dérèglement; ainsi, par *un amour déréglé* est inutile après *trop.* D'ailleurs, s'aimer *par un amour déréglé* n'est pas bien dit, non plus que *considérer par un œil si pur et si éclairé*; il faut dire : *S'aimer d'un amour déréglé, considérer tout d'un œil si pur et si éclairé.*

— *Il y en a peu qui sortent entièrement de leurs inclinations et de leur humeur.* — Ce n'est pas bien parler français pour dire : Qui renoncent entièrement à leurs inclinations et à leur humeur. On dit d'un homme que la passion emporte : Il est hors de soi, il est rentré en soi-même; mais on ne dit point : Il est sorti de soi-même; ainsi on dit : Sortir de son péché, sortir de son caractère; mais on ne dit point : *Sortir de ses inclinations et de son humeur....*

Nous ne finirions jamais, dit Eugène, si je vous lisais tous les endroits que j'ai marqués. Il n'y a pas un chapitre sur lequel je n'aie plusieurs doutes. Cependant l'*Imitation de Jésus-Christ* est le plus petit livre de ces messieurs; et de tous leurs livres c'est celui qui a eu le plus de cours; on en a fait jusqu'à treize éditions. — Je conclus de tout cela, dit Ariste, que les plus grands maîtres sont capables de se méprendre quelquefois, etc.

(*Deuxième entretien d'Ariste et d'Eugène, p. 187.*)

FIN

TABLE DES MATIÈRES

EXTRAITS

Coulommiers. — Typog. P. BRODARD et GALLOIS.